DIAT 워드프로세서 2016

DIAT 시험 자료 다운로드 방법 안내 ········· 다음 페이지

DIAT 시험 자료 다운로드 방법

1. 렉스미디어 홈페이지(www.rexmedia.net)에 접속한 후 [자료실]-[대용량 자료실]을 클릭합니다. 그런 다음 렉스미디어 자료실 페이지가 나타나면 '수험서 관련\2022년 DIAT' 폴더를 선택한 후 [DIAT 워드프로세서 2016.exe]를 클릭합니다.

2. 'DIAT 워드프로세서 2016.exe이(가) 장치를 손상시킬 수 있기 때문에 차단되었습니다.'라고 메시지가 나타나면 [추가 작업]을 클릭한 후 [유지]를 클릭합니다. 그런다음 [이 앱은 장치를 손상시킬 수 있습니다.] 메시지가 나타나면 [더 보기]를 클릭한 후 [그래도 계속]을 클릭합니다.

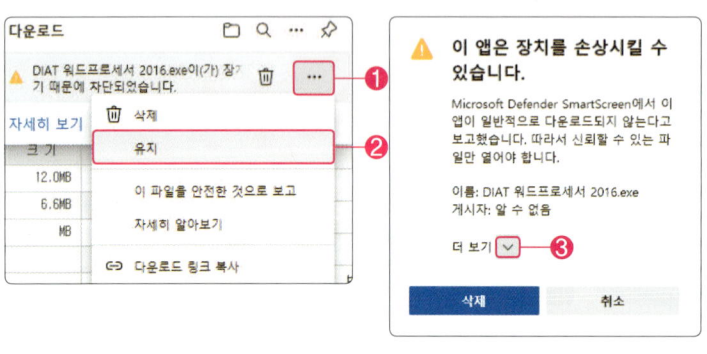
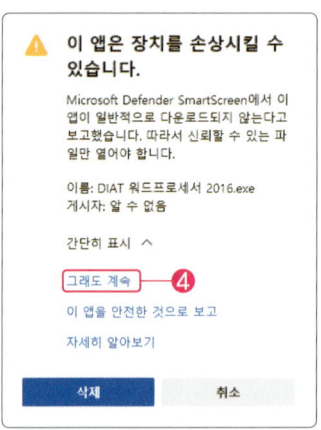

3. 다운로드가 완료되면 [파일 열기]를 클릭합니다. 그런다음 'Windows의 PC 보호' 화면이 나타나면 [추가 정보]를 클릭한 후 [실행]을 클릭합니다.

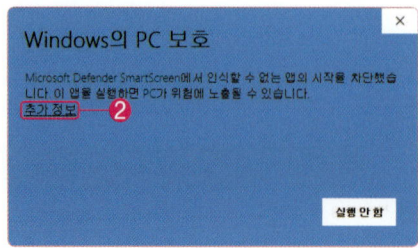
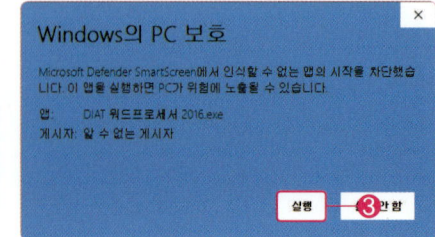

4. [DIAT 워드프로세서 2016 1.00 설치] 대화상자의 'DIAT 워드프로세서 2016 설치 마법사입니다' 화면이 나타나면 [다음]을 클릭합니다. 그런 다음 [DIAT 워드프로세서 2016 1.00 설치] 대화상자의 '설치 위치 선택' 화면이 나타나면 [설치]를 클릭합니다.

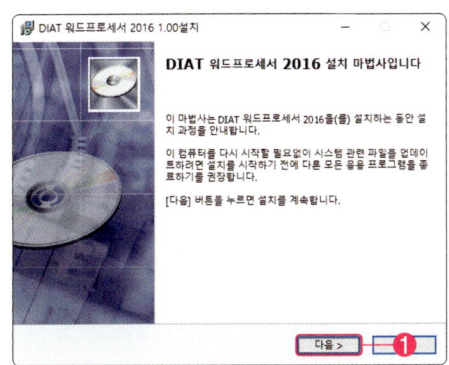
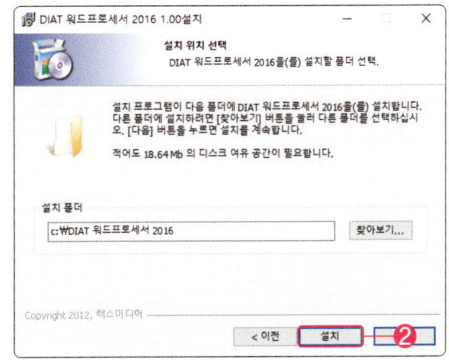

5. 설치되는 동안 잠시 기다린 후 [DIAT 워드프로세서 2016 1.00 설치] 대화상자의 'DIAT 워드프로세서 2016 설치가 완료되었습니다' 화면이 나타나면 [마침]을 클릭합니다.

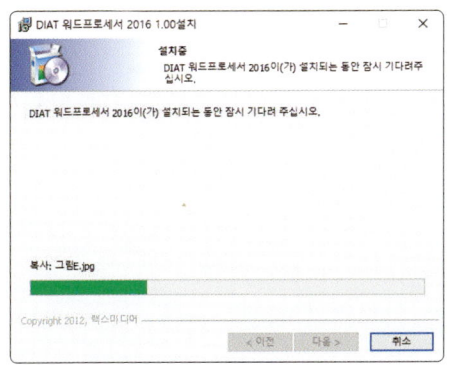
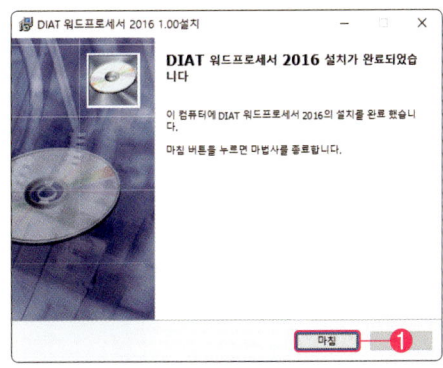

6. 파일 탐색기를 실행한 후 'C:\DIAT 워드프로세서 2016' 폴더를 선택하면 다음과 같이 DIAT 워드프로세서 2016 자료가 다운로드된 것을 확인할 수 있습니다.

❶ [바탕 화면₩KAIT] 폴더에 제공되는 파일입니다.
❷ [1Part 따라하기]에서 사용하는 그림 및 연습파일과 완성파일이 담겨져 있습니다.
❸ [2Part 실전모의고사]에서 다룬 문제의 그림 및 완성파일이 담겨져 있습니다.
❹ [3Part 기출예상문제]에서 다룬 문제의 그림 및 완성파일이 담겨져 있습니다.

DIAT 시험 안내

1. DIAT 시험이란?
Digital Information Ability Test의 약자로 디지털 시대의 IT분야 활용능력 및 기술수준 인증을 위하여 2001년 정보통신부정책 사업인 청소년 지원사업으로 처음 시행되었으며, 2003년 국가공인 취득 및 2008년 과목별 개별응시를 통하여 대내외적인 신뢰성과 실효성을 인정받은 최고권위의 IT분야 자격입니다.

2. 도입 목적과 필요성
- 디지털 경제시대에 범용의 정보통신관련 기능의 활용 능력을 객관적이고 종합적으로 평가하고 문제해결 능력을 점수로 등급화하여 정보통신 실무 관리 능력 인증
- 고급 수준의 정보 활용 능력을 갖출 수 있는 교육훈련 참여 유도

3. 시험 과목

검정과목	검정내용	문항수	시간	배점
정보통신상식	컴퓨터 이해, 정보통신 이해, 정보사회 이해	40문항	과목당 40분	100점
워드프로세서	한글	2문항		200점
스프레드시트	MS엑셀	5문항		200점
프리젠테이션	MS파워포인트	4문항		200점
인터넷정보검색	정보검색	8문항		100점
멀티미디어 제작	이미지 제작, 디지털 영상편집	3문항		200점

※ 총 6개 과목 중 최대 3개 과목까지 선택

4. 합격 기준
- 고급 : 해당 과제의 80% ~ 100% 해결 능력
- 중급 : 해당 과제의 60% ~ 79% 해결 능력
- 초급 : 해당 과제의 40% ~ 59% 해결 능력

5. 응시 지역
전국(원서 접수시 응시지역 선택 가능)

6. 응시 자격
제한 없음(학력, 연령, 경력)

7. 시험일정 및 검정 수수료
시험일정 및 검정 수수료는 www.ihd.or.kr 홈페이지 하단의 [자격안내]에서 확인할 수 있습니다.

8. 출제 기준

1과목	내용	문항수
워드프로세서	스타일	2
	표	
	차트	
	그림	
	그리기	
	기타	
총계		2

9. 디지털정보활용능력(DIAT)의 특징

- **실무프로젝트 중심형 시험**
  실제로 기업 및 관공서에서 활용되는 프로젝트로 평가하여 현장 활용도가 높습니다.

- **다양한 계층이 접근 가능한 평가시스템**
  초등생부터 대학생 및 직장인까지 다양한 계층에 맞춤 평가 시스템을 제공합니다.

- **공정성·객관성·신뢰성 확보**
  - 2003년 정보통신부 공인을 획득한 국가공인자격시험이며 2008년 방송통신위원회로부터 6개 과목별 개별 응시 승인을 받았습니다.
  - 미래창조과학부 산하 법정법인 한국정보통신진흥협회에서 시행합니다.

- **다양한 시험과목 제공**
  OA, 홈페이지, 정보검색 등 실기뿐만 아닌 인터넷 윤리, 상식 등에 대한 기초적인 지식까지 쌓을 수 있어 효율적입니다.

- **체계적이고 과학적인 관리 시스템**
  산학연 관련분야 전문가들로 구성된 전문위원들이 출제, 감수, 채점에 참여하여 체계적이고 과학적인 평가시스템을 운영하고 있습니다.

10. 디지털정보활용능력(DIAT) 혜택

- **각 과목별 생활기록부(교육행정정보시스템, NEIS) 등재**
  자격 취득시 초, 중고생 생활기록부에 등재되어, 진학 시 다양한 혜택 부여

- **대학의 교양필수, 선택과목으로 채택되어 학점인정 및 졸업인증**
  - 카톨릭대학교, 서울여자대학교, 국민대학교, 한국성서대학교 등 약 40여개 대학 및 고등학교에서 졸업인증 및 학점인정 등 자격활용(확대 예정)
  - 학점 인정 등에 관한 법률에 따라 최대 4~6학점까지 인정

- **국가기술과 동등한 위치 확보에 따라 기업체, 기관, 행정기관 등의 채용, 승진 및 인사고과시 우대**

이 책의 구성

출제유형 분석하기
DIAT 시험의 출제유형을 작업별로 분석하여 자세하게 설명하였습니다.

작업 순서 요약
작업별로 문제를 풀어가는 과정을 요약한 것입니다.

문제
작업별로 풀어야 할 문제입니다.

따라하기
작업별로 문제를 풀어가는 과정입니다.

Tip
따라하기에서 설명하지 못한 부가적인 설명입니다.

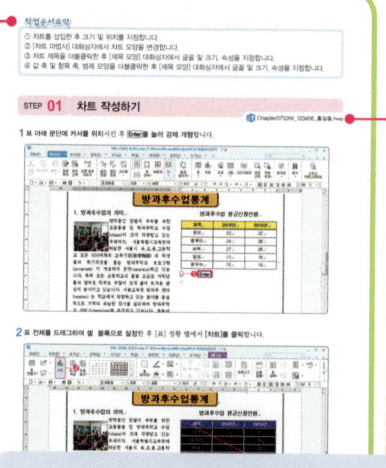

따라하기 연습파일
따라하기에서 사용하는 연습파일입니다.
C:\DIAT 워드프로세서 2016\Part01\Chapter별

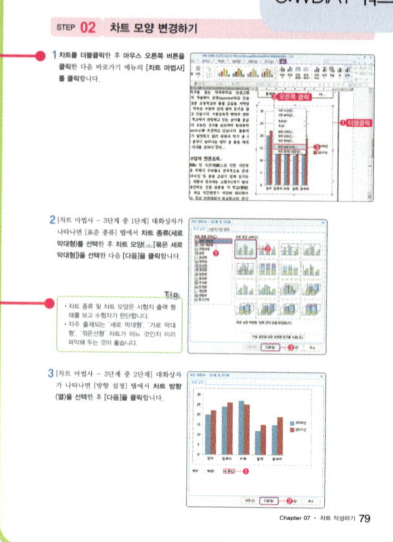

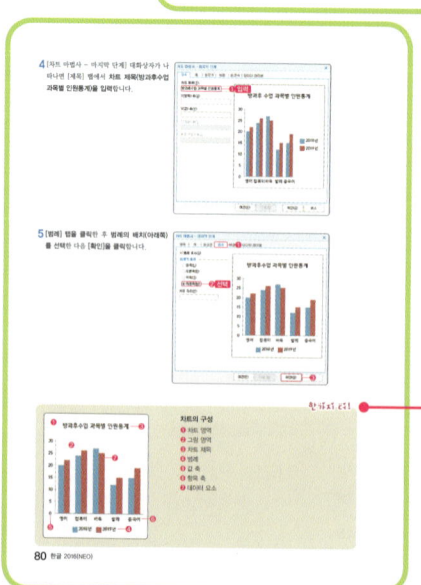

한가지 더!
DIAT 시험의 출제유형과 관련은 있지만 따라하기에서 다루지 못한 내용입니다. DIAT 시험의 출제유형을 이해하는데 도움이 되는 경우 설명하였습니다.

이 책의 구성

실전문제유형
작업별로 실전문제유형 문제를 마련하여 DIAT 시험을 쉽고 빠르게 준비할 수 있도록 하였습니다.

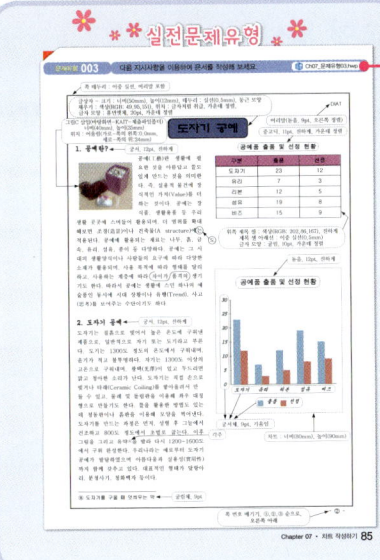

실전문제유형 연습파일
실전문제유형 문제에서 사용하는 연습파일입니다.

실전모의고사 기출예상문제
실전모의고사와 기출예상문제를 마련하여 DIAT 시험에 100% 대비할 수 있도록 하였습니다.

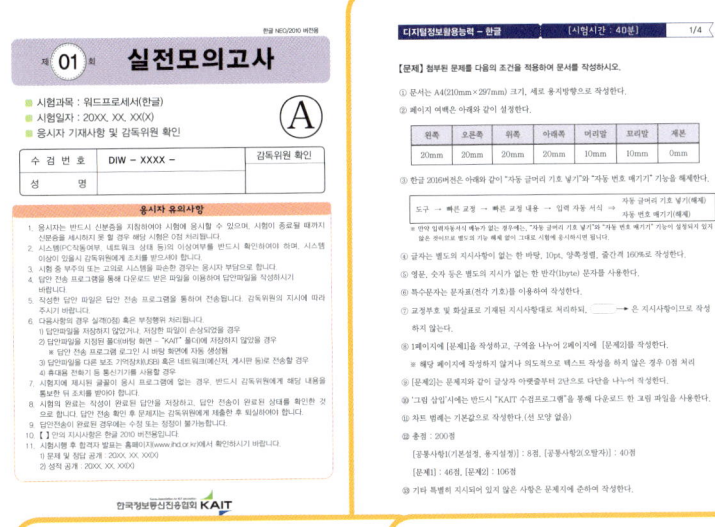

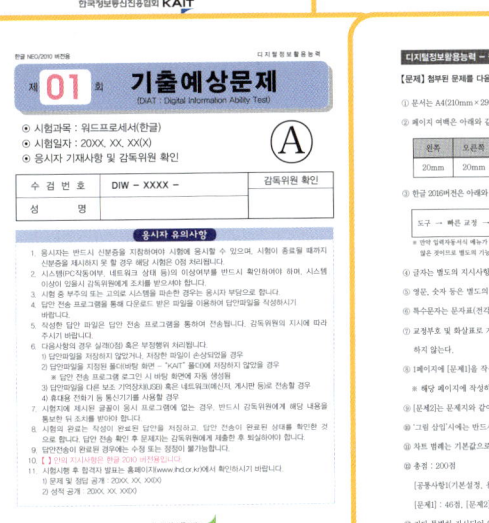

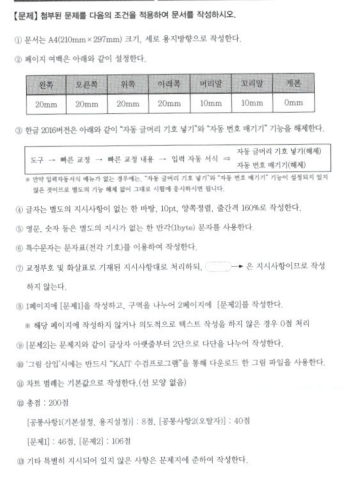

이 책의 차례

PART 01 출제유형 분석

- Chapter 1 • 응시자 유의사항 및 답안 작성 준비하기 ········ 10
- Chapter 2 • 글맵시 작성 및 기본 입력하기 ········ 19
- Chapter 3 • 서식 지정 및 쪽 설정하기 ········ 31
- Chapter 4 • 쪽 설정 및 글상자 작성하기 ········ 40
- Chapter 5 • 내용 입력하고 그림 삽입하기 ········ 50
- Chapter 6 • 표 작성하기 ········ 64
- Chapter 7 • 차트 작성하기 ········ 76

PART 02 실전모의고사

제01회 실전모의고사 ········ 90	제09회 실전모의고사 ········ 122
제02회 실전모의고사 ········ 94	제10회 실전모의고사 ········ 126
제03회 실전모의고사 ········ 98	제11회 실전모의고사 ········ 130
제04회 실전모의고사 ········ 102	제12회 실전모의고사 ········ 134
제05회 실전모의고사 ········ 106	제13회 실전모의고사 ········ 138
제06회 실전모의고사 ········ 110	제14회 실전모의고사 ········ 142
제07회 실전모의고사 ········ 114	제15회 실전모의고사 ········ 146
제08회 실전모의고사 ········ 118	

PART 03 기출예상문제

제01회 기출예상문제 ········ 152	제09회 기출예상문제 ········ 184
제02회 기출예상문제 ········ 156	제10회 기출예상문제 ········ 188
제03회 기출예상문제 ········ 160	제11회 기출예상문제 ········ 192
제04회 기출예상문제 ········ 164	제12회 기출예상문제 ········ 196
제05회 기출예상문제 ········ 168	제13회 기출예상문제 ········ 200
제06회 기출예상문제 ········ 172	제14회 기출예상문제 ········ 204
제07회 기출예상문제 ········ 176	제15회 기출예상문제 ········ 208
제08회 기출예상문제 ········ 180	제16회 기출예상문제 ········ 212

PART 01

 출제유형분석

Chapter 1 응시자 유의사항 및 답안 작성 준비하기
Chapter 2 글맵시 작성 및 기본 입력하기
Chapter 3 서식 지정 및 쪽 설정하기
Chapter 4 쪽 설정 및 글상자 작성하기
Chapter 5 내용 입력하고 그림 삽입하기
Chapter 6 표 작성하기
Chapter 7 차트 작성하기

Chapter 01 응시자 유의사항 및 답안 작성 준비하기

한글 2016(**NEO**)

DIAT 워드프로세서 시험에서는 한글을 실행한 후 응시자 유의사항과 답안 작성요령에 따라 답안 작성을 준비하며 답안은 DIAT 응시자 프로그램에서 감독위원 PC로 자동 전송됩니다. 따라서 답안을 수시로 저장하는 방법과 응시자 유의사항과 답안 작성요령에 따라 답안 작성을 준비하는 방법 등에 대해 알고 있어야 합니다.

응시자 유의사항

1. 응시자는 반드시 신분증을 지참하여야 시험에 응시할 수 있으며, 시험이 종료될 때까지 신분증을 제시하지 못 할 경우 해당 시험은 0점 처리됩니다.
2. 시스템(PC작동여부, 네트워크 상태 등)의 이상여부를 반드시 확인하여야 하며, 시스템 이상이 있을시 감독위원에게 조치를 받으셔야 합니다.
3. 시험 중 부주의 또는 고의로 시스템을 파손한 경우는 응시자 부담으로 합니다.
4. 답안 전송 프로그램을 통해 다운로드 받은 파일을 이용하여 답안파일을 작성하시기 바랍니다.
5. 작성한 답안 파일은 답안 전송 프로그램을 통하여 전송됩니다. 감독위원의 지시에 따라 주시기 바랍니다.
6. 다음사항의 경우 실격(0점) 혹은 부정행위 처리됩니다.
   1) 답안파일을 저장하지 않았거나, 저장한 파일이 손상되었을 경우
   2) 답안파일을 지정된 폴더(바탕 화면 – "KAIT" 폴더)에 저장하지 않았을 경우
      ※ 답안 전송 프로그램 로그인 시 바탕 화면에 자동 생성됨
   3) 답안파일을 다른 보조 기억장치(USB) 혹은 네트워크(메신저, 게시판 등)로 전송할 경우
   4) 휴대용 전화기 등 통신기기를 사용할 경우
7. 시험지에 제시된 글꼴이 응시 프로그램에 없는 경우, 반드시 감독위원에게 해당 내용을 통보한 뒤 조치를 받아야 합니다.
8. 시험의 완료는 작성이 완료된 답안을 저장하고, 답안 전송이 완료된 상태를 확인한 것으로 합니다. 답안 전송 확인 후 문제지는 감독위원에게 제출한 후 퇴실하여야 합니다.
9. 답안전송이 완료된 경우에는 수정 또는 정정이 불가능합니다.
10. 【 】안의 지시사항은 한글 2010 버전용입니다.
11. 시험시행 후 합격자 발표는 홈페이지(www.ihd.or.kr)에서 확인하시기 바랍니다.
    1) 문제 및 정답 공개 : 20XX. XX. XX(X)
    2) 성적 공개 : 20XX. XX. XX(X)

작업순서요약

① DIAT 수검프로그램을 실행한 후 응시자를 등록합니다.
② 한글 프로그램이 자동으로 실행되면 답안 작성을 준비합니다.
③ 자동 입력 서식을 해제합니다.
④ 답안을 저장합니다.

STEP 01 수검자 등록하기

1 DIAT 수검자용 프로그램을 실행하기 위해 바탕 화면에서 [KAITCBT_DEMO] 아이콘을 더블클릭합니다.

2 [답안전송시스템] 대화상자가 나타나면 수검과목(워드한글(DIW))을 선택한 후 수검번호를 입력한 다음 수검자명을 입력하고 [확인]을 클릭합니다.

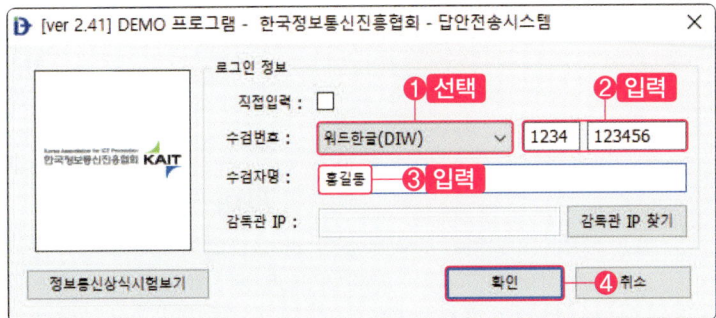

> **Tip**
> 데모(DEMO) 프로그램에서 수검번호는 임의의 번호를 입력합니다.

3 [수검자 유의사항] 화면이 나타나면 응시자 유의사항을 확인한 후 마스터 키를 입력합니다.

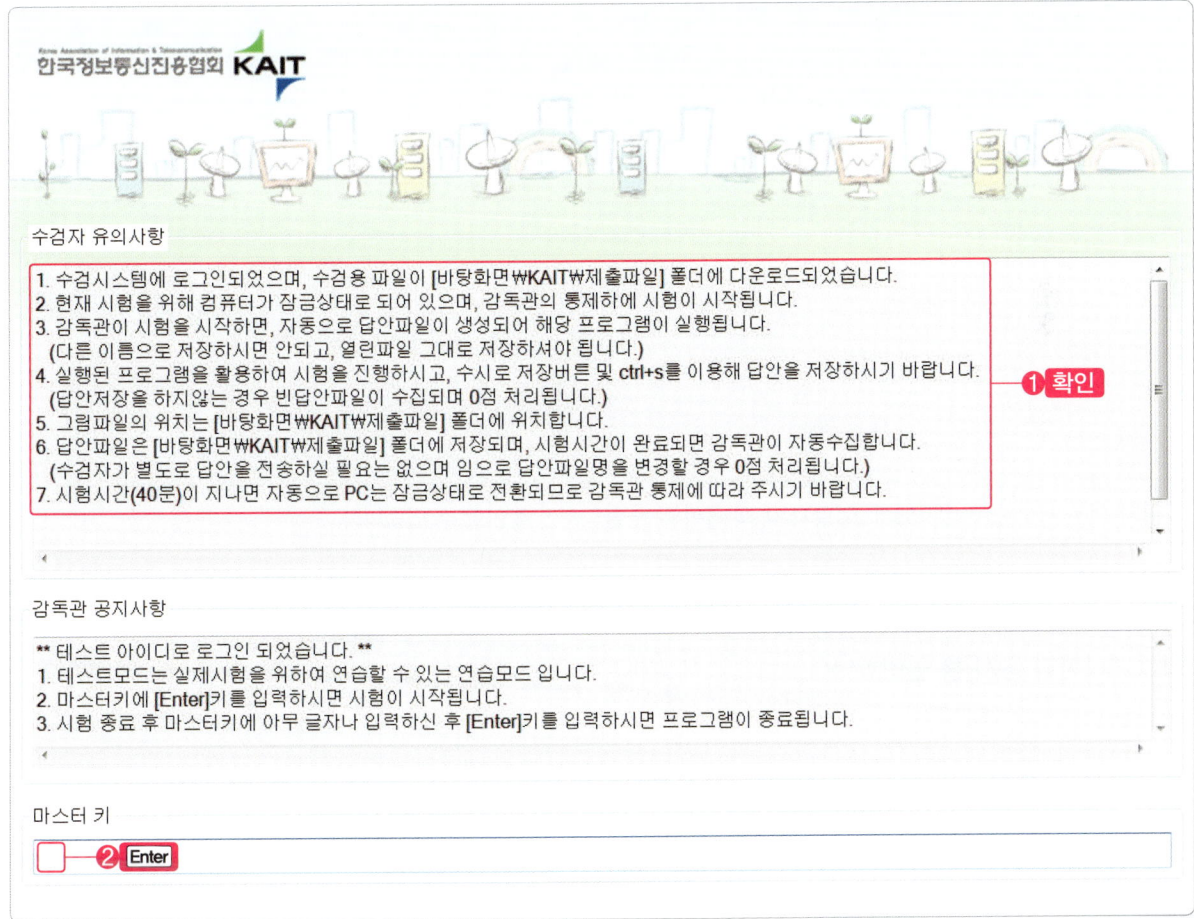

> **Tip**
> 데모(DEMO) 프로그램에는 마스터 키 입력없이 Enter를 누르면 다음 단계로 진행됩니다.

STEP 02 답안 작성 준비하기

1 한글 프로그램이 실행되면 **파일명을 확인**합니다.

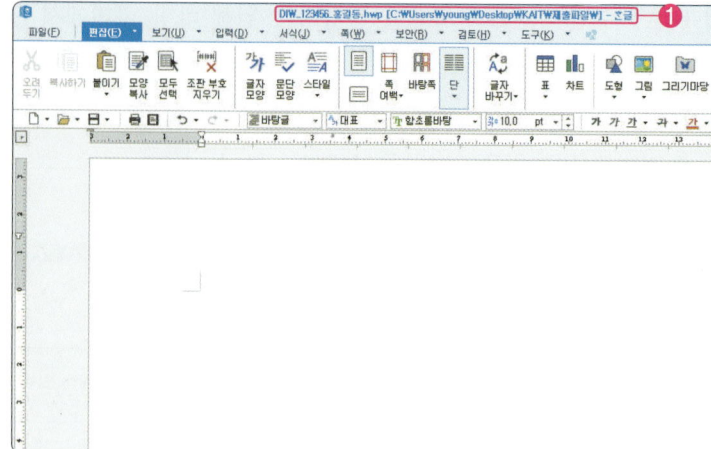

Tip
데모 버전은 파일명이 'DIW.hwp'와 같이 표시되지만 실제 시험에서는 'DIW_123456_홍길동.hwp'와 같이 표시됩니다.

2 [서식] 도구 상자에서 **글꼴(바탕)을 선택**한 후 **글자 크기(10)를 확인**한 다음 **글자 색(검정), 정렬 방식(≡[양쪽 정렬]), 줄 간격(160)을 확인**합니다.

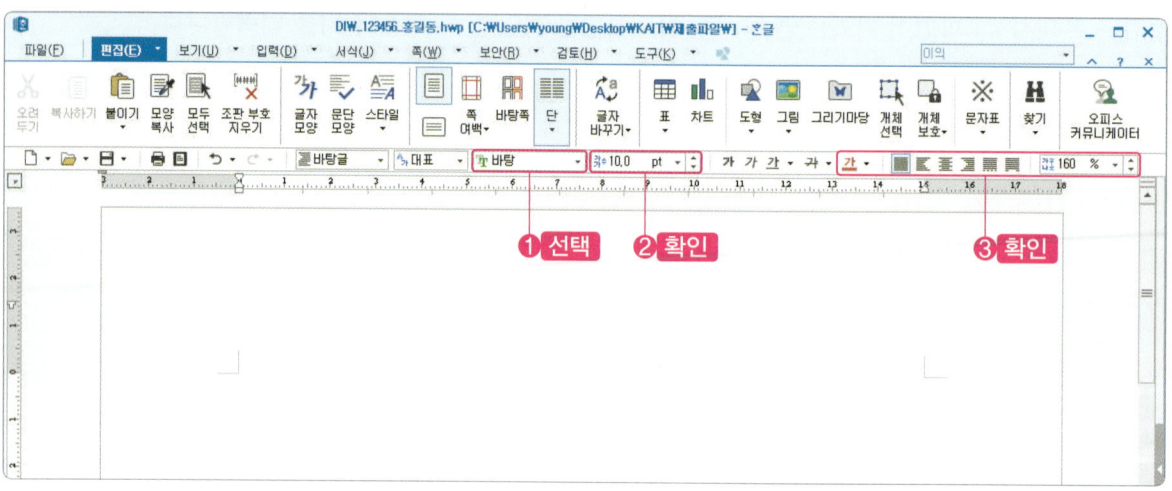

Tip
글자 색은 서식 도구 상자에서 가[글자 색]의 ▼[목록]을 클릭하면 확인할 수 있습니다.

3 편집 용지를 설정하기 위해 **[쪽] 탭을 클릭**한 후 **[편집 용지]를 클릭**합니다.

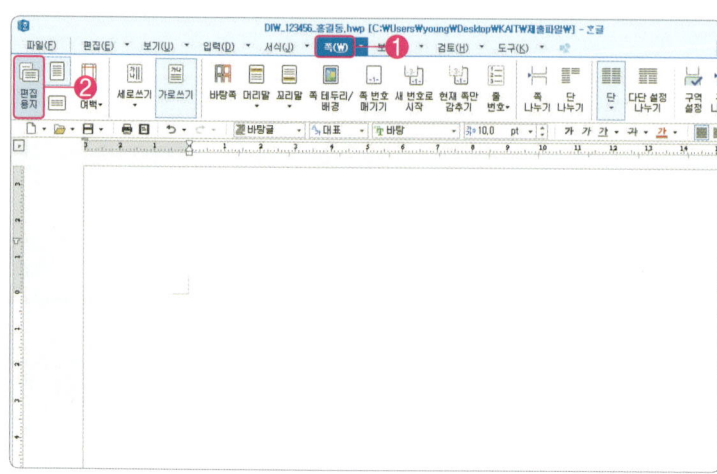

Tip
[쪽] 탭의 ▼[목록]을 클릭한 후 [편집 용지]를 클릭하거나 F7을 눌러 편집 용지를 설정할 수도 있습니다.

4 [편집 용지] 대화상자가 나타나면 [기본] 탭에서 용지 종류(A4(국배판) [210 × 297 mm], 용지 방향(세로), 제본(한쪽)을 확인한 후 **왼쪽/오른쪽/위쪽/아래쪽 용지 여백(20), 머리말/꼬리말 용지 여백(10), 제본 용지 여백(0)**을 입력한 다음 [설정]을 클릭합니다.

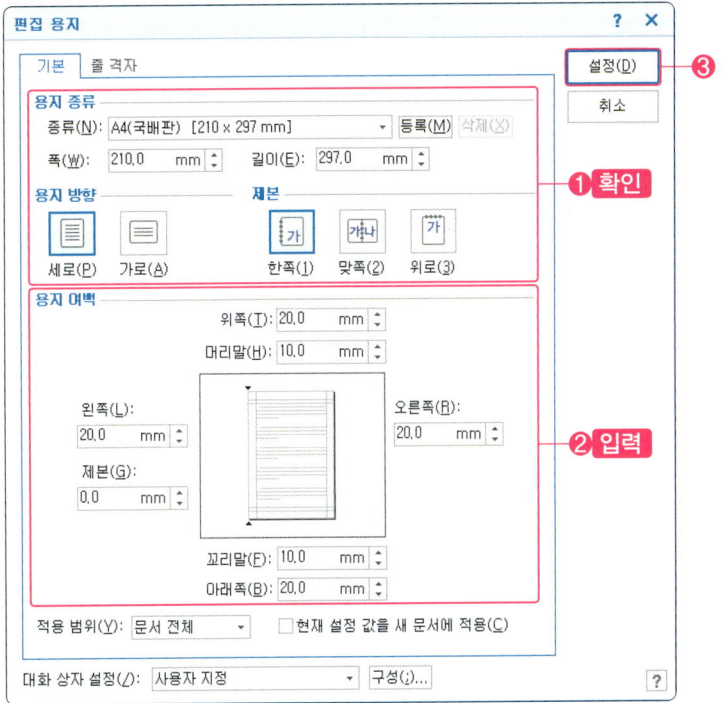

5 문서를 2페이지의 구역으로 나누기 위해 [쪽] 탭을 클릭한 후 [구역 나누기]를 클릭합니다.

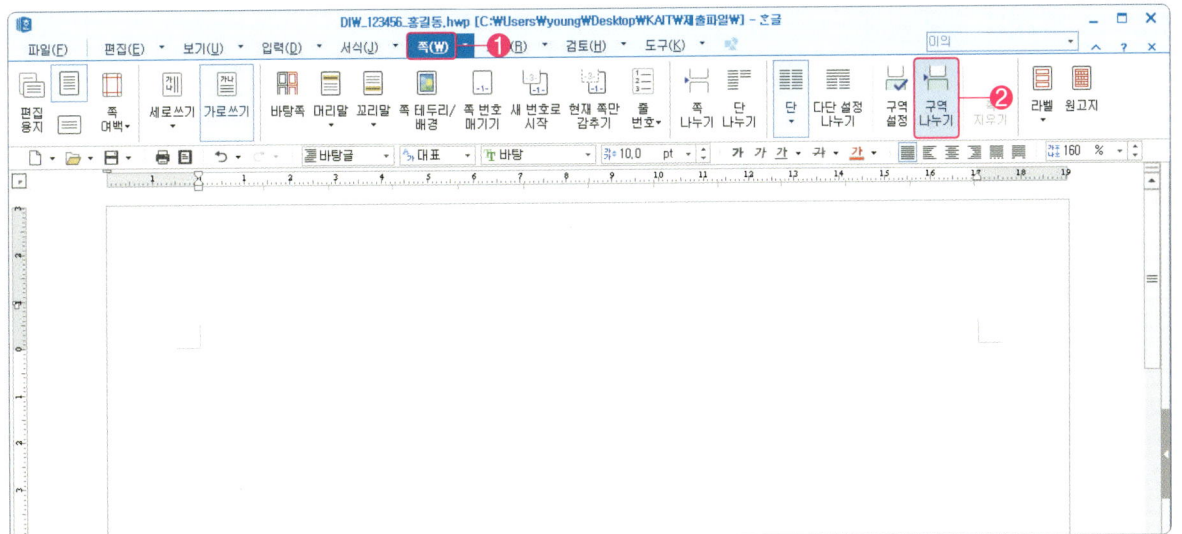

페이지 나누기와 구역 나누기

- **구역 나누기** : [쪽] 탭-[구역] 그룹에서 [구역 나누기]를 클릭하거나 Alt + Shift + Enter 를 누르면 문서를 구역으로 나누어 구역마다 편집 용지나 개요 번호 모양 등을 다르게 지정할 수 있습니다. 문서를 구역으로 나누면 시험의 '문제2'에서 쪽 테두리 및 다단을 설정할 경우, 이전 구역(1페이지)에는 쪽 테두리 및 다단이 적용되지 않습니다.
- **페이지 나누기** : 한글에서는 내용이 한 페이지를 넘어가면 자동으로 페이지가 나누어지지만 [쪽] 탭-[나누기] 그룹에서 [쪽 나누기]를 클릭하거나 Ctrl + Enter 를 누르면 내용이 한 페이지를 넘어가지 않아도 강제로 페이지를 나눌 수 있습니다.

6 문서가 2페이지의 구역으로 나누어집니다.

STEP 03 자동 입력 서식 해제하기

1 자동 입력 서식을 해제하기 위해 [도구] 탭을 클릭한 후 [빠른 교정]을 클릭한 다음 [빠른 교정 내용]을 클릭합니다.

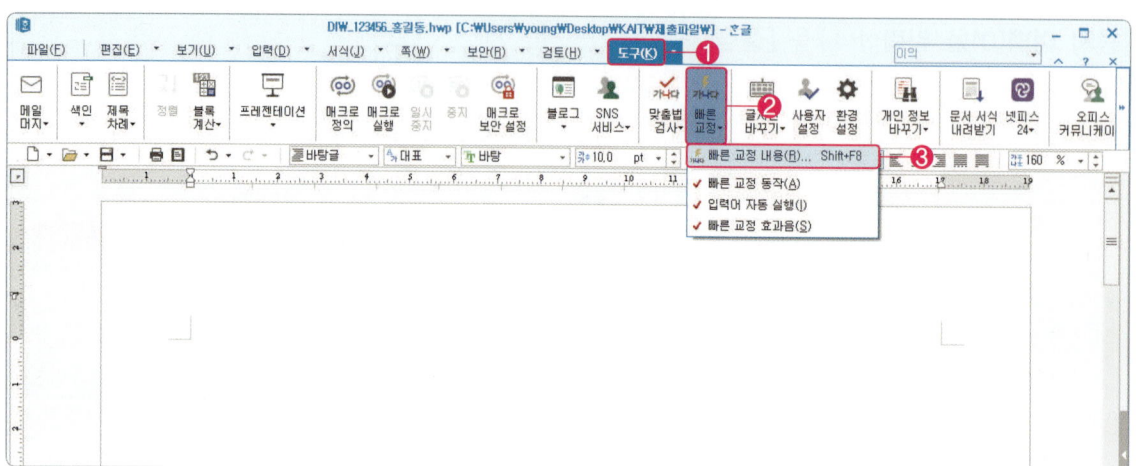

2 [빠른 교정 내용] 대화상자가 나타나면 [입력 자동 서식] 탭을 클릭한 후 [자동 글머리 기호 넣기]를 선택 해제한 다음 [자동 번호 매기기]를 선택 해제하고 [닫기]를 클릭합니다.

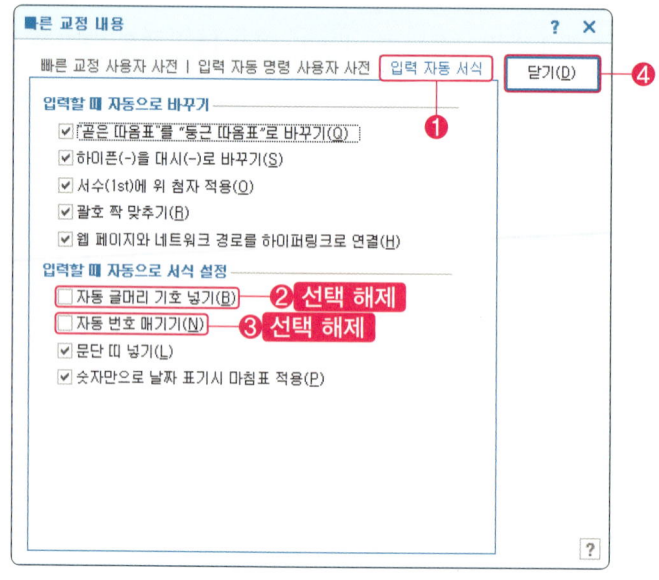

Tip

[자동 글머리 기호 넣기] 및 [자동 번호 매기기]가 선택 해제 되어 있을 경우 [닫기]를 클릭합니다.

한가지 더!

입력 자동 서식

한글에서 '1. 수강 신청일 : 2020년 6월 1일~5일 17:00'을 입력한 후 Enter를 누르면 '입력 자동 서식' 기능이 적용되어 다음 문단에 '2.'가 자동으로 지정됩니다.

STEP 04 답안 저장하기

1 답안을 저장하기 위해 [파일] 탭을 클릭한 후 [저장하기]를 클릭합니다.

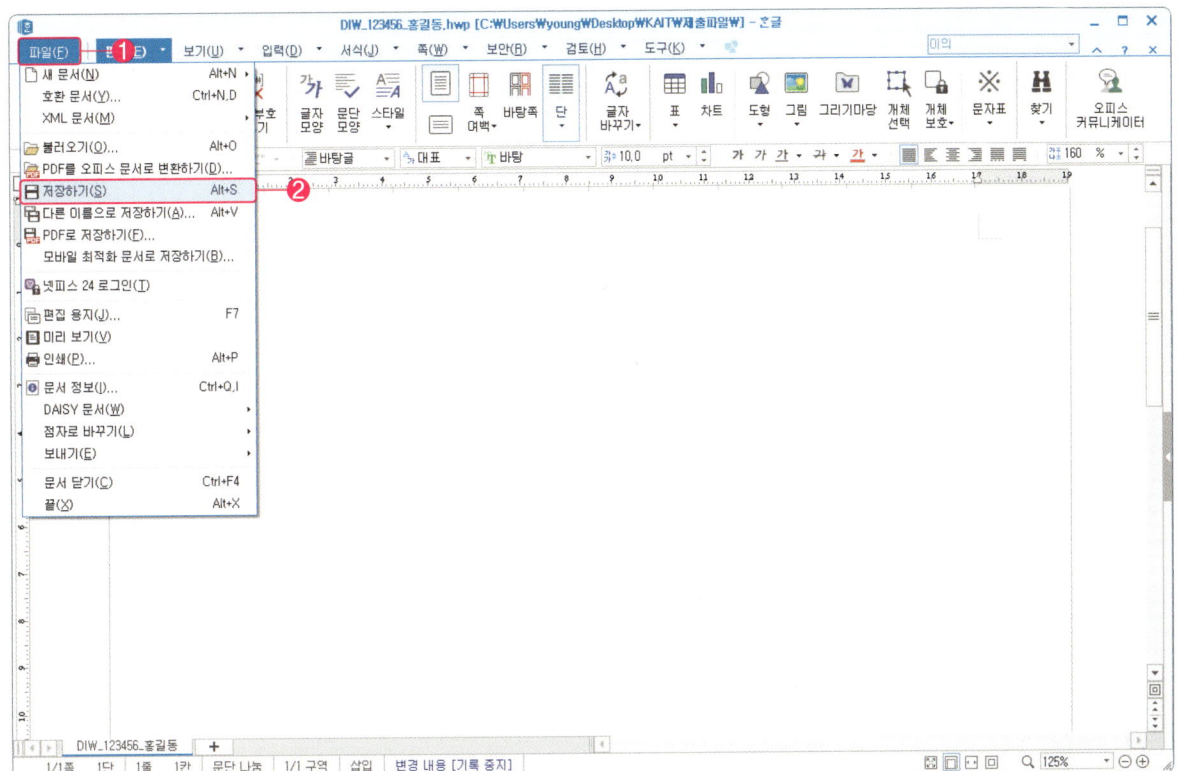

Tip
- 시험에서는 파일명이 지정된 상태로 프로그램이 열리기 때문에 [저장하기] 대화상자가 나타나지 않습니다.
- 시험에서는 답안전송 프로그램에서 자동으로 생성된 파일명을 임의로 파일명을 변경하지 않습니다.
- [서식] 도구 상자에서 [저장하기]를 클릭하거나 Alt + S 를 눌러 답안을 저장할 수도 있습니다.

한가지 더!

답안 전송

수검자가 작성한 답안은 감독관 PC로 5분마다 자동으로 전송되므로 수시로 저장(Alt + S) 합니다.

Chapter 01 · 응시자 유의사항 및 답안 작성 준비하기 **15**

시험지 미리보기

- 응시자 유의사항 : 응시자가 유의해야 할 사항이 명시되어 있습니다.
- 답안 작성요령 : 답안을 작성하는 방법이 명시되어 있습니다. 공통사항1(기본설정, 용지설정)의 배점은 8점, 공통사항2(오탈자)의 배점은 40점입니다.

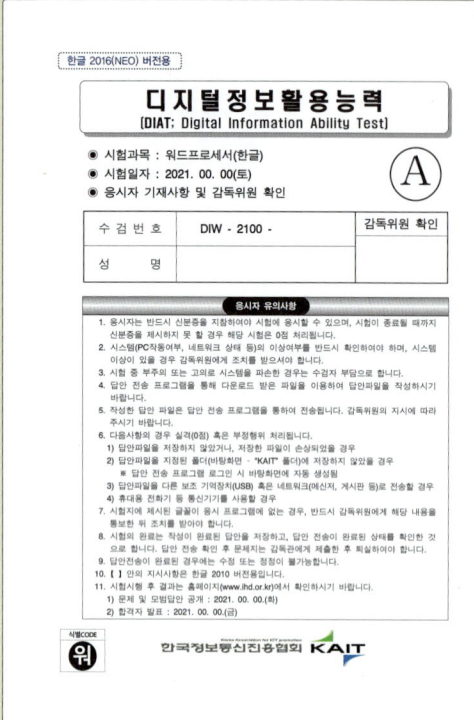

▲ 수검자 유의사항

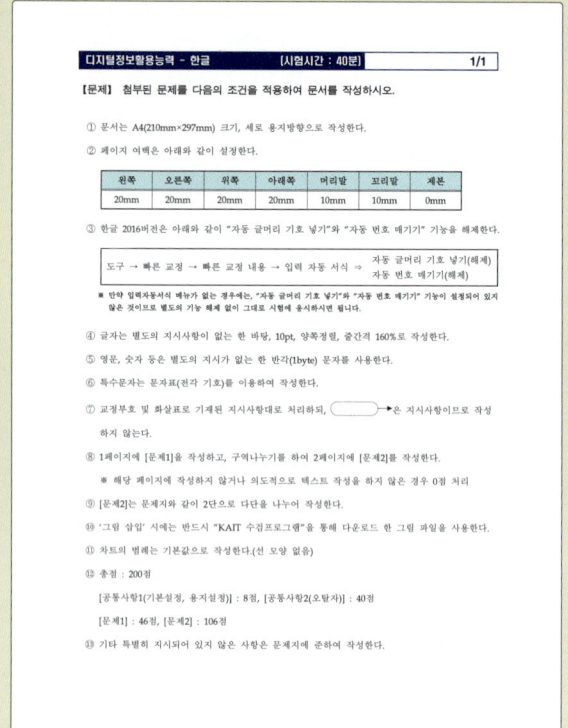

▲ 답안 작성요령

- 문제1 : 글맵시를 작성하는 문제, 글자 모양 및 문단 모양, 페이지 번호를 지정하는 문제가 출제됩니다. 배점은 46점입니다.
- 문제2 : 문서를 작성하는 문제(쪽 테두리, 다단, 글상자, 그림, 표, 차트 등)가 출제됩니다. 배점은 106점입니다.

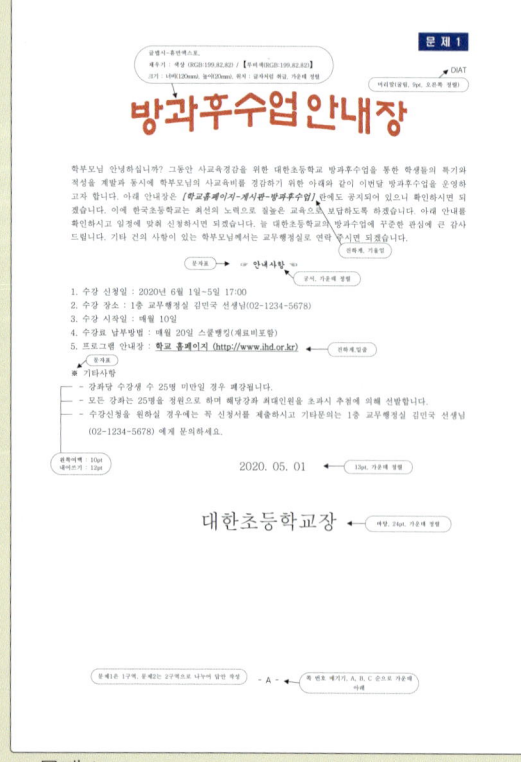

▲ 문제 1

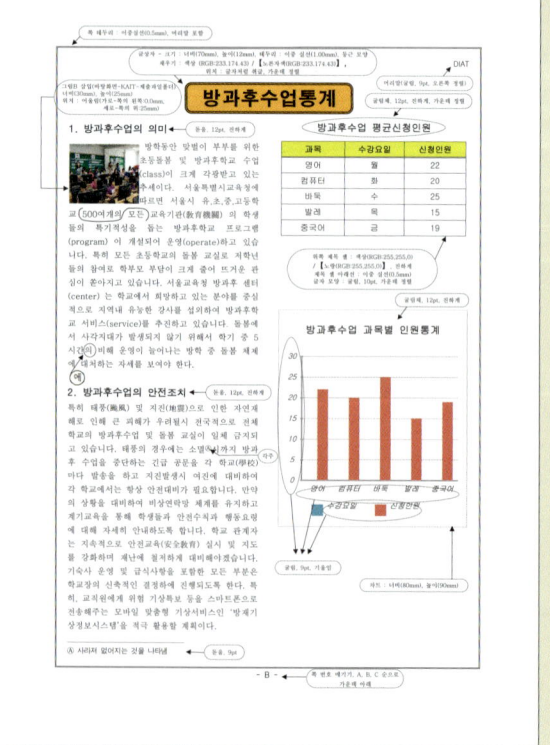

▲ 문제 2

문제유형 001 — 다음《작성조건》이용하여 문서를 작성해 보세요.

Ch01_문제유형01.hwp

《작성조건》

① 문서는 A4(210mm×297mm) 크기, 세로 용지방향으로 작성한다.
② 페이지 여백은 아래와 같이 설정한다.

왼쪽	오른쪽	위쪽	아래쪽	머리말	꼬리말	제본
20mm	20mm	20mm	20mm	10mm	10mm	0mm

③ 한글 2016버전은 아래와 같이 "자동 글머리 기호 넣기"와 "자동 번호 매기기" 기능을 해제한다.

> 도구 → 빠른 교정 → 빠른 교정 내용 → 입력 자동 서식 ⇒ 자동 글머리 기호 넣기(해제) / 자동 번호 매기기(해제)

※ 만약 입력자동서식 메뉴가 없는 경우에는, "자동 글머리 기호 넣기"와 "자동 번호 매기기" 기능이 설정되지 있지 않은 것이므로 별도의 기능 해제 없이 그대로 시험에 응시하시면 됩니다.

④ 글자는 별도의 지시사항이 없는 한 바탕, 10pt, 양쪽정렬, 줄간격 160%로 작성한다.
⑤ 영문, 숫자 등은 별도의 지시가 없는 한 반각(1byte) 문자를 사용한다.
⑥ 특수문자는 문자표(전각 기호)를 이용하여 작성한다.
⑦ 교정부호 및 화살표로 기재된 지시사항대로 처리하되, ⎯⎯→ 은 지시사항이므로 작성하지 않는다.
⑧ 1페이지에 [문제1]을 작성하고, 구역을 나누어 2페이지에 [문제2]를 작성한다.
   ※ 해당 페이지에 작성하지 않거나 의도적으로 텍스트 작성을 하지 않은 경우 0점 처리
⑨ [문제2]는 문제지와 같이 글상자 아랫줄부터 2단으로 다단을 나누어 작성한다.
⑩ '그림 삽입' 시에는 반드시 "KAIT 수검프로그램"을 통해 다운로드 한 그림 파일을 사용한다.
⑪ 차트의 범례는 기본값으로 작성한다.(선 모양 없음)
⑫ 총점 : 200점
   [공통사항1(기본설정, 용지설정)] : 8점, [공통사항2(오탈자)] : 40점
   [문제1] : 46점, [문제2] : 106점
⑬ 기타 특별히 지시되어 있지 않은 사항은 문제지에 준하여 작성한다.

문제유형 002 — 다음《작성조건》이용하여 문서를 작성해 보세요.

Ch01_문제유형02.hwp

《작성조건》

① 용지 종류 : A4(210mm × 297mm), 용지 방향 : 세로
② 용지 여백 : 왼쪽/오른쪽/위쪽/아래쪽 : 20mm, 머리말/꼬리말 : 10mm, 제본 : 0mm
③ 저장 위치 : 라이브러리₩문서₩Ch00_문제유형02.hwp

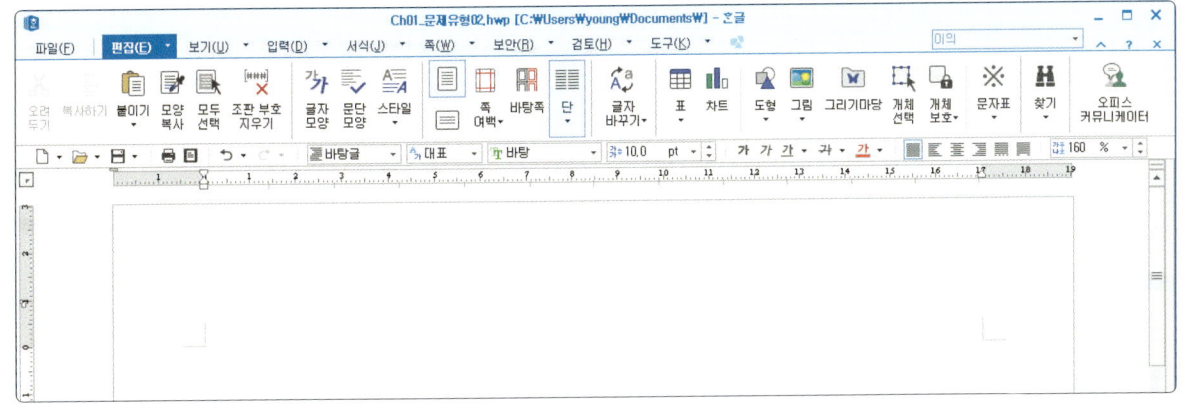

Chapter 02 글맵시 작성 및 기본 입력하기

한글 2016(NEO)

[문제1]에서 글맵시를 작성한 후 내용을 입력하는 방법에 대해 알고 있어야 합니다. 글맵시를 작성한 후 크기 및 색상, 위치 등을 지정한 다음 내용 입력 및 특수 문자를 삽입하는 문제가 출제되고 있습니다.

글맵시 - 휴먼옛체, 채우기 : 색상(RGB: 199,82,82) /【루비색(RGB: 199,82,82)】
크기 : 너비(120mm), 높이(20mm), 위치 : 글자처럼 취급, 가운데 정렬

방과후수업안내장

학부모님 안녕하십니까? 그동안 사교육경감을 위한 대한초등학교 방과후수업을 통한 학생들의 특기와 적성을 계발과 동시에 학부모님의 사교육비를 경감하기 위한 아래와 같이 이번달 방과후수업을 운영하고자 합니다. 아래 안내장은 [학교홈페이지-게시판-방과후수업] 란에도 공지되어 있으니 확인하시면 되겠습니다. 이에 한국초등학교는 최선의 노력으로 질높은 교육으로 보답하도록 하겠습니다. 아래 안내를 확인하시고 일정에 맞춰 신청하시면 되겠습니다. 늘 대한초등학교의 방과수업에 꾸준한 관심에 큰 감사드립니다. 기타 건의 사항이 있는 학부모님께서는 교무행정실로 연락 주시면 되겠습니다.

☞ 안내사항 ☜ ← 문자표

1. 수강 신청일 : 2020년 6월 1일~5일 17:00
2. 수강 장소 : 1층 교무행정실 김민국 선생님(02-1234-5678)
3. 수강 시작일 : 매월 10일
4. 수강료 납부방법 : 매월 20일 스쿨뱅킹(재료비포함)
5. 프로그램 안내장 : 학교 홈페이지 (http://www.ihd.or.kr)

문자표
※ 기타사항
- 강좌당 수강생 수 25명 미만일 경우 폐강됩니다.
- 모든 강좌는 25명을 정원으로 하며 해당강좌 최대인원을 초과시 추첨에 의해 선발합니다.
- 수강신청을 원하실 경우에는 꼭 신청서를 제출하시고 기타문의는 1층 교무행정실 김민국 선생님 (02-1234-5678) 에게 문의하세요.

2020. 05. 01

대한초등학교장

작업순서요약

① 1페이지의 첫 번째 줄에 글맵시를 삽입합니다.
② 글맵시의 개체 속성을 지정합니다.
③ 내용을 입력합니다.
④ 특수 문자를 삽입하고 하이퍼링크를 제거합니다.

STEP 01 글맵시 삽입하기

Chapter02\DIW_123456_홍길동.hwp

1 [입력] 탭을 클릭한 후 [글맵시]를 클릭합니다.

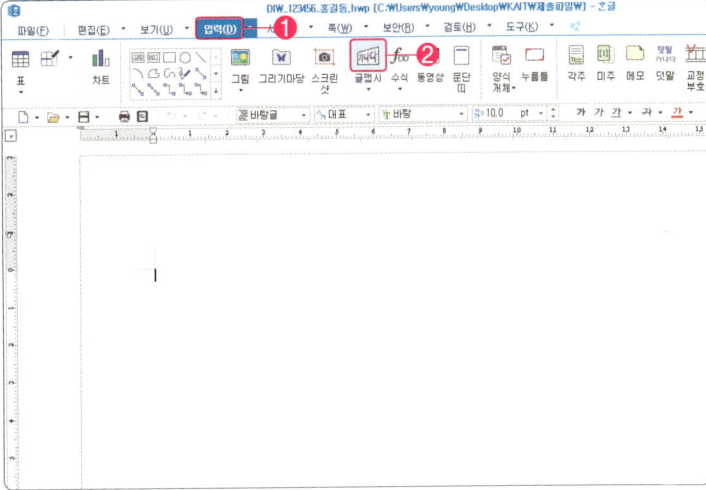

Tip
[입력] 탭의 [목록]을 클릭한 후 [개체]–[글맵시]를 클릭하여 글맵시를 삽입할 수도 있습니다.

2 [글맵시 만들기] 대화상자가 나타나면 **내용(방과후수업안내장)을 입력**한 후 **글꼴(휴먼옛체)을 선택**한 다음 **글맵시 모양([갈매기형 수장])을 선택**하고 [설정]을 클릭합니다.

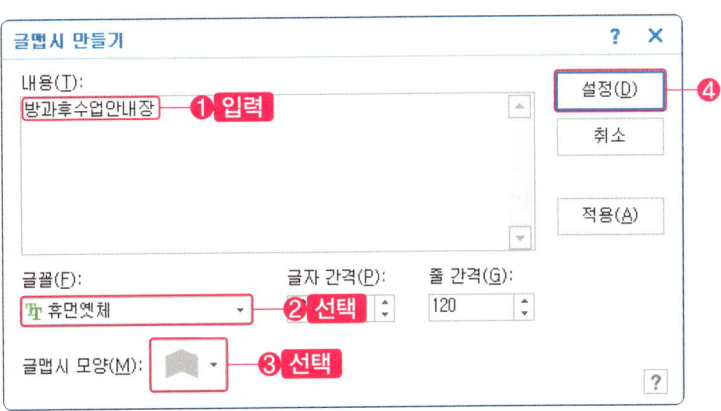

Tip
글맵시 모양은 지시사항에 없으므로 응시자가 출력형태를 보고 선택해야 합니다.

3 다음과 같이 글맵시가 삽입됩니다.

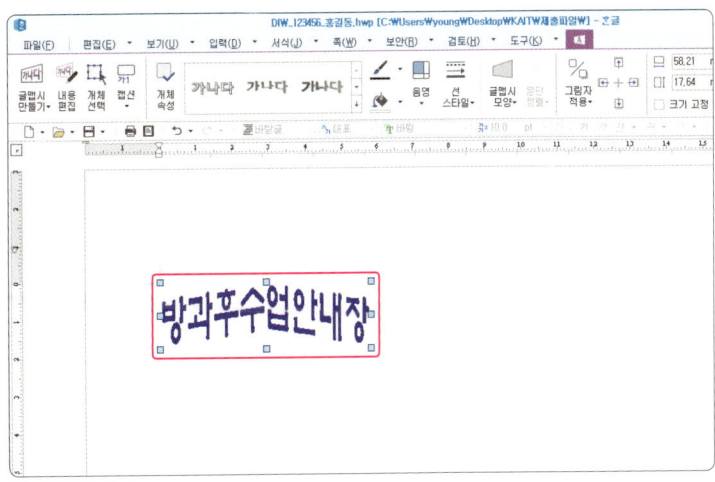

STEP 02　글맵시 편집하기

1 글맵시에서 마우스 오른쪽 버튼을 클릭한 후 바로가기 메뉴의 [개체 속성]을 클릭합니다.

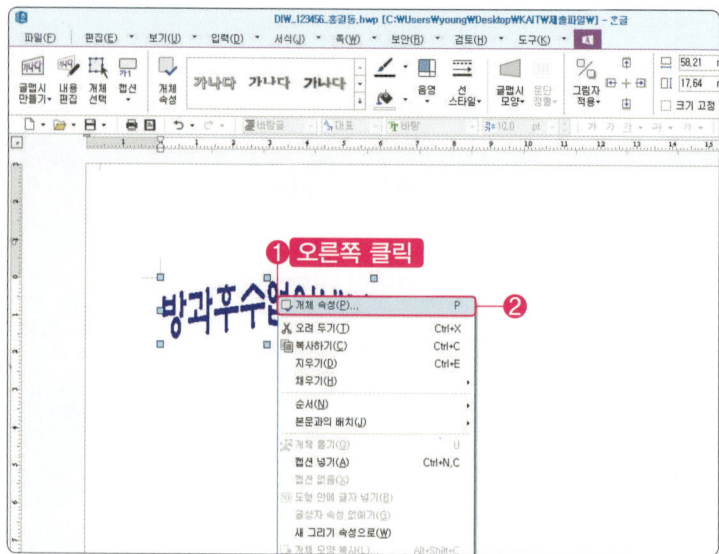

2 [개체 속성] 대화상자가 나타나면 [기본] 탭에서 너비(120)와 높이(20)를 입력한 후 [글자처럼 취급]을 선택합니다.

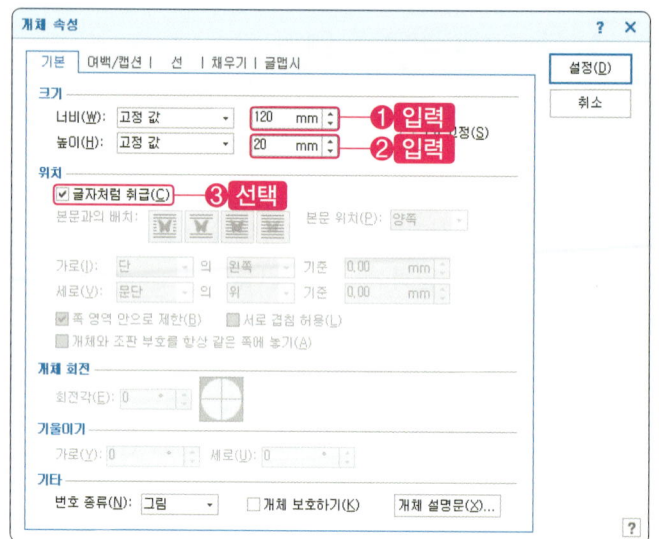

3 [채우기] 탭을 클릭한 후 [색]을 선택한 다음 [면 색]을 클릭하고 [다른 색...]을 클릭합니다.

4 [색] 대화상자가 나타나면 RGB 색상(빨강: 199, 초록: 82, 파랑: 82)을 입력한 후 [설정]을 클릭합니다.

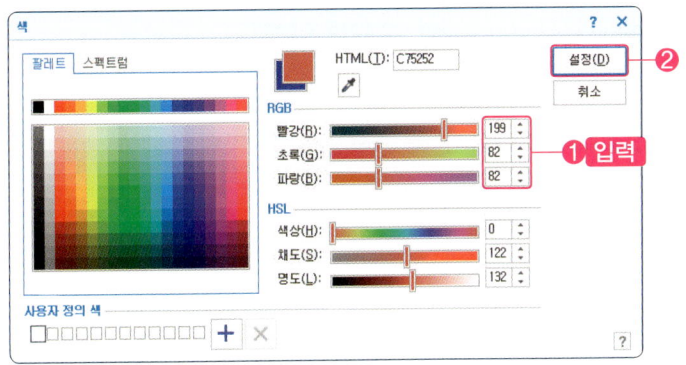

5 [개체 속성] 대화상자가 다시 나타나면 [설정]을 클릭합니다.

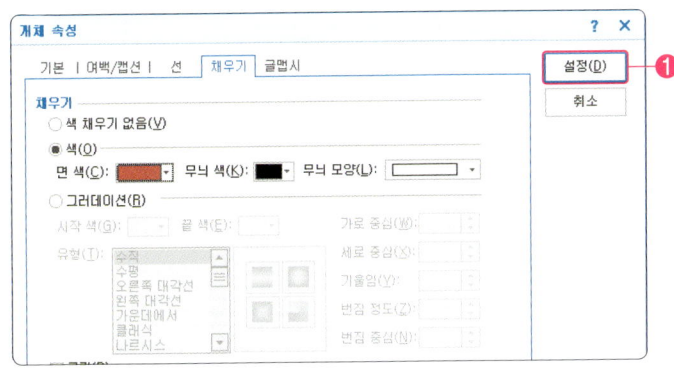

색상 테마

색상 테마표의 [기본], [오피스], [잔상], [빛], [주황], [어제], [봄], [꿈], [숲속], [바다], [무중력], [심해]와 같은 다양한 테마 중에서 원하는 테마를 선택할 수 있습니다.

6 글맵시가 수정되면 **글맵시 뒤에 커서를 위치**시킨 후 [서식] 도구 상자에서 [가운데 정렬]을 선택합니다.

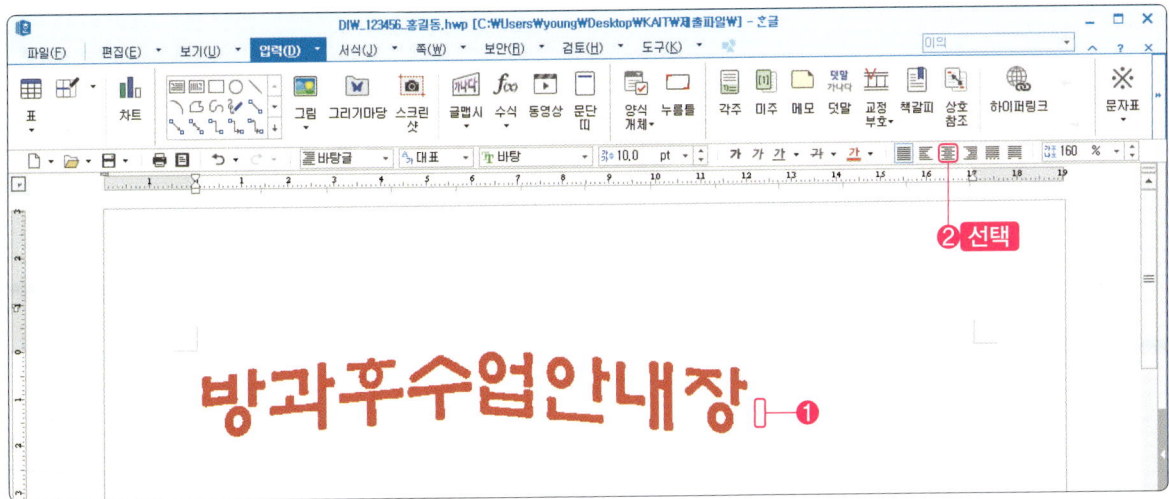

STEP 03 기본 입력하기

1 글맵시 뒤에 커서를 둔 후 Enter를 눌러 강제 개행한 다음 [서식] 도구 상자에서 ≡[양쪽 정렬]을 선택합니다.

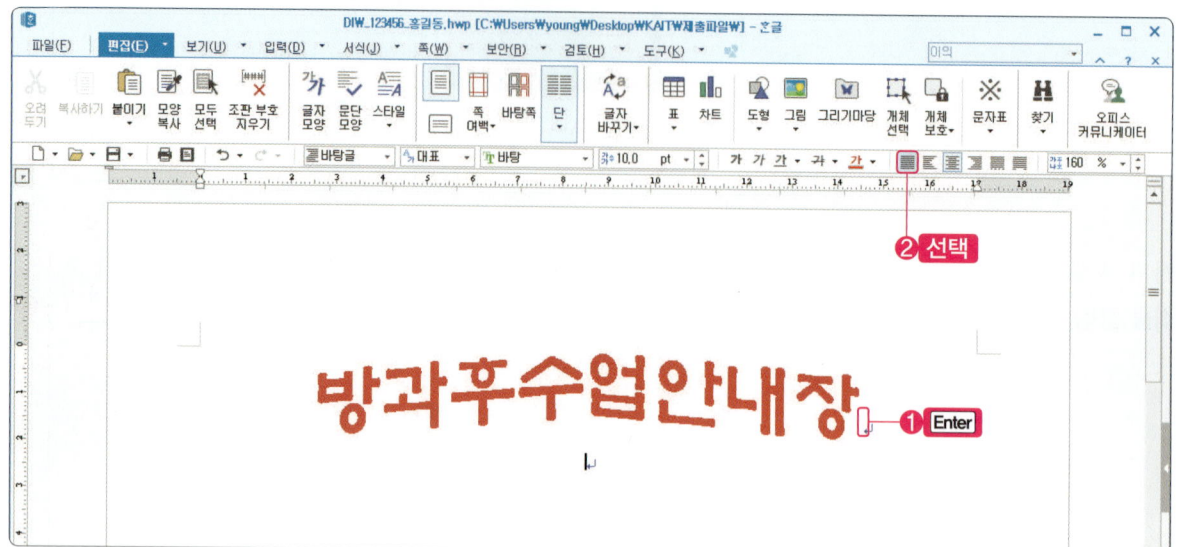

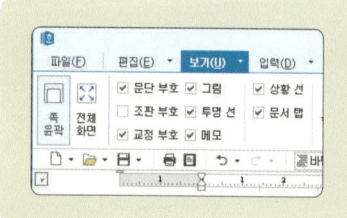

문단 부호
- 문서를 작성하면서 글자 입력 도중에 Enter를 누른 곳을 줄 바꿈 문자(↵)로 화면에 표시해 주는 기능입니다.
- 문서의 줄 바꿈에 대한 표시를 나타내어 문서를 작성하는데 편리합니다.

2 Enter를 한번 더 눌러 강제 개행한 후 내용을 입력한 다음 Enter를 두 번 누릅니다.

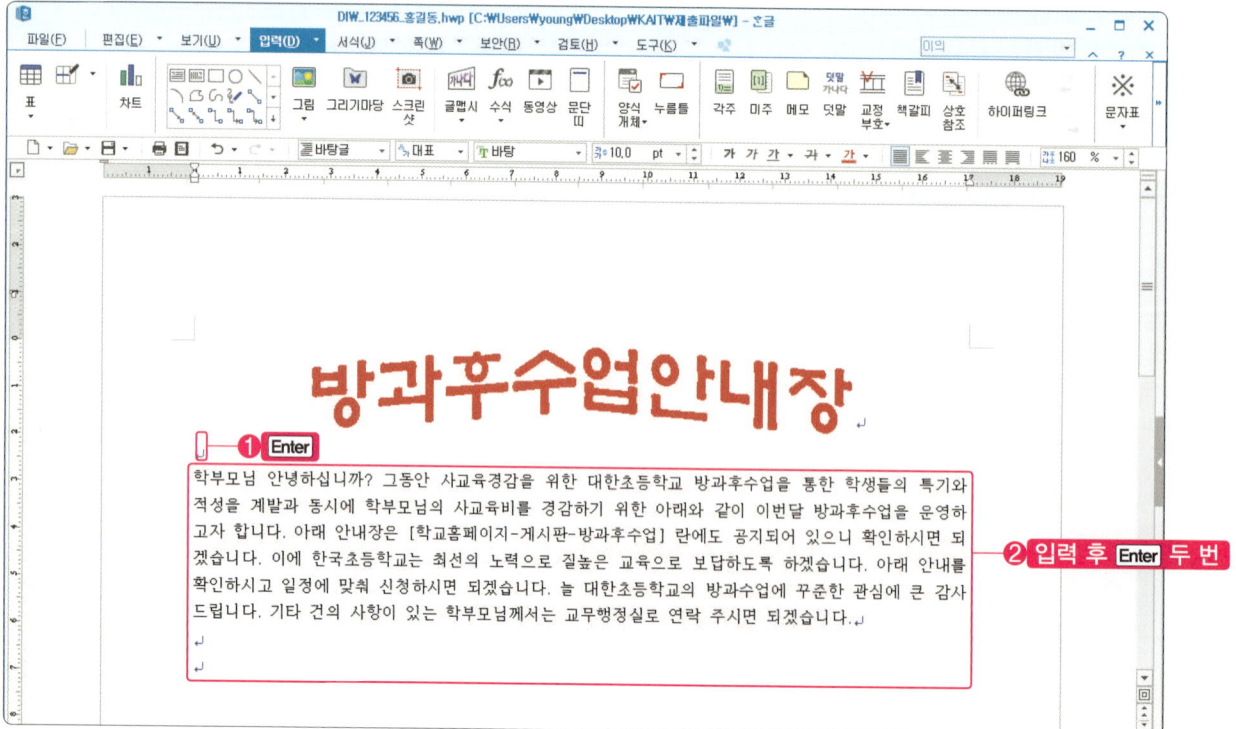

STEP 04 특수 문자 삽입 및 하이퍼링크 제거하기

1 [입력] 탭을 클릭한 후 [문자표]를 클릭한 다음 [문자표...]를 클릭합니다.

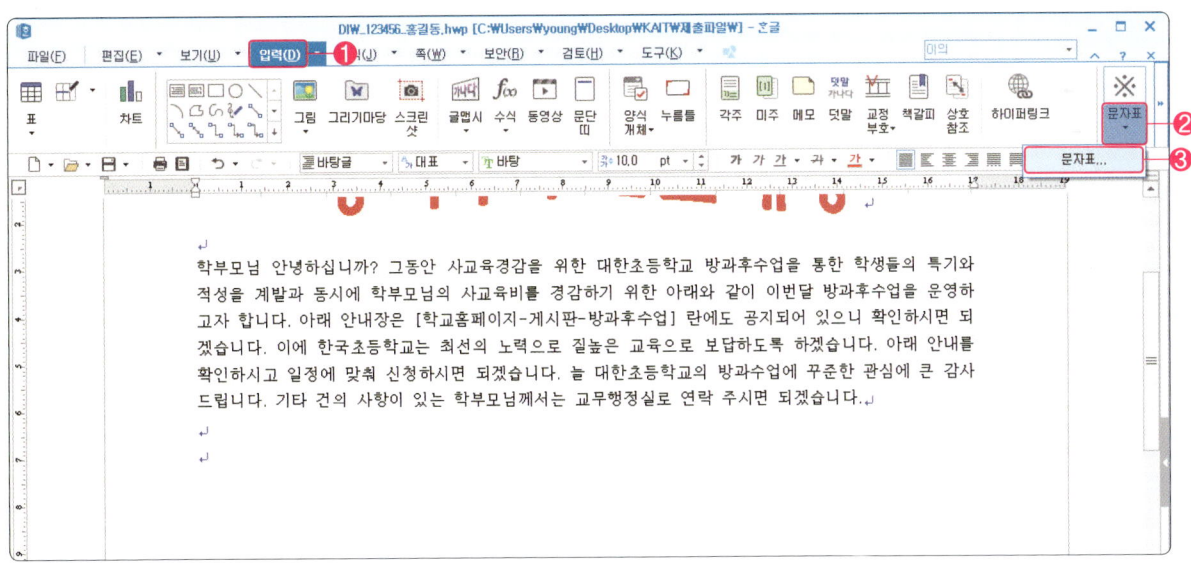

2 [문자표 입력] 대화상자가 나타나면 [사용자 문자표] 탭을 클릭한 후 문자 영역(기호2)을 선택한 다음 문자 선택(☞)을 하고 [넣기]를 클릭합니다.

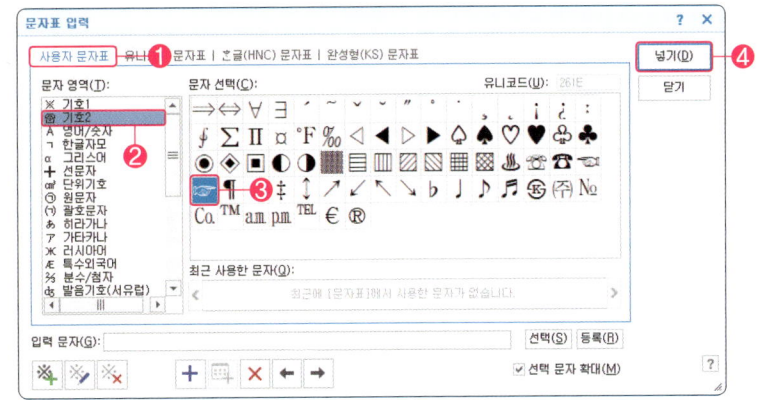

> **Tip**
> [한글(HNC) 문자표] 탭을 클릭한 후 문자 영역(전각 기호(일반))을 선택한 다음 문자(☞)를 선택할 수도 있습니다.

3 특수 문자가 삽입되면 '안내사항'을 입력한 후 특수 문자(☜)를 삽입합니다.

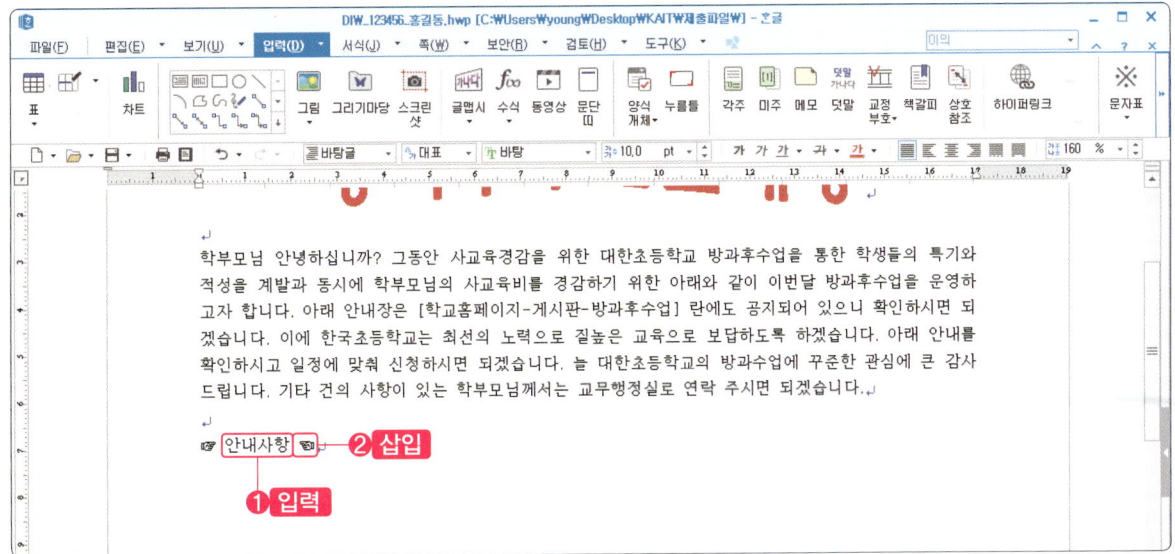

Chapter 02 · 글맵시 작성 및 기본 입력하기 **23**

4 다음과 같이 **내용을 입력**한 후 홈페이지 주소에 하이퍼링크가 연결되면 **홈페이지 주소에서 마우스 오른쪽 버튼을 클릭**한 다음 바로가기 메뉴의 [하이퍼링크 지우기]를 클릭합니다.

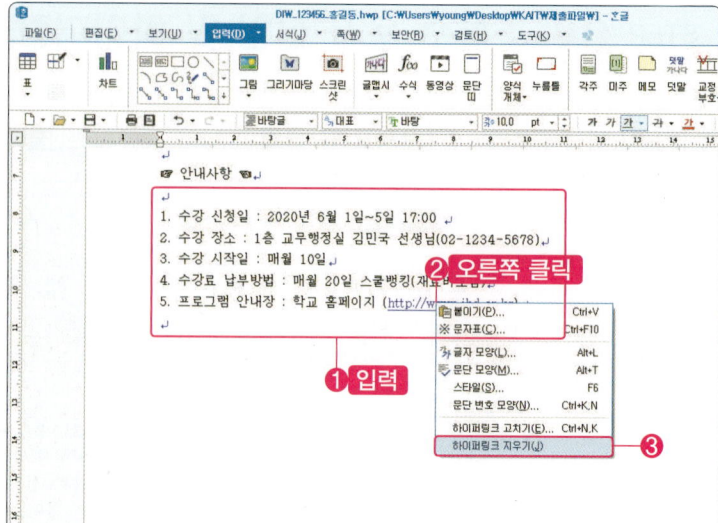

Tip
홈페이지 주소나 이메일 주소 등을 입력하여 하이퍼링크가 연결되면 별도의 지시사항이 없어도 하이퍼링크를 제거합니다.

5 다음과 같이 나머지 **내용을 입력**합니다.

방과후수업안내장

학부모님 안녕하십니까? 그동안 사교육경감을 위한 대한초등학교 방과후수업을 통한 학생들의 특기와 적성을 계발과 동시에 학부모님의 사교육비를 경감하기 위한 아래와 같이 이번달 방과후수업을 운영하고자 합니다. 아래 안내장은 [학교홈페이지-게시판-방과후수업] 란에도 공지되어 있으니 확인하시면 되겠습니다. 이에 한국초등학교는 최선의 노력으로 질높은 교육으로 보답하도록 하겠습니다. 아래 안내를 확인하시고 일정에 맞춰 신청하시면 되겠습니다. 늘 대한초등학교의 방과수업에 꾸준한 관심에 큰 감사드립니다. 기타 건의 사항이 있는 학부모님께서는 교무행정실로 연락 주시면 되겠습니다.

☞ 안내사항 ☜

1. 수강 신청일 : 2020년 6월 1일~5일 17:00
2. 수강 장소 : 1층 교무행정실 김민국 선생님(02-1234-5678)
3. 수강 시작일 : 매월 10일
4. 수강료 납부방법 : 매월 20일 스쿨뱅킹(재료비포함)
5. 프로그램 안내장 : 학교 홈페이지 (http://www.ihd.or.kr)

※ 기타사항
- 강좌당 수강생 수 25명 미만일 경우 폐강됩니다.
- 모든 강좌는 25명을 정원으로 하며 해당강좌 최대인원을 초과시 추첨에 의해 선발합니다.
- 수강신청을 원하실 경우에는 꼭 신청서를 제출하시고 기타문의는 1층 교무행정실 김민국 선생님 (02-1234-5678) 에게 문의하세요.

2020. 05. 01

대한초등학교장

글맵시 : HY헤드라인M, 채우기 : 색상(RGB: 199,82,82),
크기 : 너비(100mm), 높이(20mm), 위치 : 글자처럼 취급, 가운데 정렬

토방공예취미반모집

진솔토방공예원에서는 흙을 이용해 원하는 생활용품을 다양하게 만들 수 있는 "토방 공예 취미반"을 모집합니다. 토방 공예는 흙을 직접 빚으며 손의 감각을 되살리고, 토양과 자연이 주는 좋은 기운을 얻을 수 있어 정서적인 안정감과 평온함을 느낄 수 있습니다. 꽃병, 물병, 찻잔, 화분받침 등 생활에 필요한 물건들을 직접 만들거나 나만의 독특한 인테리어 소품들도 직접 만들 수 있습니다. 본 프로그램은 공예나 디자인에 관심 있는 일반인 누구나 참여 가능하며, 한일대학교 도자디자인 전공팀과의 멤버십을 통해 우수 공예 작품 전시회 등의 기회도 주어집니다. 관심 있으신 여러분의 많은 참여 부탁드립니다.

■ 수강안내 ■ ← 문자표

1. 개 강 일 : 2022년 2월 4일(금)
2. 장   소 : 서울시 종로구 인사동 공예디자인타워 703호 진솔토방공예원
3. 수강시간 : 매주 금요일 19:00 ~ 22:00 (주1회, 3시간)
4. 수 강 료 : 월 20만원, 재료비 등 포함
5. 문 의 처 : 진솔토방공예원 담당자(02-123-4567)

※ 등록 및 기타사항 ← 문자표
- 등록은 진솔토방공예원 홈페이지(http://www.diat.or.kr)에서 직접 하실 수 있으며, 전화나 내방 신청도 가능합니다.
- 개강일은 매월 첫째 주 금요일이오니 등록에 참고하시기 바랍니다.
- 홈페이지의 커뮤니티 메뉴를 통하여 기존 회원들의 작품을 감상하실 수 있습니다.

2022. 02. 22.

진솔토방공예원장

글맵시 : 견고딕, 채우기 : 색상(RGB: 49,95,151),
크기 : 너비(100mm), 높이(20mm), 위치 : 글자처럼 취급, 가운데 정렬

한산해안갯벌체험교실

갯벌은 인류의 삶의 터전이면서 중요한 바다 생물의 서식처이고, 우리 지역의 대표적인 자원이기도 합니다. 한산시에서 후원하는 "한산해안 갯벌체험 교실"은 우리 아이들에게 갯벌을 직접 체험하게 함으로써 갯벌의 중요성을 일깨우자는 취지로 마련된 행사입니다. 본 행사는 7세 이상 ~ 10세 이하 어린이 누구나 참여 가능하며, 부모님들도 함께 참여하실 수 있습니다. 온 가족이 함께 갯벌에서 조개, 소라, 고동 등을 직접 잡으면서 푸르고 풍요로운 자연과 함께하는 즐거운 시간이 될 것입니다. 아이들에게 잊지 못할 생생한 추억과 경험을 선물할 수 있는 이번 행사에 여러분들의 많은 참여 바랍니다.

▽ 행사안내 ▽

1. 행 사 명 : 온가족이 함께하는 "한산해안 갯벌체험 교실"
2. 협   찬 : 바다생물연구협회, 한산시수산조합, 바다자원연구소
3. 행사일시 : 2023년 3월 4일(토) 13:30 ~ 17:30
4. 출발장소 : 한산시 운림동 바다자원연구소 주차장 (전용버스로 이동)
5. 신청기간 : 2023년 2월 22일(수)까지, 신청 인원이 많을 경우 조기 마감될 수 있음

※ 신청안내
- 참가비는 무료이며, 1가족 4인까지 신청이 가능합니다.
- 신청방법 : 한산시청 해양자원육성과 홈페이지(http://www.diat.or.kr)에서 신청서를 다운로드하시고, 내용을 작성 후 담당자에게 이메일로 송부해주시기 바랍니다.
- 기타 사항은 행사 담당자(02-123-4567)에게 문의하시기 바랍니다.

2023. 01. 21.

한산시청 해양자원육성과

글맵시 : 돋움, 채우기 : 색상(RGB: 199,82,82),
크기 : 너비(100mm), 높이(20mm), 위치 : 글자처럼 취급, 가운데 정렬

카페창업바리스타양성과정

우리나라의 성인 1인당 연간 커피 소비량은 약 400잔에 이르며, 주요 거리 곳곳에 커피향이 가득할 정도로 커피 열풍이 불고 있습니다. 이와 함께 커피와 카페 창업에 대한 관심과 수요도 늘어나고 있습니다. 이에 한국바리스타육성협회에서는 카페 창업에 도움을 드리고자 바리스타 양성 프로그램을 진행하고 있습니다. 커피 추출에 대한 기본 이론부터 고급 로스팅 기법, 다양한 라떼 만들기, 커피와 함께 즐길 수 있는 디저트류 만들기까지 창업을 위한 완벽 대비를 하실 수 있습니다. 전문가들과 함께하는 본 프로그램에 많은 관심과 참여로, 성공적인 카페 창업에 한걸음 더 다가가시기 바랍니다.

◆ 교육안내 ◆   (문자표)

1. 개 강 일 : 2024년 6월 3일(월)
2. 교육기간 : 매주 월, 수, 금 14:00 ~ 17:00 (총 24회, 72시간 과정)
3. 교육장소 : 서울시 서초구 반포동 일렉빌딩 5층
4. 수 강 료 : 250만원 (기계사용 및 재료비 포함)
5. 교육내용 : 창업 일반, 커피 이론, 커피 및 디저트 만들기 실습

(문자표)
※ 기타사항
- 교육 정보 및 상세 커리큘럼은 홈페이지(http://www.diat.or.kr)를 참조해주시기 바랍니다.
- 1회에 한하여 무료 체험 교육이 가능합니다.
- 무료 체험 교육 및 수강에 대한 자세한 사항은 한국바리스타육성협회 교육 담당자(02-123-4567)에게 문의하시기 바랍니다.

2024. 05. 17.

한국바리스타육성협회장

글맵시 : 휴먼옛체, 채우기 : 색상(RGB: 105,155,55),
크기 : 너비(120mm), 높이(20mm), 위치 : 글자처럼 취급, 가운데 정렬

모바일광고전략컨퍼런스

휴대폰, 태블릿 PC 등 스마트 기기의 보급과 함께 모바일 사용 인구가 급증하고 있으며, 이와 함께 모바일 광고에 대한 전략적 접근이 중요해지고 있습니다. 한국정보모바일연구소에서는 모바일 시대에 대비한 광고전략 및 마케팅, 새로운 광고 트렌드에 대한 학습과 관련 분야의 네트워크를 위해 "모바일 광고전략 컨퍼런스"를 개최합니다. 모바일 광고 전문기업 '후아유애드'의 우수사례 등 모바일을 접목한 참신한 광고 전략 등과 함께 진보된 광고 아이디어를 얻을 수 있는 좋은 기회가 될 것입니다. 광고전략 및 마케팅 관련 전문가는 물론 일반 대학생 여러분들의 많은 관심과 참여 바랍니다.

♠ 행사안내 ♠   ← 문자표

1. 행사일시 : 2023년 2월 16일(목), 08:00 ~ 17:00
2. 행사장소 : 서울시 강남구 한국전시센터 1층 태평양홀
3. 참가대상 : 마케팅 전략 담당자, 광고 홍보 전문가, 일반 대학생 등
4. 주   최 : 한국정보모바일연구소
5. 후   원 : 미래창조과학부, 한국광고컨텐츠개발학회, 후아유애드

※ 기타사항   ← 문자표
- 참가비 : 1인당 50,000원 (5인 이상 단체 신청 시 1인당 30,000원)
- 컨퍼런스 공식 홈페이지(http://www.diat.or.kr)를 통해 직접 참가 신청을 하실 수 있으며, 상세한 프로그램도 확인하실 수 있습니다.
- 기타 자세한 사항은 컨퍼런스 담당자(02-123-4567)에게 문의하시기 바랍니다.

2023. 01. 28.

한국정보모바일연구소장

글맵시 : 휴먼옛체, 채우기 : 색상(RGB: 49,95,151),
크기 : 너비(100mm), 높이(20mm), 위치 : 글자처럼 취급, 가운데 정렬

2026문화가있는날운영알림

올해로 13년째를 맞이한 "문화가 있는 날"은 일반인들이 보다 쉽게 문화를 접하고 다양한 문화시설을 즐기며 참여할 수 있도록 지정한 날입니다. 이에 따라 매달 마지막 수요일에 서울 주요 국공립 박물관, 미술관, 고궁 등을 무료로 관람할 수 있게 하는 등 각종 행사를 시행하고 있습니다. 또한 국공립 도서관의 야간개방 확대 및 문화프로그램 운영, 조선 4대 궁궐과 종묘, 조선왕릉 무료 개방, 주요 영화상영관의 영화 관람료 특별 할인, 자녀와 부모 동반 입장 시 프로농구, 프로배구 관람료 특별 할인, 국립극장과 국립국악원 무료 특별공연, 정동극장, 예술의 전당 등 주요 공연관람시설 할인 등의 혜택이 이뤄집니다.

♣ 운영안내 ♣

1. 운영일시 : 매월 마지막 수요일
2. 운영기간 : 2026. 01. 01(목) ~ 12. 31(목)
3. 프로그램 : 문화가있는날 홈페이지(http://www.diat.or.kr) 참조
4. 참가대상 : 문화 체험을 원하는 누구나
5. 후 원 : 문화융성위원회, 문화체육관광부, 여성가족부, 서울시

※ 기타사항
- 참여분야 : 영화(CGV, 롯데시네마 등), 공연(국립극장, 예술의 전당, 세종문화회관), 문화재(4대궁과 종묘), 스포츠(프로농구, 프로배구, 프로축구, 프로야구 관람료 50% 할인), 전시(국립현대미술관 등 박물관, 미술관 할인 및 무료), 거리공연, 프리마켓, 도서관 등
- 참여기관 : 한국정보통신진흥협회, 한국철도공사, 한국문화발전진흥원 등

2026. 01. 05.

대한민국문화융성위원회

Chapter 03 서식 지정 및 쪽 설정하기

[문서1]에서 작성된 문서에 서식을 지정한 후 쪽 설정을 지정하는 방법에 대해 알고 있어야 합니다. 지시사항에 맞게 글자 모양 및 문단 모양을 지정한 후 머리말 및 쪽 번호를 매기는 문제가 출제되고 있습니다.

글맵시 - 휴먼옛체,
채우기 : 색상(RGB:199,82,82) / 【루비색(RGB:199,82,82)】
크기 : 너비(120mm), 높이(20mm), 위치 : 글자처럼 취급, 가운데 정렬

▶ DIAT
머리말(굴림, 9pt, 오른쪽 정렬)

방과후수업안내장

진하게, 기울임

학부모님 안녕하십니까? 그동안 사교육경감을 위한 대한초등학교 방과후수업을 통한 학생들의 특기와 적성을 계발과 동시에 학부모님의 사교육비를 경감하기 위한 아래와 같이 이번달 방과후수업을 운영하고자 합니다. 아래 안내장은 *[학교홈페이지-게시판-방과후수업]* 란에도 공지되어 있으니 확인하시면 되겠습니다. 이에 한국초등학교는 최선의 노력으로 질높은 교육으로 보답하도록 하겠습니다. 아래 안내를 확인하시고 일정에 맞춰 신청하시면 되겠습니다. 늘 대한초등학교의 방과수업에 꾸준한 관심에 큰 감사드립니다. 기타 건의 사항이 있는 학부모님께서는 교무행정실로 연락 주시면 되겠습니다.

문자표 ▶
궁서, 가운데 정렬

1. 수강 신청일 : 2020년 6월 1일~5일 17:00
2. 수강 장소 : 1층 교무행정실 김민국 선생님(02-1234-5678)
3. 수강 시작일 : 매월 10일
4. 수강료 납부방법 : 매월 20일 스쿨뱅킹(재료비포함)
5. 프로그램 안내장 : <u>학교 홈페이지 (http://www.ihd.or.kr)</u> ◀ 진하게, 밑줄

문자표
※ 기타사항
- 강좌당 수강생 수 25명 미만일 경우 폐강됩니다.
- 모든 강좌는 25명을 정원으로 하며 해당강좌 최대인원을 초과시 추첨에 의해 선발합니다.
- 수강신청을 원하실 경우에는 꼭 신청서를 제출하시고 기타문의는 1층 교무행정실 김민국 선생님 (02-1234-5678) 에게 문의하세요.

왼쪽여백 : 10pt
내어쓰기 : 12pt

2020. 05. 01 ◀ 13pt, 가운데 정렬

대한초등학교장 ◀ 바탕, 24pt, 가운데 정렬

- A - ◀ 쪽 번호 매기기, A,B,C 순으로, 가운데 아래

작업순서요약

① 글자 모양을 지정할 부분을 드래그하여 블록으로 설정한 후 [서식] 도구 상자에서 글꼴 및 글자 크기, 속성을 지정합니다.
② 문단 모양을 지정할 부분을 클릭한 후 [서식] 도구 상자에서 정렬 방식을 지정한 다음 기타사항을 드래그하여 블록으로 설정한 후 [문단 모양] 대화상자에서 왼쪽 여백 및 들여쓰기를 지정합니다.
③ 머리말을 삽입할 위치를 지정한 후 글꼴 및 글자 크기, 정렬 방식을 지정합니다.
④ 쪽 번호 위치 및 번호 모양을 지정합니다.

STEP 01 글자 모양 지정하기

Chapter03\DIW_123456_홍길동.hwp

1 "[학교홈페이지-게시판-방과후수업]"를 드래그하여 블록으로 설정한 후 [서식] 도구 상자에서 가[진하게]와 가[기울임]을 선택합니다.

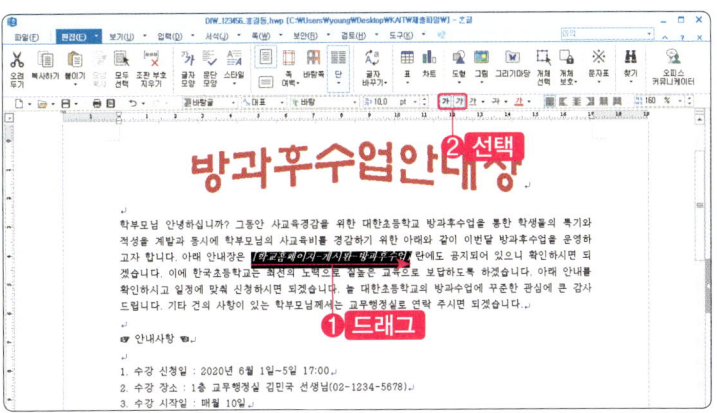

2 같은 방법으로 지시사항에 따라 [서식] 도구 상자에서 글꼴과 글자 크기, 속성 등을 지정합니다.

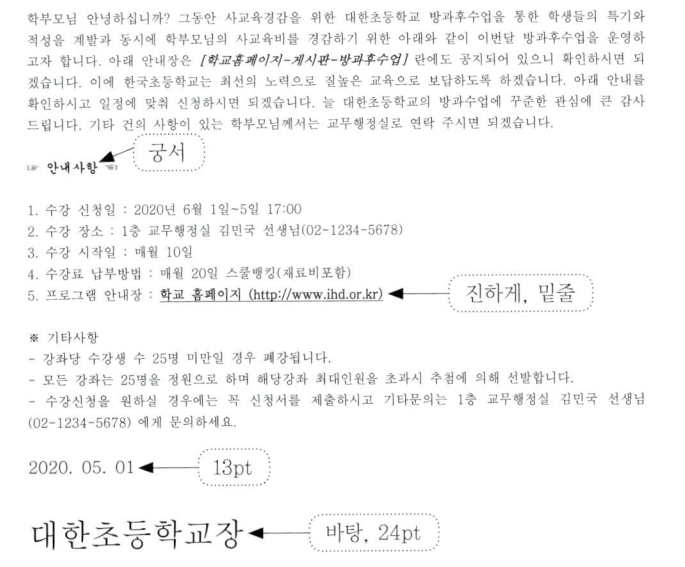

한가지 더!

글자 모양 관련 [서식] 도구 상자

글꼴과 글자 크기, 간단한 글꼴 속성만 지정할 경우 [서식] 도구 상자를 이용합니다.

Chapter 03 · 서식 지정 및 쪽 설정하기

STEP 02 문단 모양 지정하기

1 '☞ 안내사항 ☜' 뒤에 커서를 위치시킨 후 [서식] 도구 상자에서 ≡[가운데 정렬]을 선택합니다.

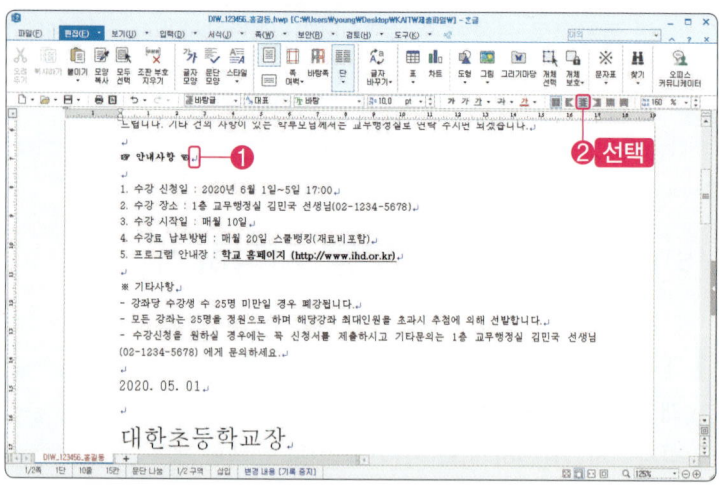

> **Tip**
> 한 문단을 정렬 할때 커서의 위치는 문단 어느 곳에 있어도 상관없습니다.

2 '기타사항'을 드래그하여 블록으로 설정한 후 [편집] 탭을 클릭한 다음 [문단 모양]을 클릭합니다.

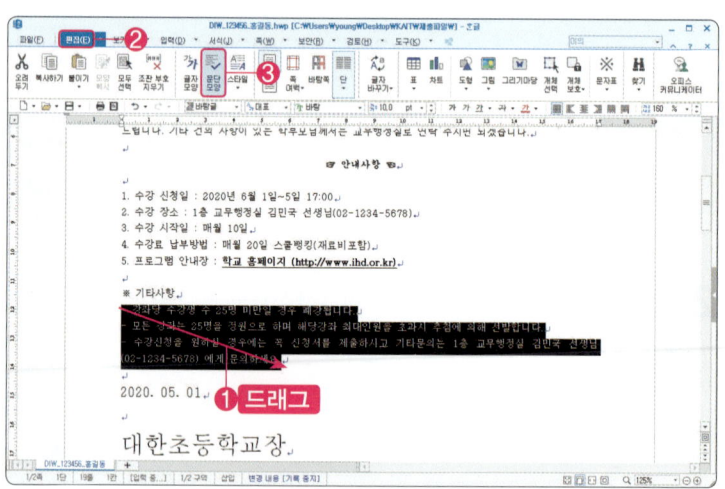

3 [문단 모양] 대화상자가 나타나면 [기본] 탭에서 **왼쪽 여백(10)**을 입력한 후 **내어쓰기**를 선택한 다음 **내어쓰기(12)**를 입력하고 [설정]을 클릭합니다.

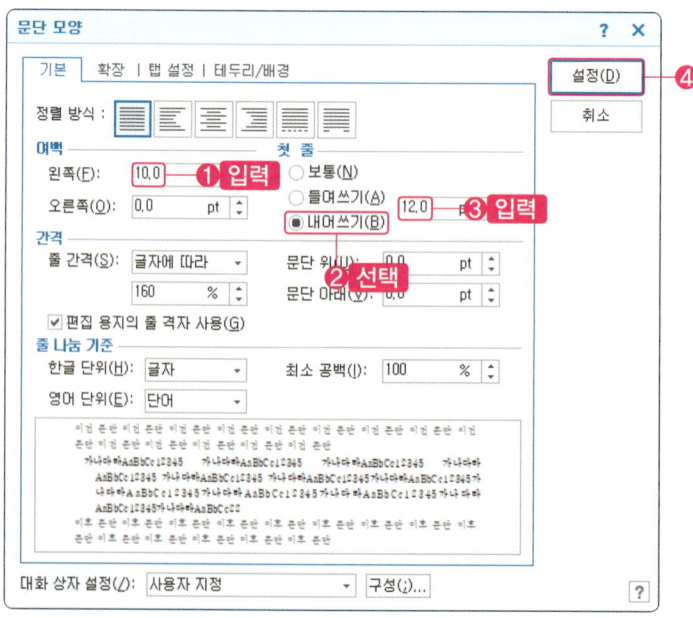

4 같은 방법으로 지시사항에 따라 [서식] 도구 상자에서 [가운데 정렬]을 지정합니다.

```
            ☞ 안내사항 ☜

  1. 수강 신청일 : 2020년 6월 1일~5일 17:00
  2. 수강 장소 : 1층 교무행정실 김민국 선생님(02-1234-5678)
  3. 수강 시작일 : 매월 10일
  4. 수강료 납부방법 : 매월 20일 스쿨뱅킹(재료비포함)
  5. 프로그램 안내장 : 학교 홈페이지 (http://www.ihd.or.kr)

  ※ 기타사항
   - 강좌당 수강생 수 25명 미만일 경우 폐강됩니다.
   - 모든 강좌는 25명을 정원으로 하며 해당강좌 최대인원을 초과시 추첨에 의해 선발합니다.
   - 수강신청을 원하실 경우에는 꼭 신청서를 제출하시고 기타문의는 1층 교무행정실 김민국 선생님
     (02-1234-5678) 에게 문의하세요.

                    2020. 05. 01    ◀ 가운데 정렬

                 대한초등학교장     ◀ 가운데 정렬
```

> ### 문단 모양 관련 [서식] 도구 상자
> 정렬 방식과 줄 간격을 지정할 경우 [서식] 도구 상자를 이용합니다.
>
> 양쪽 정렬 가운데 정렬
> [아이콘들] 160 %
> 왼쪽 정렬 오른쪽 정렬   줄 간격

STEP 03 머리말 삽입하기

1 [쪽] 탭을 클릭한 후 [머리말]을 클릭한 다음 [머리말/꼬리말]을 클릭합니다.

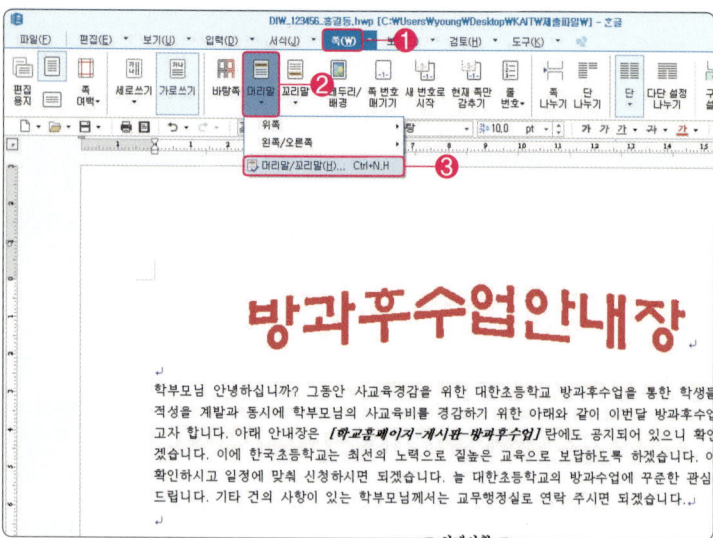

2 [머리말/꼬리말] 대화상자가 나타나면 **종류(머리말)를 선택**한 후 **위치(양 쪽)를 선택**한 다음 [만들기]를 클릭합니다.

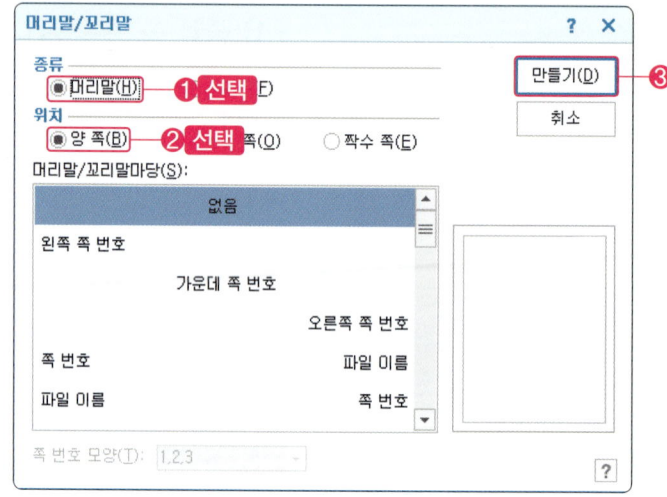

Tip
머리말/꼬리말은 미리 보기나 쪽 윤곽 보기 상태에서만 확인할 수 있습니다.

3 머리말 편집 상태가 되면 **머리말(DIAT)을 입력**한 후 **드래그하여 블록으로 설정**한 다음 [서식] 도구 상자에서 **글꼴(굴림)을 선택**하고 **글자 크기(9)를 확인**한 후 [오른쪽 정렬]을 선택한 다음 [머리말/꼬리말 닫기]를 클릭합니다.

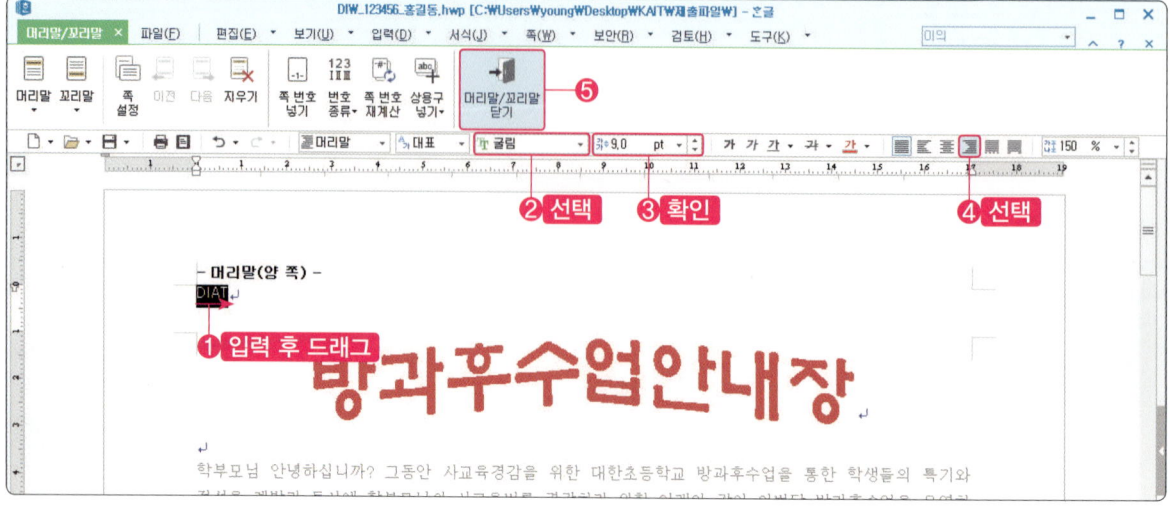

34 한글 2016(NEO)

STEP 04 쪽 번호 매기기

1 [쪽] 탭을 클릭한 후 [쪽 번호 매기기]를 클릭합니다.

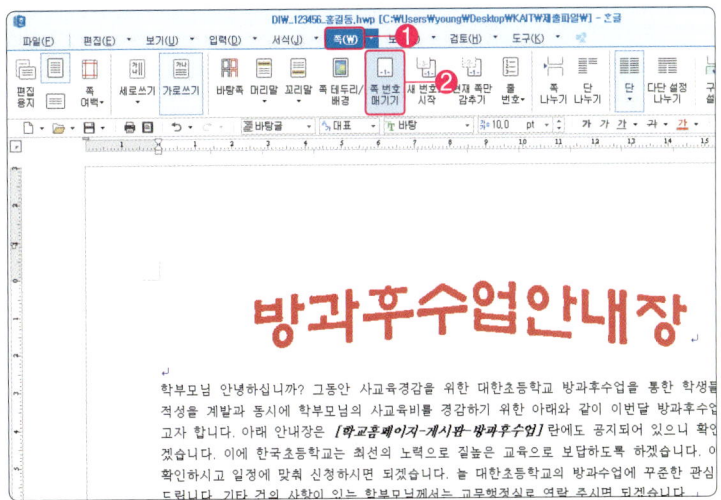

2 [쪽 번호 매기기] 대화상자가 나타나면 **번호 위치(가운데 아래)를 선택**한 후 **번호 모양 (A,B,C)을 선택**한 다음 **[줄표 넣기]를 선택**하고 **[넣기]를 클릭**합니다.

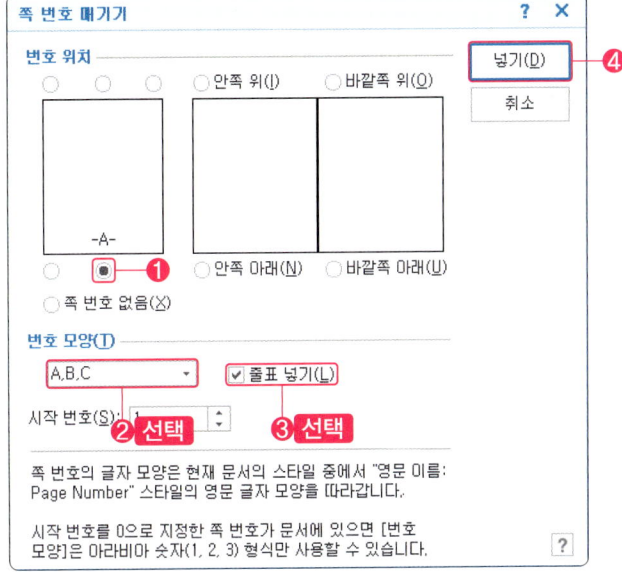

Tip

[줄표 넣기]는 출력 형태를 보고 선택 및 선택 해제 합니다.

쪽 번호 수정하기

① [보기] 탭을 클릭
② [조판 부호]를 선택
③ [쪽 번호 위치]를 더블클릭
④ [쪽 번호 매기기] 대화상자가 다시 나타나면 수정

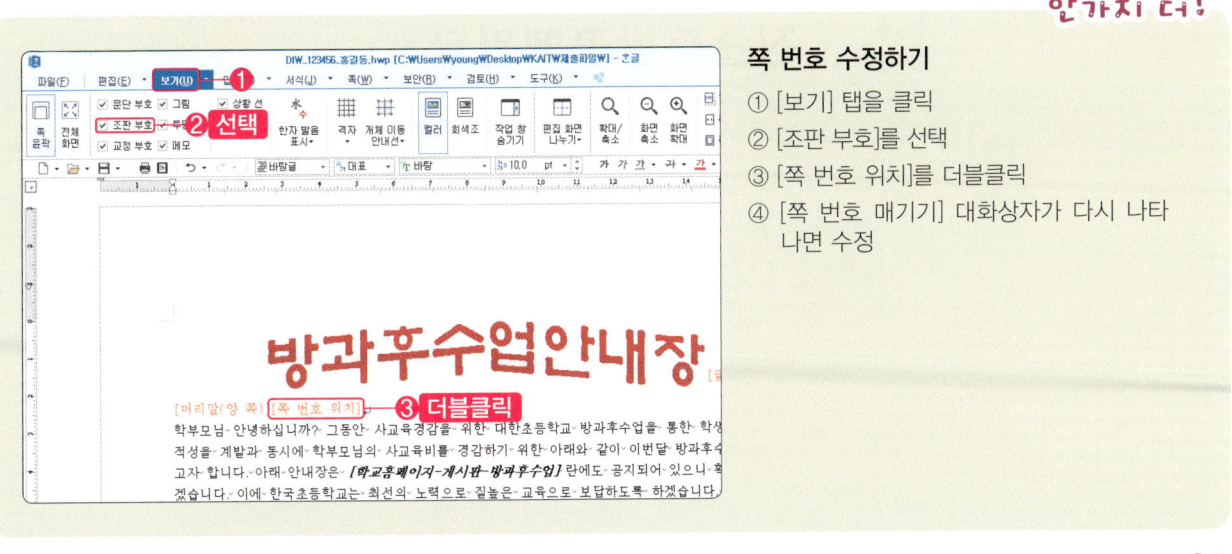

토방공예취미반모집

진솔토방공예원에서는 흙을 이용해 원하는 생활용품을 다양하게 만들 수 있는 "*토방 공예 취미반*"을 모집합니다. 토방 공예는 흙을 직접 빚으며 손의 감각을 되살리고, 토양과 자연이 주는 좋은 기운을 얻을 수 있어 정서적인 안정감과 평온함을 느낄 수 있습니다. 꽃병, 물병, 찻잔, 화분받침 등 생활에 필요한 물건들을 직접 만들거나 나만의 독특한 인테리어 소품들도 직접 만들 수 있습니다. 본 프로그램은 공예나 디자인에 관심 있는 일반인 누구나 참여 가능하며, 한일대학교 도자디자인 전공팀과의 멤버십을 통해 우수 공예 작품 전시회 등의 기회도 주어집니다. 관심 있으신 여러분의 많은 참여 부탁드립니다.

■ 수강안내 ■

1. 개 강 일 : 2022년 2월 4일(금)
2. 장   소 : 서울시 종로구 인사동 공예디자인타워 703호 진솔토방공예원
3. 수강시간 : _매주 금요일 19:00 ~ 22:00 (주1회, 3시간)_
4. 수 강 료 : 월 20만원, 재료비 등 포함
5. 문 의 처 : 진솔토방공예원 담당자(02-123-4567)

※ 등록 및 기타사항
- 등록은 진솔토방공예원 홈페이지(http://www.diat.or.kr)에서 직접 하실 수 있으며, 전화나 내방 신청도 가능합니다.
- 개강일은 매월 첫째 주 금요일이오니 등록에 참고하시기 바랍니다.
- 홈페이지의 커뮤니티 메뉴를 통하여 기존 회원들의 작품을 감상하실 수 있습니다.

2022. 02. 22.

진솔토방공예원장

한산해안갯벌체험교실

갯벌은 인류의 삶의 터전이면서 중요한 바다 생물의 서식처이고, 우리 지역의 대표적인 자원이기도 합니다. 한산시에서 후원하는 *"한산해안 갯벌체험 교실"*은 우리 아이들에게 갯벌을 직접 체험하게 함으로써 갯벌의 중요성을 일깨우자는 취지로 마련된 행사입니다. 본 행사는 7세 이상 ~ 10세 이하 어린이 누구나 참여 가능하며, 부모님들도 함께 참여하실 수 있습니다. 온 가족이 함께 갯벌에서 조개, 소라, 고동 등을 직접 잡으면서 푸르고 풍요로운 자연과 함께하는 즐거운 시간이 될 것입니다. 아이들에게 잊지 못할 생생한 추억과 경험을 선물할 수 있는 이번 행사에 여러분들의 많은 참여 바랍니다.

▽ 행사안내 ▽

1. 행 사 명 : 온가족이 함께하는 "한산해안 갯벌체험 교실"
2. 협   찬 : 바다생물연구협회, 한산시수산조합, 바다자원연구소
3. 행사일시 : <u>*2023년 3월 4일(토) 13:30 ~ 17:30*</u>
4. 출발장소 : 한산시 운림동 바다자원연구소 주차장 (전용버스로 이동)
5. 신청기간 : 2023년 2월 22일(수)까지, 신청 인원이 많을 경우 조기 마감될 수 있음

※ 신청안내
- 참가비는 무료이며, 1가족 4인까지 신청이 가능합니다.
- 신청방법 : 한산시청 해양자원육성과 홈페이지(http://www.diat.or.kr)에서 신청서를 다운로드하시고, 내용을 작성 후 담당자에게 이메일로 송부해주시기 바랍니다.
- 기타 사항은 행사 담당자(02-123-4567)에게 문의하시기 바랍니다.

2023. 01. 21.

한산시청 해양자원육성과

- 가 -

카페창업바리스타양성과정

우리나라의 성인 1인당 연간 커피 소비량은 약 400잔에 이르며, 주요 거리 곳곳에 커피향이 가득할 정도로 커피 열풍이 불고 있습니다. 이와 함께 커피와 카페 창업에 대한 관심과 수요도 늘어나고 있습니다. 이에 한국바리스타육성협회에서는 카페 창업에 도움을 드리고자 **바리스타 양성 프로그램을 진행**하고 있습니다. 커피 추출에 대한 기본 이론부터 고급 로스팅 기법, 다양한 라떼 만들기, 커피와 함께 즐길 수 있는 디저트류 만들기까지 창업을 위한 완벽 대비를 하실 수 있습니다. 전문가들과 함께하는 본 프로그램에 많은 관심과 참여로, 성공적인 카페 창업에 한걸음 더 다가가시기 바랍니다.

◆ 교육안내 ◆

1. 개 강 일 : 2024년 6월 3일(월)
2. 교육기간 : 매주 월, 수, 금 14:00 ~ 17:00 *(총 24회, 72시간 과정)*
3. 교육장소 : 서울시 서초구 반포동 일렉빌딩 5층
4. 수 강 료 : 250만원 (기계사용 및 재료비 포함)
5. 교육내용 : 창업 일반, 커피 이론, 커피 및 디저트 만들기 실습

※ 기타사항
- 교육 정보 및 상세 커리큘럼은 홈페이지(http://www.diat.or.kr)를 참조해주시기 바랍니다.
- 1회에 한하여 무료 체험 교육이 가능합니다.
- 무료 체험 교육 및 수강에 대한 자세한 사항은 한국바리스타육성협회 교육 담당자(02-123-4567)에게 문의하시기 바랍니다.

2024. 05. 17.

한국바리스타육성협회장

모바일광고전략컨퍼런스

휴대폰, 태블릿 PC 등 스마트 기기의 보급과 함께 모바일 사용 인구가 급증하고 있으며, 이와 함께 모바일 광고에 대한 전략적 접근이 중요해지고 있습니다. 한국정보모바일연구소에서는 모바일 시대에 대비한 광고전략 및 마케팅, 새로운 광고 트렌드에 대한 학습과 관련 분야의 네트워크를 위해 "모바일 광고전략 컨퍼런스"를 개최합니다. 모바일 광고 전문기업 '후아유애드'의 우수사례 등 모바일을 접목한 참신한 광고 전략 등과 함께 *진보된 광고 아이디어를 얻을 수 있는 좋은 기회*가 될 것입니다. 광고전략 및 마케팅 관련 전문가는 물론 일반 대학생 여러분들의 많은 관심과 참여 바랍니다.

♠ 행사안내 ♠

1. 행사일시 : 2023년 2월 16일(목), 08:00 ~ 17:00
2. 행사장소 : 서울시 강남구 한국전시센터 1층 태평양홀
3. 참가대상 : *마케팅 전략 담당자, 광고 홍보 전문가, 일반 대학생 등*
4. 주   최 : 한국정보모바일연구소
5. 후   원 : 미래창조과학부, 한국광고컨텐츠개발학회, 후아유애드

※ 기타사항
- 참가비 : 1인당 50,000원 (5인 이상 단체 신청 시 1인당 30,000원)
- 컨퍼런스 공식 홈페이지(http://www.diat.or.kr)를 통해 직접 참가 신청을 하실 수 있으며, 상세한 프로그램도 확인하실 수 있습니다.
- 기타 자세한 사항은 컨퍼런스 담당자(02-123-4567)에게 문의하시기 바랍니다.

2023. 01. 28.

한국정보모바일연구소장

- A -

Chapter 04 쪽 설정 및 글상자 작성하기

[문제2]에서는 쪽 설정 및 글상자를 작성하는 방법에 대해 알고 있어야 합니다. 쪽 테두리를 작성하는 방법과 다단을 나누는 방법, 글상자를 작성하고 크기 및 색상, 글자 모양 등을 지정하는 문제가 출제되고 있습니다.

- 쪽 테두리 : 이중 실선, 머리말 포함
- 글상자 - 크기 : 너비(70mm), 높이(12mm), 테두리 : 이중 실선(1.00mm), 둥근 모양
  채우기 : 색상(RGB: 233,174,43) / 【노른자색(RGB: 233,174,43)】,
  위치 : 글자처럼 취급, 가운데 정렬, 글자 모양 : 견고딕, 23pt, 가운데 정렬
- DIAT
- 머리말(굴림, 9pt, 오른쪽 정렬)

방과후수업통계

- B -
- 쪽 번호 매기기, A,B,C 순으로, 가운데 아래

작업순서요약

① 두 번째 페이지로 이동한 후 [쪽 테두리/배경] 대화상자에서 테두리 종류 및 위치를 지정합니다.
② 다단을 설정하기 위해 다단 설정 나누기를 한 후 단을 둘로 나눕니다.
③ 글상자를 삽입한 후 크기 및 테두리, 채우기 색, 위치, 글자 모양, 문단 모양 등을 지정합니다.

STEP 01 쪽 테두리 설정하기

Chapter04\DIW_123456_홍길동.hwp

1 두 번째 페이지로 이동한 후 [쪽] 탭을 클릭한 후 [쪽 테두리/배경]을 클릭합니다.

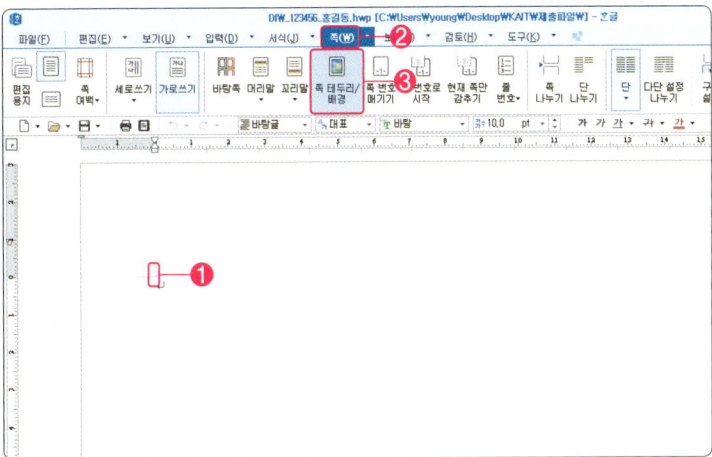

2 [쪽 테두리/배경] 대화상자가 나타나면 [테두리] 탭에서 **테두리 종류**(══ [이중 실선])를 선택한 후 □[모두]를 선택한 다음 [머리말 포함]을 선택하고 [설정]을 클릭합니다.

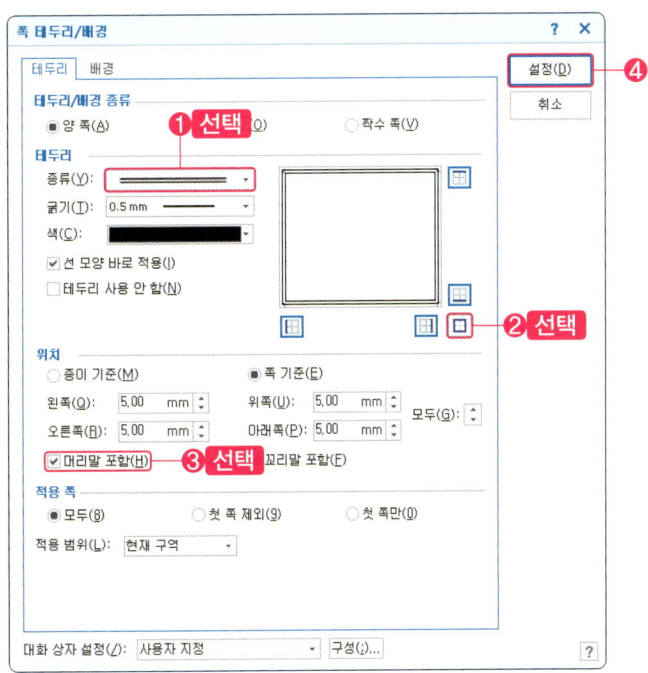

한가지 더!

적용 범위
- **현재 구역** : 현재 커서 위치의 구역에 선택한 쪽 테두리를 적용시킵니다.
- **문서 전체** : 현재 문서가 2개 이상의 구역으로 나뉘어 있어도 문서 전체에 대하여 선택한 쪽 테두리를 똑 같이 적용시킵니다.
- **새 구역으로** : 현재 커서 위치에서 쪽을 나누어 새로운 구역을 만든 후, 새 구역부터 선택한 쪽 테두리를 적용시킵니다.

STEP 02 다단 설정하기

1 [쪽] 탭을 클릭한 후 [다단 설정 나누기]를 클릭합니다.

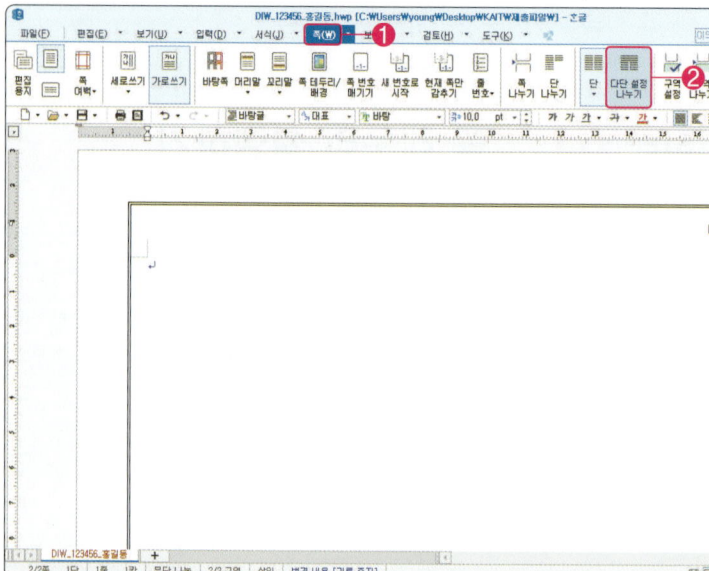

> **Tip**
> 제목 부분과 본문 부분을 구분하여 다단을 설정할 경우 [다단 설정 나누기]를 먼저합니다.

한가지 더!

다단 설정 나누기

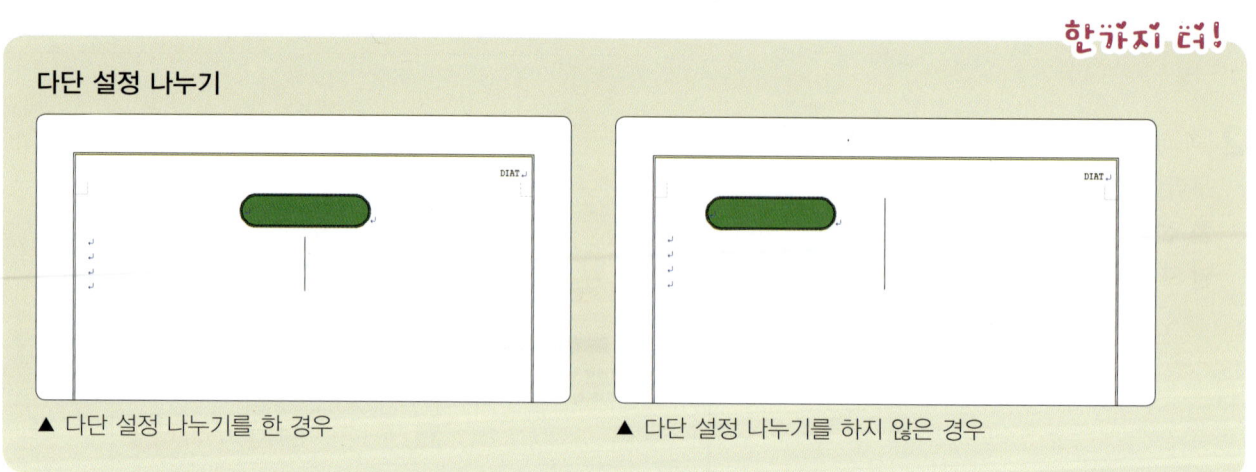

▲ 다단 설정 나누기를 한 경우 　　　　　▲ 다단 설정 나누기를 하지 않은 경우

2 다단 설정 나누기가 되면 [단]을 클릭한 후 [둘]을 클릭합니다.

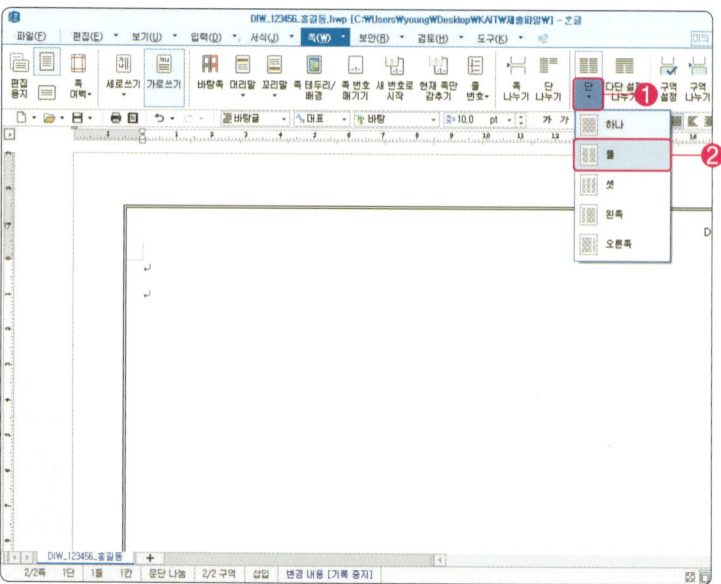

> **Tip**
> 다단 설정 나누기를 하면 문단 별로 다단을 다르게 설정할 수 있습니다.

STEP 03 글상자 작성하기

1 첫 번째 문단을 선택한 후 [입력] 탭을 클릭한 다음 [가로 글상자]를 클릭합니다.

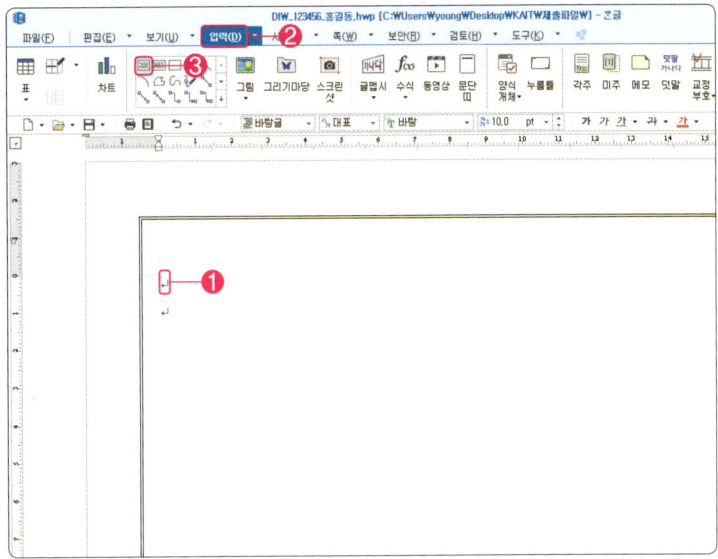

2 마우스 포인터 모양이 + 모양으로 변경되면 드래그하여 글상자를 삽입합니다.

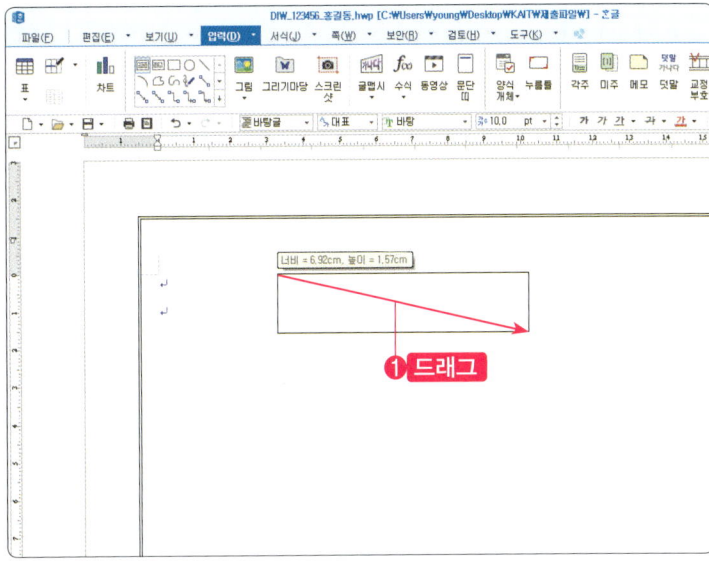

Tip
글상자는 지시사항에 맞게 크기 및 속성을 지정해야 하므로 처음에 그릴 때는 크기에 상관없이 드래그하여 작성합니다.

3 글상자를 선택한 후 마우스 오른쪽 버튼을 클릭한 다음 바로가기 메뉴의 [개체 속성]을 클릭합니다.

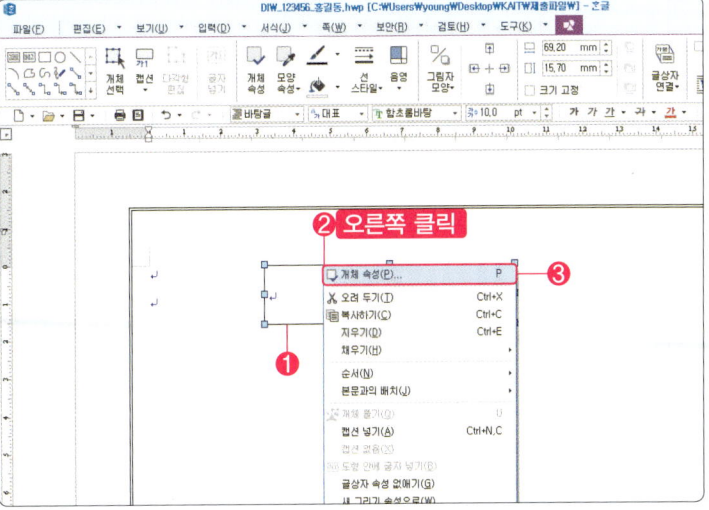

Chapter 04 · 쪽 설정 및 글상자 작성하기 **43**

4 [개체 속성] 대화상자가 나타나면 [기본] 탭에서 **너비(70)**와 **높이(12)**를 입력한 후 [**글자처럼 취급**]을 선택합니다.

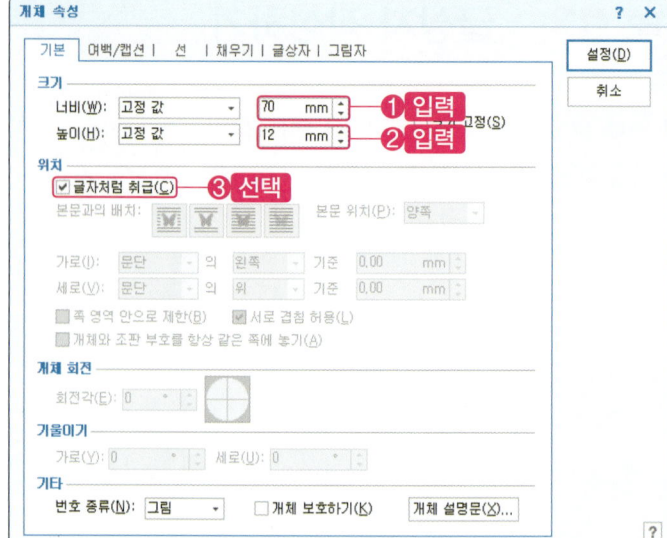

Tip
[크기 고정]을 선택하면 작성 시 크기가 변경되는 것을 방지할 수 있습니다.

5 [선] 탭을 클릭한 후 **선 종류(⚏[이중 실선])**를 선택한 다음 **굵기(1.00 mm)**를 확인하고 **사각형 모서리 곡률(▢[둥근 모양])**을 선택합니다.

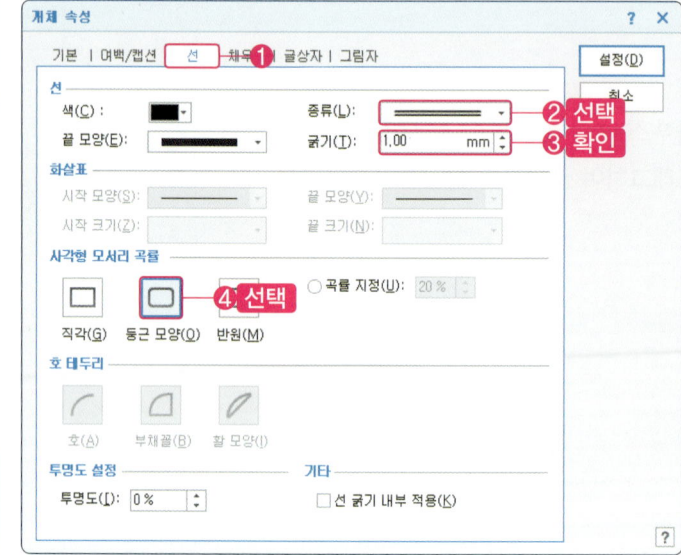

Tip
선 종류(이중 실선)를 선택하면 굵기(1.00 mm)가 자동으로 변경됩니다.

6 [채우기] 탭을 클릭한 후 [면 색]을 클릭한 다음 [다른 색...]을 클릭합니다. 그런다음 [색] 대화상자가 나타나면 [팔레트] 탭에서 **RGB 색상(빨강: 233, 초록: 174, 파랑: 43)**을 입력한 후 [설정]을 클릭합니다.

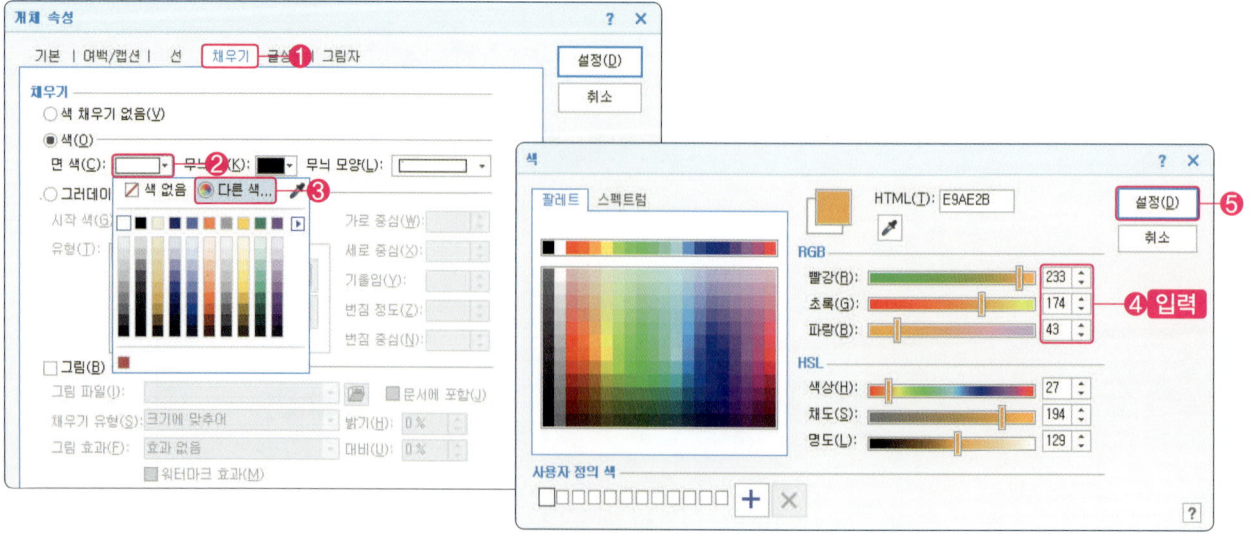

7 [개체 속성] 대화상자가 다시 나타나면 [설정]을 클릭합니다.

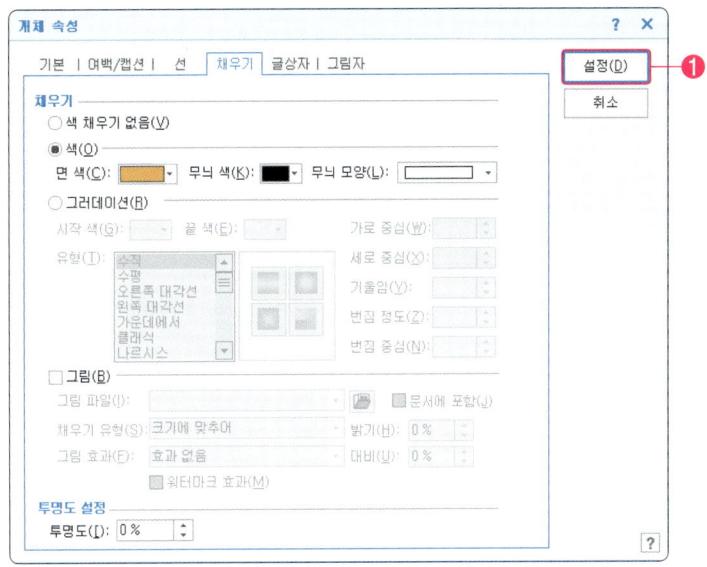

8 글상자 뒤에 커서를 위치시킨 후 [서식] 도구 상자에서 [가운데 정렬]을 선택합니다.

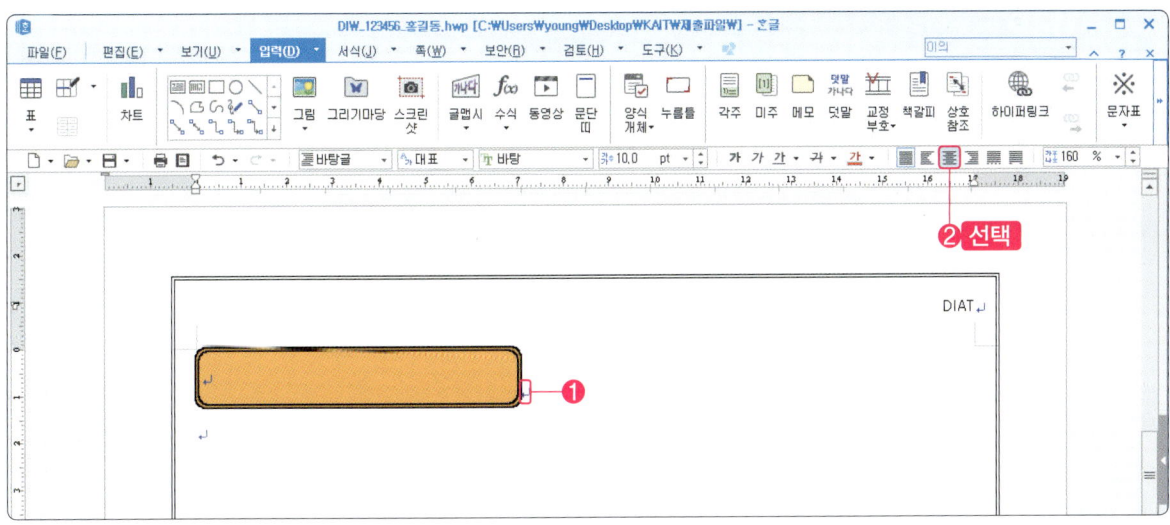

9 글상자에 제목(방과후수업통계)을 입력한 후 드래그하여 블럭으로 설정한 다음 [서식] 도구 상자에서 글꼴(견고딕)을 선택하고 글자 크기(23)를 입력한 후 [가운데 정렬]을 선택합니다.

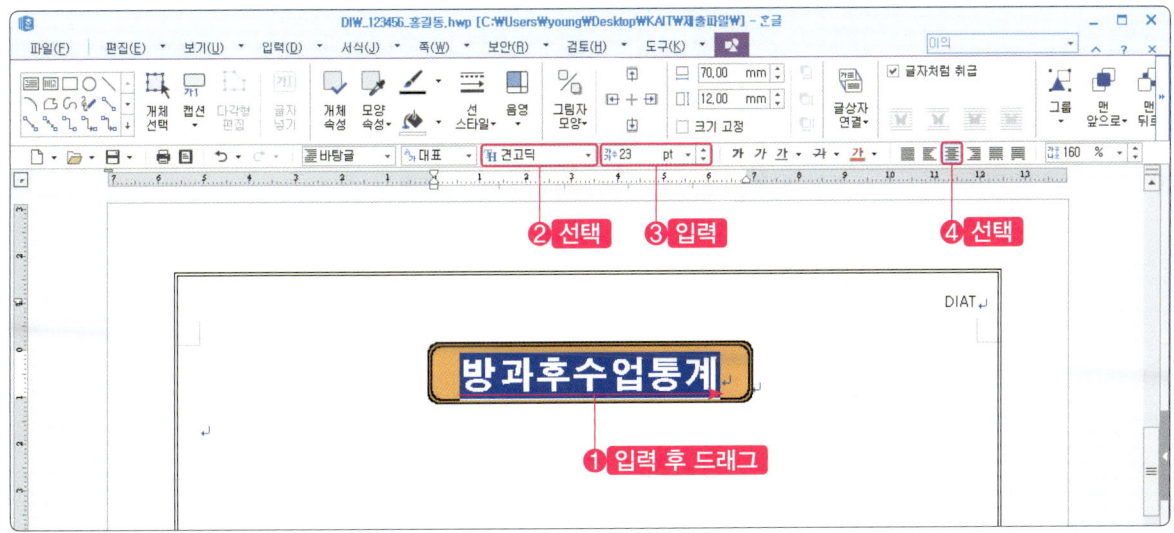

Chapter 04 · 쪽 설정 및 글상자 작성하기 **45**

실전문제유형

문제유형 001
다음 지시사항을 이용하여 글상자를 작성해 보세요.
Ch04_문제유형01.hwp

글상자 - 크기 : 너비(70mm), 높이(12mm), 테두리 : 이중 실선(1.00mm), 둥근 모양
채우기 : 색상(RGB: 105,155,55) 위치 : 글자처럼 취급, 가운데 정렬,
글자 모양 : HY헤드라인M, 17pt, 가운데 정렬

소셜 네트워킹 서비스

문제유형 002
다음 지시사항을 이용하여 글상자를 작성해 보세요.
Ch04_문제유형02.hwp

글상자 - 크기 : 너비(80mm), 높이(12mm), 테두리 : 이중 실선(1.00mm), 둥근 모양
채우기 : 색상(RGB: 199,82,82), 위치 : 글자처럼 취급, 가운데 정렬,
글자 모양 : 궁서, 16pt, 진하게, 하양(RGB: 255,255,255), 가운데 정렬

창조경제/프로그래밍 교육

문제유형 003
다음 지시사항을 이용하여 문서를 작성해 보세요.
Ch04_문제유형03.hwp

글상자 - 크기 : 너비(50mm), 높이(12mm), 테두리 : 이중 실선(1.00mm), 반원
채우기 : 색상(RGB: 233,174,43), 위치 : 글자처럼 취급, 가운데 정렬,
글자 모양 : 견고딕, 20pt, 가운데 정렬

춤테라피

실전문제유형

문제유형 004
다음 지시사항을 이용하여 글상자를 작성해 보세요. `Ch04_문제유형04.hwp`

글상자 - 크기 : 너비(70mm), 높이(12mm), 테두리 : 이중 실선(1.00mm), 반원
채우기 : 색상(RGB: 255,255,0), 위치 : 글자처럼 취급, 가운데 정렬,
글자 모양 : HY견고딕, 20pt, 가운데 정렬

한국 전통 음악

문제유형 005
다음 지시사항을 이용하여 글상자를 작성해 보세요. `Ch04_문제유형05.hwp`

글상자 - 크기 : 너비(90mm), 높이(12mm), 테두리 : 실선(0.7mm), 둥근 모양
채우기 : 색상(RGB: 0,128,0), 위치 : 글자처럼 취급, 가운데 정렬,
글자 모양 : 돋움, 20pt, 진하게, 하양(RGB: 255,255,255), 가운데 정렬

적조의 원인과 대책

문제유형 006
다음 지시사항을 이용하여 쪽 테두리 및 글상자를 작성해 보세요. `Ch04_문제유형06.hwp`

쪽 테두리 : 이중 실선, 머리말 포함

글상자 - 크기 : 너비(50mm), 높이(12mm), 테두리 : 이중 실선(0.5mm), 둥근 모양
채우기 : 색상(RGB: 49,95,151), 위치 : 글자처럼 취급, 가운데 정렬,
글자 모양 : 휴먼옛체, 20pt, 가운데 정렬

DIAT

머리말(돋움, 9pt, 오른쪽 정렬)

도자기 공예

쪽 번호 매기기, ①,②,③ 순으로, 오른쪽 아래

- ② -

문제유형 007
다음 지시사항을 이용하여 문서를 작성해 보세요. Ch04_문제유형07.hwp

쪽 테두리 : 이중 실선, 머리말 포함

글상자 - 크기 : 너비(60mm), 높이(12mm), 테두리 : 이중 실선(1.00mm), 반원
채우기 : 색상(RGB: 202,86,167), 위치 : 글자처럼 취급, 가운데 정렬,
글자 모양 : HY견고딕, 17pt, 가운데 정렬

머리말(돋움체, 9pt, 오른쪽 정렬) → DIAT

살아있는 갯벌

- 나 -

쪽 번호 매기기, 가,나,다 순으로, 가운데 아래

문제유형 008
다음 지시사항을 이용하여 문서를 작성해 보세요. Ch04_문제유형08.hwp

쪽 테두리 : 이중 실선, 머리말 포함

글상자 - 크기 : 너비(60mm), 높이(12mm), 테두리 : 이중 실선(1.00mm), 둥근 모양
채우기 : 색상(RGB: 49,95,151), 위치 : 글자처럼 취급, 가운데 정렬,
글자 모양 : HY헤드라인M, 17pt, 하양(RGB: 255,255,255), 가운데 정렬

머리말(굴림체, 9pt, 오른쪽 정렬) → DIAT

커피와 바리스타

- ② -

쪽 번호 매기기, ①,②,③ 순으로, 가운데 아래

실전문제유형

문제유형 009
다음 지시사항을 이용하여 문서를 작성해 보세요.

Ch04_문제유형09.hwp

- 쪽 테두리 : 이중 실선, 머리말 포함
- 글상자 - 크기 : 너비(70mm), 높이(12mm), 테두리 : 이중 실선(1.00mm), 둥근 모양
  채우기 : 색상(RGB:233,174,43), 위치 : 글자처럼 취급, 가운데 정렬,
  글자 모양 : 휴먼옛체, 18pt, 가운데 정렬
- 머리말(궁서체, 9pt, 오른쪽 정렬) → DIAT

광고/매체/모바일 광고

- B -
쪽 번호 매기기, A,B,C 순으로, 왼쪽 아래

문제유형 010
다음 지시사항을 이용하여 문서를 작성해 보세요.

Ch04_문제유형10.hwp

- 쪽 테두리 : 이중 실선, 머리말 포함
- 글상자 - 크기 : 너비(50mm), 높이(12mm), 테두리 : 이중 실선(1.00mm), 둥근 모양
  채우기 : 색상(RGB:199,82,82), 위치 : 글자처럼 취급, 가운데 정렬,
  글자 모양 : 견고딕, 17pt, 가운데 정렬
- 머리말(돋움, 9pt, 오른쪽 정렬) → DIAT

문화 속 이야기

- 나 -
쪽 번호 매기기, 가,나,다 순으로, 오른쪽 아래

Chapter 04 • 쪽 설정 및 글상자 작성하기 **49**

Chapter 05 내용 입력하고 그림 삽입하기

내용을 입력한 후 그림을 삽입하는 방법에 대해 알고 있어야 합니다. 내용을 입력한 후 한자를 변환하는 방법, 글자 모양 지정 및 내용을 수정하는 방법, 그림을 삽입한 다음 위치를 지정하는 방법 등에 대한 문제가 출제되고 있습니다.

DIAT

그림A 삽입(바탕화면-KAIT-제출파일폴더)
너비(30mm), 높이(25mm)
위치 : 어울림(가로-쪽의 왼쪽:0.0mm, 세로-쪽의 위:25mm)

방과후수업통계

1. 방과후수업의 의미 ◀ 돋움, 12pt, 진하게

방과후수업 평균신청인원

방학동안 맞벌이 부부를 위한 초등돌봄 및 방과후학교 수업(class)이 크게 각광받고 있는 추세이다. 서울특별시교육청에 따르면 서울시 유,초,중,고등학교 500여개의 모든 교육기관(敎育機關)의 학생들의 특기적성을 돕는 방과후학교 프로그램(program)이 개설되어 운영(operate)하고 있습니다. 특히 모든 초등학교의 돌봄 교실로 저학년들의 참여로 학부모 부담이 크게 줄어 뜨거운 관심이 쏟아지고 있습니다. 서울교육청 방과후 센터(center)는 학교에서 희망하고 있는 분야를 중심적으로 지역내 유능한 강사를 섭외하여 방과후학교 서비스(service)를 추진하고 있습니다. 돌봄에서 사각지대가 발생되지 않기 위해서 학기 중 5시간의 비해 운영이 늘어나는 방학 중 돌봄 체제에 대처하는 자세를 보여야 한다.

2. 방과후수업의 안전조치 ◀ 돋움, 12pt, 진하게

특히 태풍(颱風) 및 지진(地震)으로 인한 자연재해로 인해 큰 피해가 우려될시 전국적으로 전체 학교의 방과후수업 및 돌봄 교실이 일체 금지되고 있습니다. 태풍의 경우에는 소멸Ⓐ시까지 방과후 수업을 중단하는 긴급 공문을 각 학교(學校) ─ 각주
마다 발송을 하고 지진발생시 여진에 대비하여 각 학교에서는 항상 안전대비가 필요합니다. 만약의 상황을 대비하여 비상연락망 체계를 유지하고 계기교육을 통해 학생들과 안전수칙과 행동요령에 대해 자세히 안내하도록 합니다. 학교 관계자는 지속적으로 안전교육(安全敎育) 실시 및 지도를 강화하며 재난에 철저하게 대비해야겠습니다. 기숙사 운영 및 급식사항을 포함한 모든 부분은 학교장의 신축적인 결정하에 진행되도록 한다. 특히, 교직원에게 위험 기상특보 등을 스마트폰으로 전송해주는 모바일 맞춤형 기상서비스인 '방재기상정보시스템'을 적극 활용할 계획이다.

Ⓐ 사라져 없어지는 것을 나타냄 ◀ 돋움, 9pt

- B - ◀ 쪽 번호 매기기, A,B,C 순으로, 가운데 아래

작업순서요약

① 내용을 입력한 후 [한자로 바꾸기] 대화상자에서 한자 목록 및 입력 형식을 선택합니다.
② 각주를 삽입한 후 각주 모양 및 내용을 입력한 다음 드래그하여 블록으로 설정하고 [서식] 도구 상자에서 글꼴 및 글자 크기를 지정합니다.
③ 그림을 삽입한 후 [개체 속성] 대화상자에서 크기 및 위치를 지정합니다.
④ 소제목을 드래그하여 블록으로 설정한 후 [서식] 도구 상자에서 글꼴 및 글자 크기, 속성을 지정한 다음 교정 부호에 맞게 내용을 수정합니다.

STEP 01 내용 입력 및 한자 변환하기

Chapter05\DIW_123456_홍길동.hwp

1 두 번째 문단부터 내용을 입력합니다. 그런다음 한자를 변환하기 위해 '**교육기관**'을 입력한 후 [**편집**] 탭을 클릭한 다음 [**글자 바꾸기**]를 클릭하고 [**한자로 바꾸기**]를 클릭합니다.

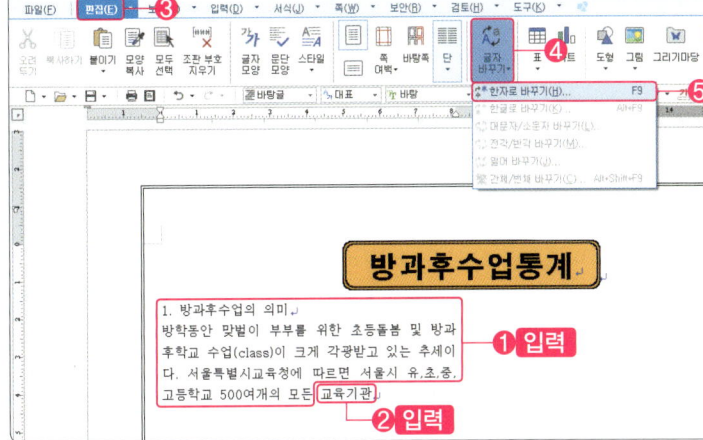

Tip

[입력] 탭의 [목록]을 클릭한 후 [한자 입력]-[한자로 바꾸기]를 클릭하거나 키보드의 한자 또는 F9를 눌러 변경할 수 있습니다.

2 [한자로 바꾸기] 대화상자가 나타나면 **한자 목록(敎育機關)을 선택**한 후 **입력 형식(한글(漢字))을 선택**한 다음 [**바꾸기**]를 클릭합니다.

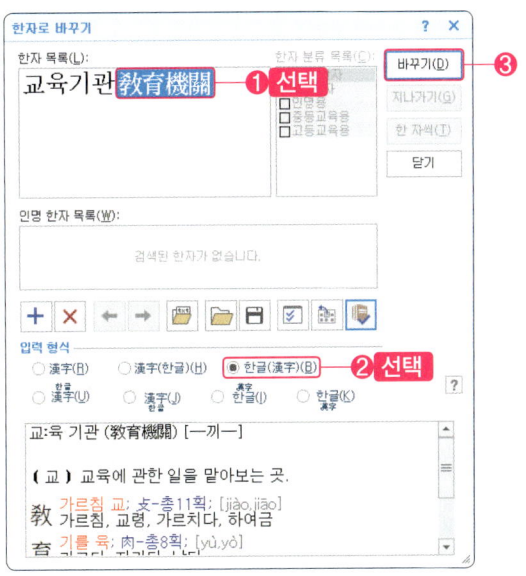

한가지 더!

입력 형식

- 漢字 : 料理
- 漢字(한글) : 料理(요리)
- 한글(漢字) : 요리(料理)
- 漢字 : 料理 (한글 요리)
- 漢字 : 料理 (한글 요리)
- 한글 : 요리 (漢字 料理)
- 한글 : 요리 (漢字 料理)

Chapter 05 · 내용 입력하고 그림 삽입하기

3 같은 방법으로 **나머지 내용을 입력**합니다.

DIAT

방과후수업통계

1. 방과후수업의 의미
방학동안 맞벌이 부부를 위한 초등돌봄 및 방과후학교 수업(class)이 크게 각광받고 있는 추세이다. 서울특별시교육청에 따르면 서울시 유,초,중,고등학교 500여개의 모든 교육기관(敎育機關) 의 학생들의 특기적성을 돕는 방과후학교 프로그램(program) 이 개설되어 운영(operate)하고 있습니다. 특히 모든 초등학교의 돌봄 교실로 저학년들의 참여로 학부모 부담이 크게 줄어 뜨거운 관심이 쏟아지고 있습니다. 서울교육청 방과후 센터(center) 는 학교에서 희망하고 있는 분야를 중심적으로 지역내 유능한 강사를 섭외하여 방과후학교 서비스(service)를 추진하고 있습니다. 돌봄에서 사각지대가 발생되지 않기 위해서 학기 중 5시간의 비해 운영이 늘어나는 방학 중 돌봄 체제에 대처하는 자세를 보여야 한다.

2. 방과후수업의 안전조치
특히 태풍(颱風) 및 지진(地震)으로 인한 자연재해로 인해 큰 피해가 우려될시 전국적으로 전체 학교의 방과후수업 및 돌봄 교실이 일체 금지되고 있습니다. 태풍의 경우에는 소멸시까지 방과후수업을 중단하는 긴급 공문을 각 학교(學校) 마다 발송을 하고 지진발생시 여진에 대비하여 각 학교에서는 항상 안전대비가 필요합니다. 만약의 상황을 대비하여 비상연락망 체계를 유지하고 계기교육을 통해 학생들과 안전수칙과 행동요령에 대해 자세히 안내하도록 합니다. 학교 관계자는 지속적으로 안전교육(安全敎育) 실시 및 지도를 강화하며 재난에 철저하게 대비해야겠습니다. 기숙사 운영 및 급식사항을 포함한 모든 부분은 학교장의 신축적인 결정하에 진행되도록 한다. 특히, 교직원에게 위험 기상특보 등을 스마트폰으로 전송해주는 모바일 맞춤형 기상서비스인 '방재기상정보시스템'을 적극 활용할 계획이다.
방과후수업 평균신청인원

STEP 02 각주 삽입하기

1 '소멸' 뒤에 커서를 위치시킨 후 [입력] 탭을 클릭한 다음 [각주]를 클릭합니다.

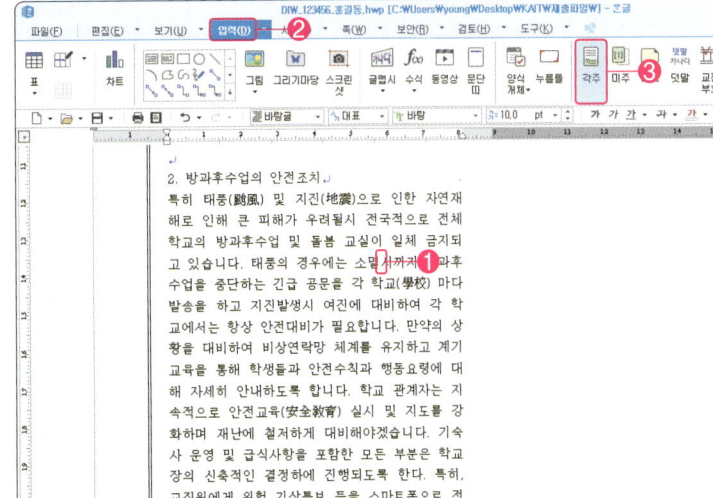

Tip
[입력] 탭의 ▼[목록]을 클릭한 후 [주석]–[각주]를 클릭하거나 Ctrl+N,N을 눌러 각주를 삽입할 수도 있습니다.

한가지 더!

각주와 미주
- **각주** : 문서내의 특정 글자 또는 특정 개체에 대한 보충 설명을 매 페이지 하단에 표시합니다.
- **미주** : 문서내의 각주와 마찬가지로 특정 글자 또는 특정 개체에 대한 보충 설명을 문서의 맨 마지막 페이지 하단에 표시합니다.

2 각주 입력화면이 나타나면 [주석] 정황 탭에서 **[각주/미주 모양 고치기]**를 클릭합니다.

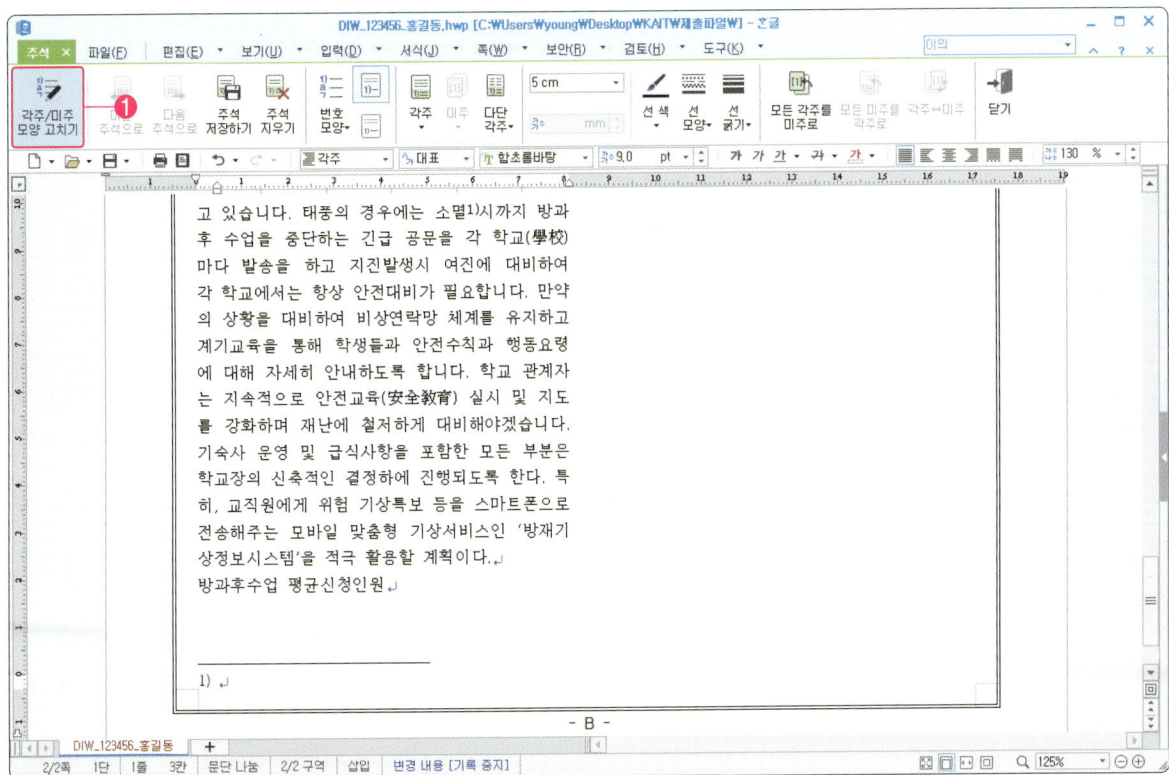

Chapter 05 · 내용 입력하고 그림 삽입하기 **53**

3 [주석 모양] 대화상자가 나타나면 **번호 모양**(Ⓐ,Ⓑ,Ⓒ)을 선택한 후 [설정]을 클릭합니다.

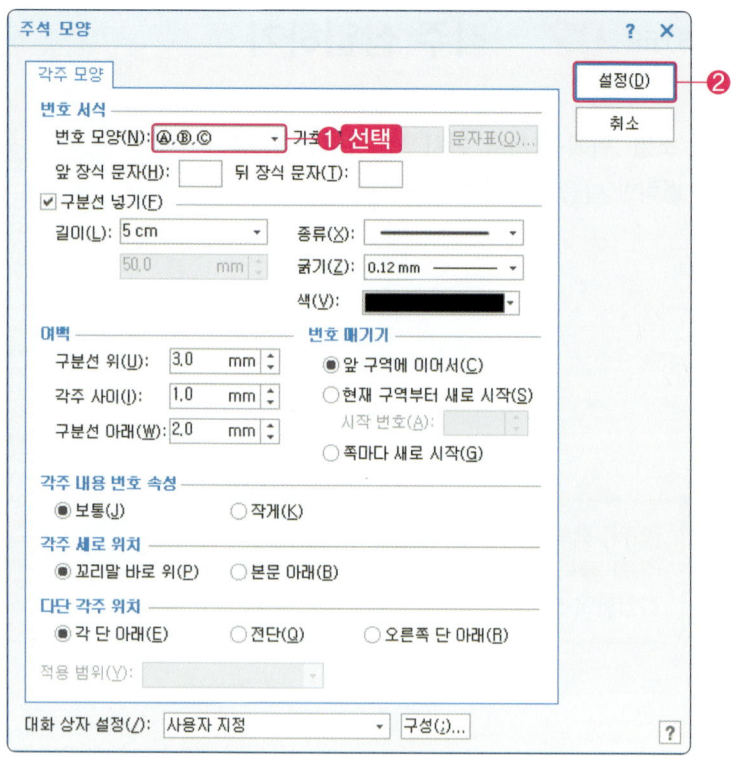

4 각주 모양이 변경되면 **각주(사라져 없어지는 것을 나타냄)**를 입력한 후 드래그하여 블록으로 설정한 다음 [서식] 도구 상자에서 **글꼴(돋움)**을 선택하고 **글자 크기(9)**를 입력한 후 [닫기]를 클릭합니다.

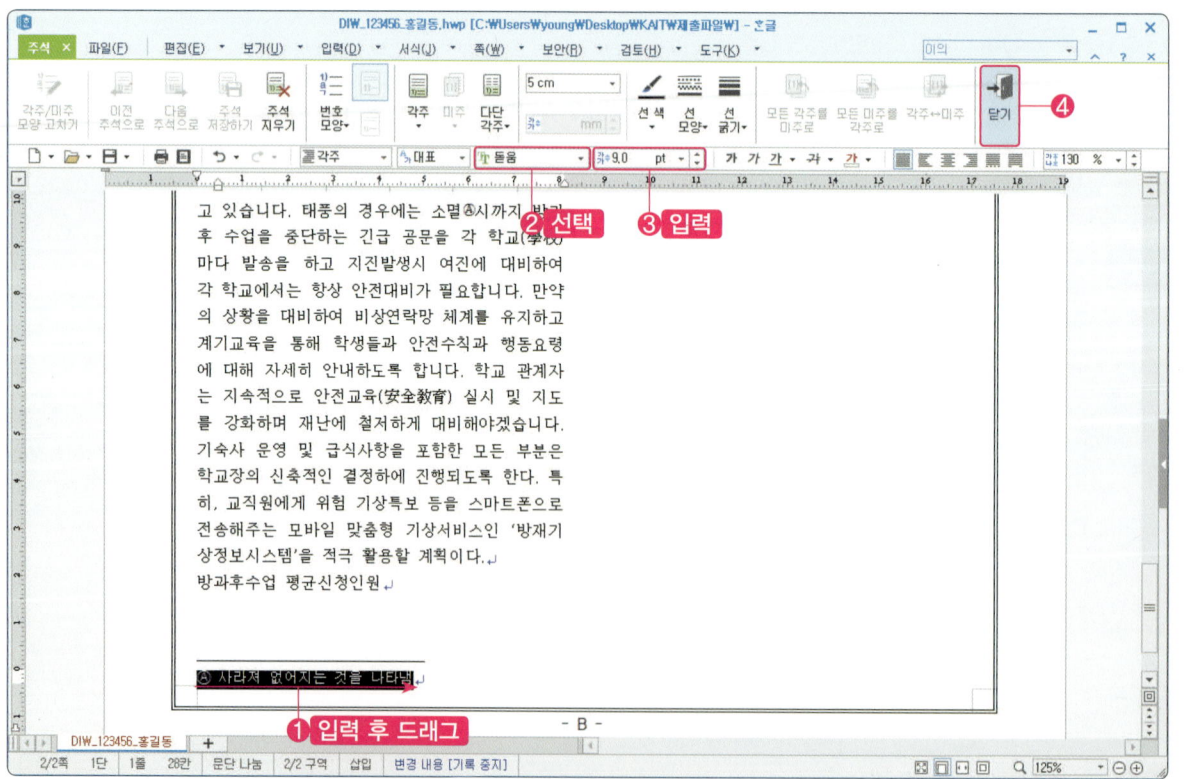

> **Tip**
> Shift+Esc를 눌러 각주 입력 화면을 닫을 수도 있습니다.

54 한글 2016(NEO)

STEP 03 그림 삽입하기

1 '방학동안' 앞에 커서를 위치시킨 후 [입력] 탭을 클릭한 다음 [그림]을 클릭합니다.

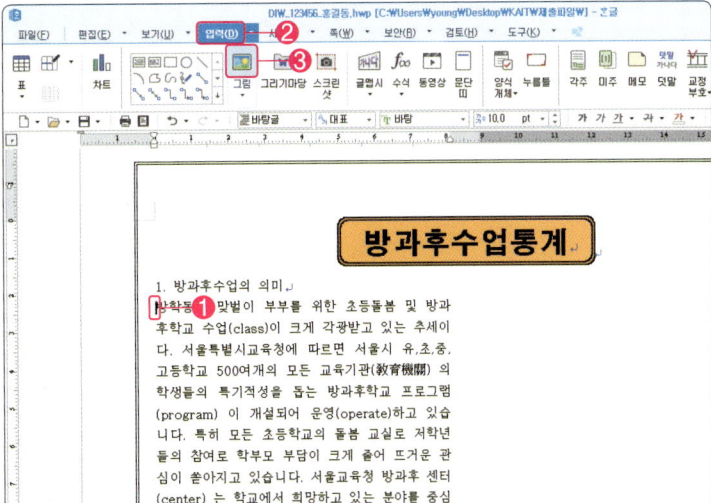

Tip

[입력] 탭의 [목록]을 클릭한 후 [그림]–[그림]를 클릭하거나 Ctrl+N, I 을 눌러 그림을 삽입할 수도 있습니다.

2 [그림 넣기] 대화상자가 나타나면 **찾는 위치(바탕 화면₩KAIT₩제출파일)를 지정**한 후 **그림(그림A)을 선택**한 다음 [문서에 포함]을 선택하고 [글자처럼 취급]을 선택 해제한 후 [넣기]를 클릭합니다.

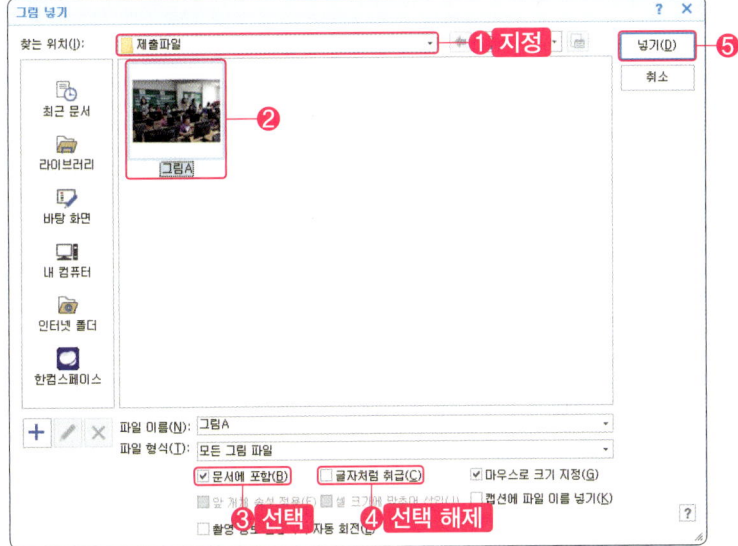

Tip

• 실제 시험에서는 답안 전송 프로그램에 의해 자동으로 [바탕 화면₩KAIT₩제출파일] 폴더에 그림 파일이 있습니다.
• 교재에서는 [C:₩DIAT 워드프로세서 2010₩Part1] 폴더에 Chapter 별로 그림 파일이 있습니다.

한가지 더!

[그림 넣기] 대화상자

• **문서에 포함** : 그림 파일을 현재 문서에 연결(link)하는 방식 대신, 아예 그림 파일 자체를 문서 파일 속에 포함(embedding)시킵니다. 이렇게 설정한 경우 원본 그림 파일을 수정하거나 위치를 바꿔도 문서에 포함된 그림에는 영향을 미치지 않습니다.
• **글자처럼 취급** : 그림 개체를 보통 글자와 동일하게 취급합니다. 따라서 글을 입력하거나 지우는 대로 그림 개체의 위치가 같이 변합니다.
• **마우스로 크기 지정** : 그림을 삽입할 때 현재 커서 위치에 넣지 않고, 원하는 위치에 사용자가 마우스를 끌어서 지정한 사각형 크기로 그림을 삽입합니다. 이 항목을 선택하지 않고 [넣기] 단추를 클릭하면 현재 커서 위치에 100% 크기로 그림을 삽입합니다.

3 마우스 포인터 모양이 + 모양으로 변경되면 **드래그하여 그림을 삽입**합니다.

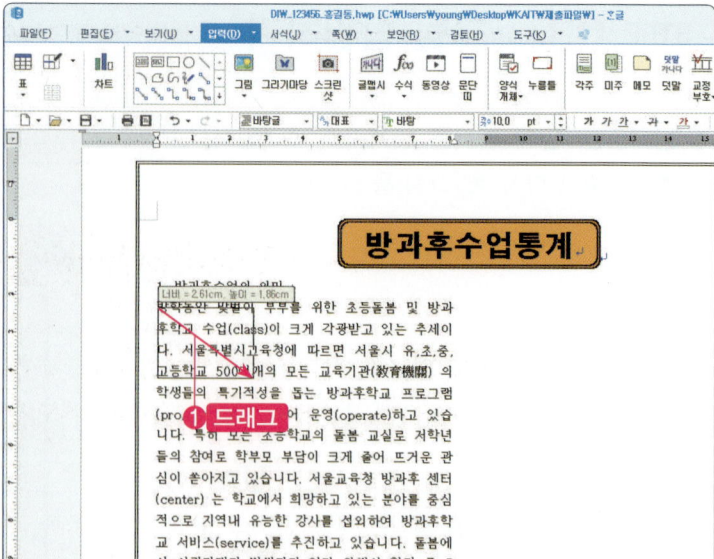

> **Tip**
> 드래그하여 그림을 삽입하기 전에 그림이 삽입되면 다음 단계를 진행하면 됩니다.

4 그림 위에서 마우스 오른쪽 버튼을 클릭한 후 바로가기 메뉴의 **[개체 속성]**을 클릭합니다.

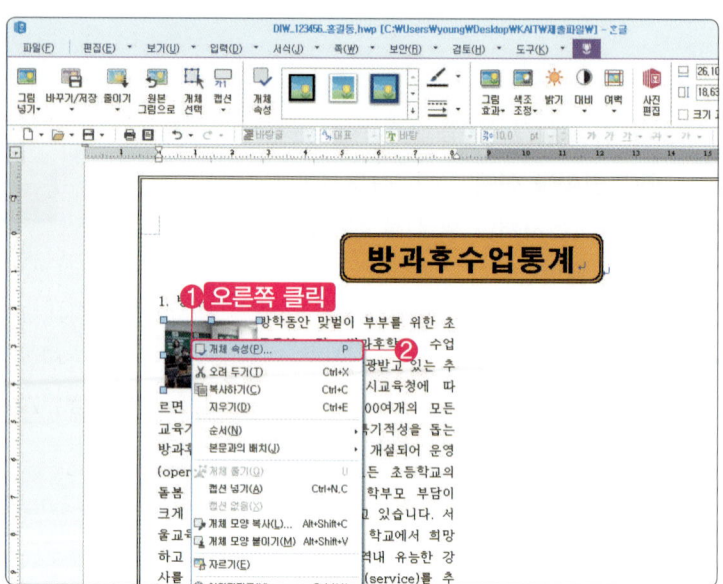

5 [개체 속성] 대화상자가 나타나면 [기본] 탭에서 **너비(30)와 높이(25)를 입력**한 후 본문과의 **배치(어울림)를 선택**한 다음 **가로(쪽의 왼쪽 : 0)와 세로(쪽의 위 : 25) 위치를 지정**하고 **[설정]**을 클릭합니다.

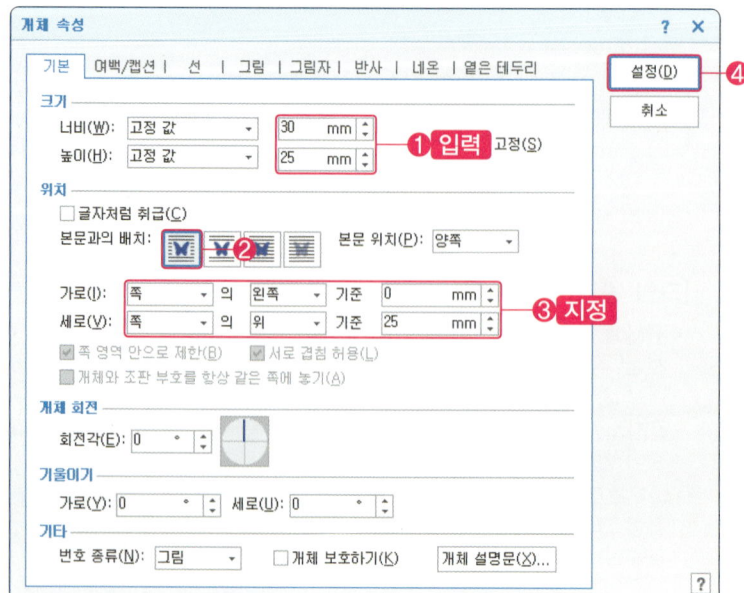

STEP 04　글꼴 서식 지정 및 교정하기

1 '1. 방과후수업의 의미'를 드래그하여 블록으로 설정한 후 [서식] 도구 상자에서 **글꼴**(돋움)을 선택한 다음 **글자 크기**(12)를 입력하고 **가**[진하게]를 선택합니다.

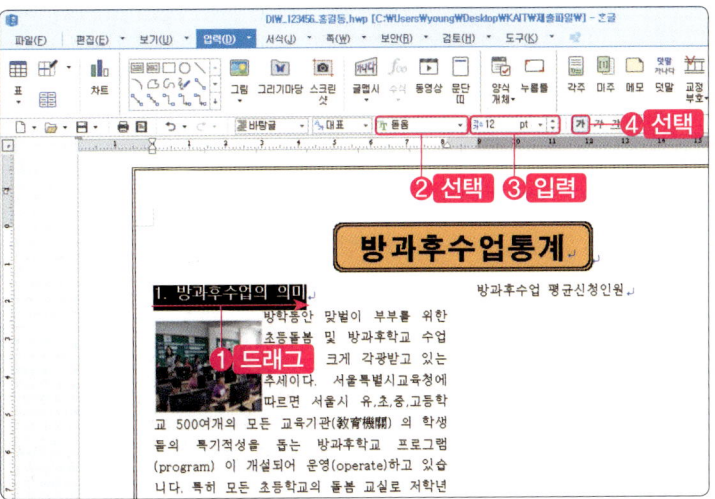

2 같은 방법으로 '2. 방과후수업의 안전조치'를 드래그하여 블록으로 설정한 후 [서식] 도구 상자에서 **글꼴**(돋움)을 선택한 다음 **글자 크기**(12)를 입력하고 **가**[진하게]를 선택합니다.

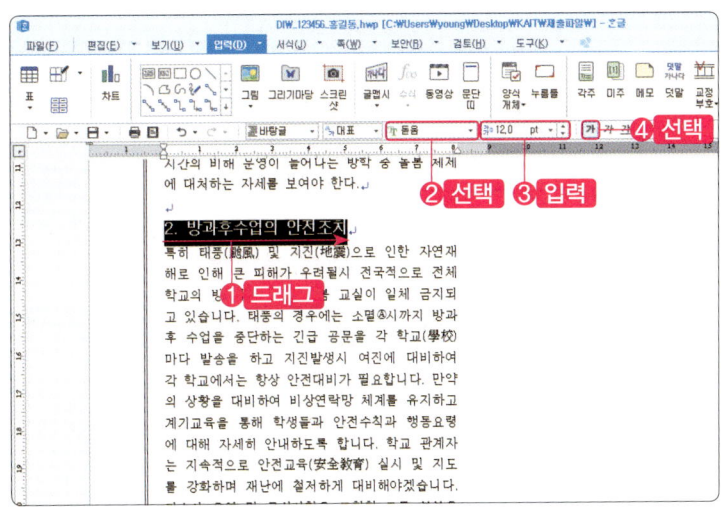

3 '500여개의 모든'을 '모든 500여개의'로 수정한 후 '시간의'를 '시간에'로 수정합니다.

Chapter 05 • 내용 입력하고 그림 삽입하기　**57**

문제유형 001 다음 지시사항을 이용하여 문서를 작성해 보세요. Ch05_문제유형01.hwp

1. 프로그래밍 교육 ◀ 휴먼옛체, 12pt, 진하게

우리나라의 정규 컴퓨터교육은 주로 '컴퓨터 활용 교육'에 머물러 있다. 즉 운영체제 및 응용프로그램 등의 소프트웨어 활용에 대한 교육은 이루어지고 있으나 프로그래밍, 알고리즘 등에 대한 교육은 이루어지지 않고 있다. 이러한 현실을 극복하기 위해 단기적으로는 스크래치(Scratch)①와 [각주] 같은 검증되고 응용이 가능한 프로그램을 활용하여 국내 교육환경에 맞도록 적용(適用)하고, 중장기적으로는 교육용 프로그래밍 언어를 기반으로 국내 정규 교육과정에 맞는 소프트웨어를 개발하여 교육에 활용해야 한다.

---

① 미국 MIT 공대에서 개발한 교육용 공개 소프트웨어 ◀ 궁서, 9pt

문제유형 002 다음 지시사항을 이용하여 문서를 작성해 보세요. Ch05_문제유형02.hwp

1. 한국 음식의 특징 ◀ 돋움, 12pt, 진하게

우리나라는 사계절이 뚜렷하고 농경문화가 발달해 벼농사를 중심으로 곡물류의 생산이 활발히 이루어져 왔으며 또한 삼면이 바다여서 수산물이 풍부하다. 이런 자연조건하에서 우리 조상들은 자연과 조화를 중시하면서 과학적이고 멋스런 한국 고유의 음식문화를 이루어내었다. 겨울의 혹한을 대비하기 위해 김치(Kimchi), 장류 등의 발효식품(Fermented Food)이 발전하였고, 또한 진달래화전, 국화꽃전 등 계절과 명절(Holiday)에 따른 다양한 음식들을 통해 자연에 순응하면서도 멋과 풍류㉮를 살린 조상들의 지혜를 엿볼 수 있다. 조리상의 특징은 주식과 부식이 분리되어 있고, 곡물(穀物) 조리법이 발달되어 있다. [각주]

㉮ 속되지 않고 운치 있는 일이나 '음악'을 일컫는 말 ◀ 굴림, 9pt

문제유형 003 — 다음 지시사항을 이용하여 문서를 작성해 보세요.

Ch05_문제유형03.hwp

> 그림B 삽입(바탕화면-KAIT-제출파일폴더)
> 너비(35mm), 높이(35mm)
> 위치 : 어울림(가로-쪽의 왼쪽:0.0mm, 세로-쪽의 위:7mm)

1. 소셜 네트워킹 서비스
(굴림, 12pt, 진하게)

정보통신 기술과 인터넷의 발달은 기존의 의사소통 방식(方式)을 바꾸고 있다. 그 중 대표적인 것으로 소셜 네트워킹 서비스(SNS, Social Networking Service)를 들 수 있다. 이는 오프라인에서 존재하는 사회적 관계가 온라인으로 이동한 형태로, 온라인을 통해서 인적 네트워크(Network)를 형성할 수 있도록 도와주는 서비스이다.

Hint

그림 삽입
- 실제시험 : 바탕화면₩KAIT₩제출파일
- 교재 : C:₩DIAT 워드프로세서 2016₩Part01₩Chapter05

문제유형 004 — 다음 지시사항을 이용하여 문서를 작성해 보세요.

Ch05_문제유형04.hwp

> 그림C 삽입(바탕화면-KAIT-제출파일폴더)
> 너비(40mm), 높이(30mm)
> 위치 : 어울림(가로-쪽의 왼쪽:0.0mm, 세로-쪽의 위:7mm)

1. 창조경제
(휴먼옛체, 12pt, 진하게)

창조경제는 국민의 상상력과 창의성을 과학기술과 ICT에 접목(接木)하여 새로운 산업과 시장을 창출하고, 기존 사업을 강화함으로써 더 좋은 일자리를 만드는 새로운 경제 전략이다. 이를 위해 미래창조과학부에서는 '창조경제를 통한 국민행복과 희망의 새 시대 실현'이라는 비전(Vision) 아래 3대 목표, 6대 전략, 24개 추진과제를 선정하였는데, 그 중 창조경제의 기반이 되는 과학기술과 ICT 혁신역량 강화(强化)의 일환으로 초등학생들을 위한 프로그래밍 교육이 등장하여 관심을 모으고 있다. 창의력, 상상력, 스타트업 등 창조경제를 구성하는 여러 요소들이 컴퓨터 프로그래밍과 직접 또는 간접적으로 연결되어 있다.

문제유형 005 — 다음 지시사항을 이용하여 문서를 작성해 보세요.

Ch05_문제유형05.hwp

- 쪽 테두리 : 이중 실선, 머리말 포함
- 글상자 – 크기 : 너비(50mm), 높이(12mm), 테두리 : 실선(0.5mm), 둥근 모양
  채우기 : 색상(RGB: 49,95,151), 위치 : 글자처럼 취급, 가운데 정렬
  글자 모양 : 휴먼옛체, 20pt, 가운데 정렬
- 그림D 삽입(바탕화면-KAIT-제출파일폴더)
  너비(40mm), 높이(35mm)
  위치 : 어울림(가로-쪽의 왼쪽:0.0mm, 세로-쪽의 위:24mm)
- 머리말(돋움, 9pt, 오른쪽 정렬) → DIAT

도자기 공예

1. 공예란? *(궁서, 12pt, 진하게)*

공예(工藝)란 생활에 필요한 것을 아름답고 쓸모 있게 만드는 것을 의미한다. 즉, 실용적 물건에 장식적인 가치(Value)를 더하는 것이다. 공예는 장식품, 생활용품 등 우리 생활 곳곳에 스며들어 활용되며, 더 범위를 확대해보면 조경(造景)이나 건축물(A structure)에는 적용된다. 공예에 활용되는 재료는 나무, 흙, 금속, 유리, 섬유, 종이 등 다양하다. 공예는 그 시대의 생활양식이나 사람들의 요구에 따라 다양한 소재가 활용되며, 사용 목적에 따라 형태를 달리하고, 사용하는 계층에 따라 차이가 품격의 생기기도 한다. 따라서 공예는 생활에 스민 하나의 예술품인 동시에 시대 상황이나 유행(Trend), 사고(思考)를 보여주는 수단이기도 하다.

공예품 출품 및 선정 현황

2. 도자기 공예 *(궁서, 12pt, 진하게)*

도자기는 질흙으로 빚어서 높은 온도에 구워낸 제품으로, 일반적으로 자기 또는 도기라고 부른다. 도기는 1300도 정도의 온도에서 구워내며, 윤기가 적고 불투명하다. 자기는 1300도 이상의 고온으로 구워내며, 광택(光澤)이 있고 두드리면 맑고 청아한 소리가 난다. 도자기는 직접 손으로 빚거나 타래(Ceramic Coiling)를 쌓아올려서 만들 수 있고, 물레 및 돌림판을 이용해 좌우 대칭형으로 만들기도 한다. 틀을 활용한 방법도 있는데 청동판이나 흙판을 이용해 모양을 찍어낸다. 도자기를 만드는 과정은 먼저, 성형 후 그늘에서 건조하고 800도 정도에서 초벌로 굽는다. 이후 그림을 그리고 유약ⓐ을 발라 다시 1200~1600도에서 구워 완성한다. 우리나라는 예로부터 도자기 공예가 발달하였으며 아름다움과 실용성(實用性)까지 함께 갖추고 있다. 대표적인 형태가 달항아리, 분청사기, 청화백자 등이다.

ⓐ 도자기를 구울 때 덧씌우는 약 *(굴림체, 9pt)*

쪽 번호 매기기, ①,②,③ 순으로, 오른쪽 아래 → - ② -

실전문제유형

문제유형 006 — 다음 지시사항을 이용하여 문서를 작성해 보세요.

Ch05_문제유형06.hwp

- 쪽 테두리 : 이중 실선, 머리말 포함
- 글상자 - 크기 : 너비(60mm), 높이(12mm), 테두리 : 이중 실선(1.00mm), 반원
  채우기 : 색상(RGB: 202,86,167), 위치 : 글자처럼 취급, 가운데 정렬,
  글자 모양 : HY견고딕, 17pt, 가운데 정렬
- 그림E 삽입(바탕화면-KAIT-제출파일폴더)
  너비(40mm), 높이(32mm)
  위치 : 어울림(가로-쪽의 왼쪽:0.0mm,
  세로-쪽의 위:23mm)

DIAT

머리말(돋움체, 9pt, 오른쪽 정렬)

살아있는 갯벌

지역별 갯벌 면적(제곱킬로미터)

1. 갯벌의 가치 〔중고딕, 12pt, 진하게〕

갯벌은 밀물과 썰물의 차이에 의해 생긴 지형으로, 조수(潮水)가 드나드는 바닷가의 넓고 평평한 땅을 말한다. 파도에 의해 운반되는 점토나 모래의 미세한 입자가 오랫동안 해역에 쌓여 만들어진다. 갯벌은 중요한 바다 생물의 서식처이면서, 어민들에게는 경제활동을 하는 삶의 터전이다. 갯벌은 밀물과 썰물이 수시로 드나들어 산소공급㉮ 원활하고 유기물(有機物)이 많아 다양한 종류의 생물이 서식한다. 겉으로 보기에는 질척거리는 황토밭으로 보이지만 여러 바다 생물의 보물창고로 굴, 조개, 개불, 게 등 다양한 생물들이 살고 있다. 영국의 과학전문지인 네이처(Nature)에 의하면, 생태적 갯벌의 가치를 농경지의 100배 이상으로 평가하고 있다. 다양한 어류뿐만 아니라 철새들도 번식과 휴식을 위해 갯벌에 머무르기도 한다. 또한 다양한 미생물(Microorganism)의 화학 작용으로 육지에서 발생되는 여러 오염물과 독소들을 정화(淨化)시키는 기능도 하고 있다.

2. 우리나라의 갯벌 〔중고딕, 12pt, 진하게〕

갯벌은 일반적으로 경사가 완만하여 조수와 간만의 차이가 심하고 바닷물에 의해 운반되는 퇴적물(堆積物)의 양이 많은 곳에 분포하며, 또한 파도의 힘이 약하고 해안선이 복잡한 곳에 더욱 잘 만들어진다. 3면이 바다인 우리나라는 갯벌의 분포(分布)가 많아 김이나 바지락 등의 생물이 풍부하다. 특히 서해안은 수심이 낮아 갯벌이 더욱 발달해 있으며 구불구불한 리아스식 해안(Rias coast)Ⓐ이 파도의 힘을 분산시켜 갯벌의 지형을 더 확산시킨다. 우리나라 서해안은 북해연안, 캐나다 동부연안, 미국 미시시피강 하구, 아마존강 하구와 함께 세계의 5대 갯벌로 꼽히고 있다.

〔각주〕

―――――――――――――
Ⓐ 하천에 의해 침식된 육지가 침강하거나 해수면이 상승해 만들어진 해안   〔돋움, 9pt〕

- 나 -   〔쪽 번호 매기기, 가,나,다 순으로, 가운데 아래〕

Chapter 05 • 내용 입력하고 그림 삽입하기 **61**

커피와 바리스타

1. 커피의 역사

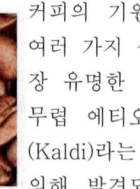

커피의 기원에 대해서는 여러 가지 설이 있다. 가장 유명한 정설은 7세기 무렵 에티오피아의 칼디(Kaldi)라는 목동(牧童)에 의해 발견되었다는 것이다. 염소들이 빨간 열매를 먹고 흥분해서 뛰어다니는 모습을 본 칼디는 본인이 열매를 직접 먹고 보았고, 정신이 상쾌해지는 느낌을 받았다. 이를 수도승에게 전하면서 커피를 먹기 시작하였고, 졸음을 막아주고 기분을 상쾌하게 해주는 신비한 열매로 알려지게 되었다. 13세기 이전에는 성직자만 마실 수 있었으나 여러 전파 과정을 거치며 대중화되었다. 커피의 원산지(原産地)는 에티오피아(Ethiopia)로 초반에는 이슬람 세력의 보호를 받아 아라비아 지역에서만 유통되었으나 십자군 전쟁 발발 이후 유럽에 전파되었다. 이후 인도네시아, 아시아 지역에 퍼져 나가며 케냐, 탄자니아 등의 지역에서도 재배(栽培)되기 시작하였다.

2. 바리스타(Barista)

커피를 제조하고 관리하는 사람을 바리스타라고 한다. 바리스타의 어원(語源)은 이탈리아어로 바(Bar) 안에 있는 사람이라는 뜻이며, 맛있고 품질 좋은 커피를 추출(抽出)하는 기술을 가진 사람을 의미한다. 상업적인 의미에서는 커피의 추출에서부터 품질관리, 커피에 대한 마케팅이나 매장 관리 전반을 책임지는 사람을 말한다. 바리스타에게 요구되는 능력은 다양하다. 최고 품질의 원두를 찾아내는 후각과 미각에서부터 고객의 취향을 맞추기 위한 커뮤니케이션(Communication) 능력과 고객만족 마인드도 겸비해야 한다. 즉, 기존의 단순한 커피 로스팅㉠을 하는 사람의 의미에서 독특한 커피맛을 구현하는 전문가로서 이미지가 강해지고 있다. 우리나라에서도 커피 열풍과 함께 바리스타는 각광받는 직업으로 떠오르고 있다.

나라별 커피 생산량(천톤)

㉠ 열을 가하여 특유의 맛과 향을 생성하는 공정

- ② -

문제유형 008 다음 지시사항을 이용하여 문서를 작성해 보세요.

쪽 테두리 : 이중 실선, 머리말 포함

글상자 – 크기 : 너비(70mm), 높이(12mm), 테두리 : 이중 실선(1.00mm), 둥근 모양
채우기 : 색상(RGB: 233,174,43), 위치 : 글자처럼 취급, 가운데 정렬
글자 모양 : 휴먼옛체, 18pt, 가운데 정렬

머리말(궁서체, 9pt, 오른쪽 정렬) → DIAT

그림G 삽입(바탕화면-KAIT-제출파일폴더)
너비(42mm), 높이(32mm)
위치 : 어울림(가로-쪽의 왼쪽:0.0mm, 세로-쪽의 위:24mm)

광고/매체/모바일 광고

1. 광고 매체 ← 바탕체, 12pt, 진하게

매체별 광고비 현황(억원)

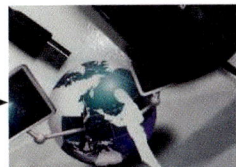

광고(Advertisement)란 기업이나 단체 또는 개인이 제품이나 서비스, 이념이나 정책(政策) 등을 널리 알리는 활동을 의미한다. 즉 사람들에게 관심을 끌어서 무엇인가를 알리는 행위를 (논)하는 것으로, 개별 기업의 영리를 위한 상업광고와 공공(公共)의 이익이나 목적 달성을 위한 공익광고 등으로 구분된다. 광고 매체는 광고를 게제하거나 방송하는 매개체의 역할을 하는 것으로, 광고의 노출 횟수와 유입자 수가 중요한 요소이다. 가장 많이 활용되는 4대 광고 매체는 TV, 라디오, 신문, 잡지이며, 이외에 지하철과 버스 등 대중교통 정류장, 건물 외부 현수막, 전광판, 스포츠 경기장, 비행물 등을 활용한 옥외(屋外) 광고 형태도 있다. 최근에는 온라인이나 모바일, 케이블, 위성, IPTV㉮ 등의 매체를 활용한 뉴미디어(New Media) 광고가 더욱 늘어나는 추세이다.

각주

(말)

2. 모바일 광고 ← 바탕체, 12pt, 진하게

최근 스마트폰, 태블릿 PC, PDA(개인용 휴대 단말기) 등의 모바일 기기 보급이 확산되면서, 모바일 광고의 활용이 더욱 늘고 있다. 모바일 광고는 모바일 매체를 활용하므로 시간이나 장소의 구애(拘礙)를 받지 않고 원하는 사람들에게 음성이나 동영상 등 다양한 형태로 광고를 제공할 수 있다. 문자메시지 등 기존의 모바일 광고가 단순한 정보를 고객에게 일방적으로 전달하는 형태였다고 하면 최근에는 (앱에서)(모바일) 이용자가 직접 원하는 정보를 검색하거나 소셜 네트워킹 서비스를 활용해 집단 간 정보를 공유하는 형태로 변화해 오고 있다. 이러한 요소 때문에 이용자의 거부감을 최소화하고 참여와 재미를 이끌어 낸다는 점에서 더욱 효과적(效果的)이다.

㉮ Internet Protocol Television의 약자로 초고속 인터넷을 기반으로 제공되는 양방향 텔레비전 서비스 ← 돋움체, 9pt

- B - ← 쪽 번호 매기기, A,B,C 순으로, 왼쪽 아래

Chapter 06 표 작성하기

표를 작성한 후 수정하는 방법에 대해 알고 있어야 합니다. 표를 작성한 후 셀 배경색 및 셀 테두리를 지정한 다음 글자 모양 및 문단 모양을 지정하는 문제가 출제되고 있습니다.

방과후수업통계

1. 방과후수업의 의미

방학동안 맞벌이 부부를 위한 초등돌봄 및 방과후학교 수업(class)이 크게 각광받고 있는 추세이다. 서울특별시교육청에 따르면 서울시 유,초,중,고등학교 모든 500여개의 교육기관(教育機關)의 학생들의 특기적성을 돕는 방과후학교 프로그램(program)이 개설되어 운영(operate)하고 있습니다. 특히 모든 초등학교의 돌봄 교실로 저학년들의 참여로 학부모 부담이 크게 줄어 뜨거운 관심이 쏟아지고 있습니다. 서울교육청 방과후 센터(center)는 학교에서 희망하고 있는 분야를 중심적으로 지역내 유능한 강사를 섭외하여 방과후학교 서비스(service)를 추진하고 있습니다. 돌봄에서 사각지대가 발생되지 않기 위해서 학기 중 5시간에 비해 운영이 늘어나는 방학 중 돌봄 체제에 대처하는 자세를 보여야 한다.

2. 방과후수업의 안전조치

특히 태풍(颱風) 및 지진(地震)으로 인한 자연재해로 인해 큰 피해가 우려될시 전국적으로 전체 학교의 방과후수업 및 돌봄 교실이 일체 금지되고 있습니다. 태풍의 경우에는 소멸Ⓐ시까지 방과후 수업을 중단하는 긴급 공문을 각 학교(學校)마다 발송을 하고 지진발생시 여진에 대비하여 각 학교에서는 항상 안전대비가 필요합니다. 만약의 상황을 대비하여 비상연락망 체계를 유지하고 계기교육을 통해 학생들과 안전수칙과 행동요령에 대해 자세히 안내하도록 합니다. 학교 관계자는 지속적으로 안전교육(安全教育) 실시 및 지도를 강화하며 재난에 철저하게 대비해야겠습니다. 기숙사 운영 및 급식사항을 포함한 모든 부분은 학교장의 신축적인 결정하에 진행되도록 한다. 특히, 교직원에게 위험 기상특보 등을 스마트폰으로

굴림체, 12pt, 진하게, 가운데 정렬

방과후수업 평균신청인원

과목	2018년	2019년
영어	20	22
컴퓨터	24	26
바둑	27	25
발레	12	15
중국어	15	19

위쪽 제목 셀 : 색상(RGB: 255,255,0), 진하게
제목 셀 아래선 : 이중 실선(0.5mm)
글자 모양 : 굴림, 10pt, 가운데 정렬

작업순서요약

① 표 제목을 드래그하여 블록으로 설정한 후 [서식] 도구 상자에서 글꼴 및 글자 크기, 속성을 지정한 다음 정렬 방식을 지정합니다.
② 표를 삽입한 후 내용을 입력한 다음 표 전체를 셀 블록으로 설정하고 [서식] 도구 상자에서 글꼴 및 글자 크기, 속성을 지정한 다음 정렬 방식을 지정합니다.
③ 제목 셀을 드래그하여 셀 블록으로 설정한 후 [셀 테두리/배경] 대화상자에서 테두리 및 배경색을 지정합니다.

STEP 01 표 제목 지정하기

Chapter06\DIW_123456_홍길동.hwp

1 표 제목 뒤에 커서를 위치시킨 후 Enter를 눌러 강제 개행합니다.

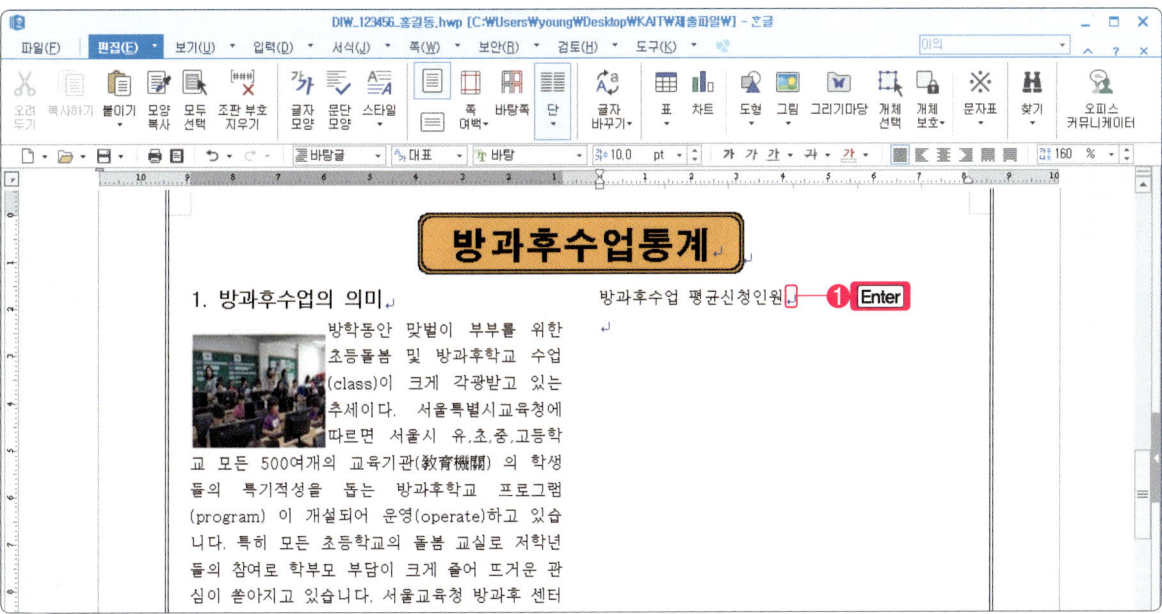

2 표 제목을 드래그하여 블록으로 설정한 후 [서식] 도구 상자에서 **글꼴(굴림체)**을 선택한 다음 **글자 크기(12)**를 입력하고 **가**[진하게]을 선택한 후 ≡[가운데 정렬]을 선택합니다.

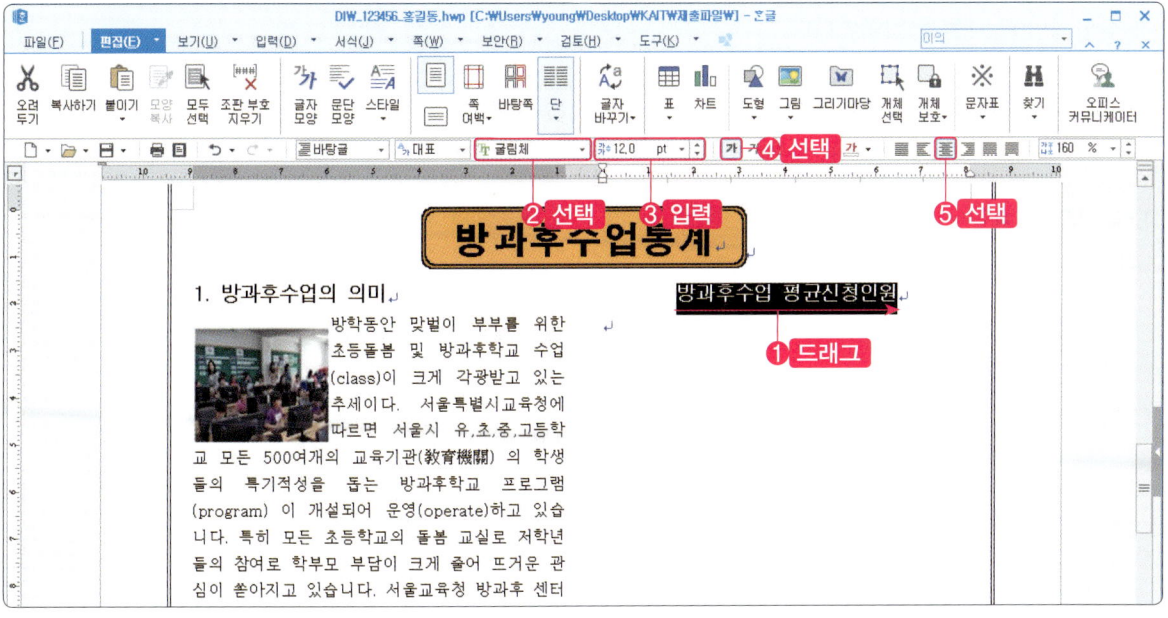

Chapter 06 · 표 작성하기

STEP 02 표 작성하기

1 표 제목 다음 문단에 커서를 위치시킨 후 [편집] 탭을 클릭한 다음 [표]를 클릭합니다.

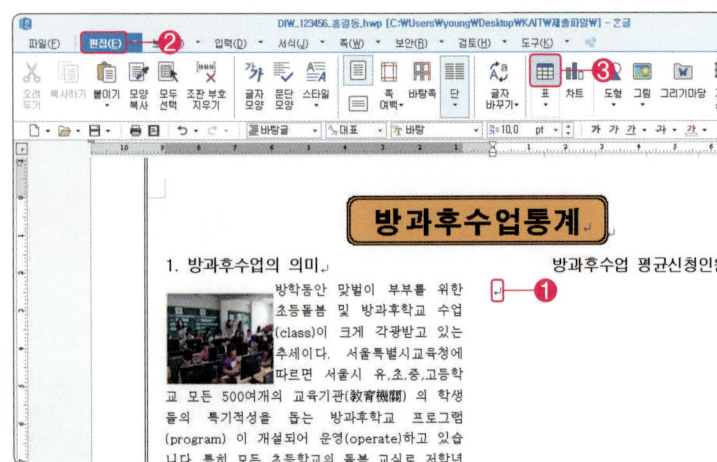

Tip

[입력] 탭의 [목록]을 클릭한 후 [표]-[표 만들기]를 클릭하여 표를 삽입할 수도 있습니다.

2 [표 만들기] 대화상자가 나타나면 **줄 수(6)와 칸 수(3)을 입력**한 후 **[글자처럼 취급]을 선택**한 다음 **[만들기]를 클릭**합니다.

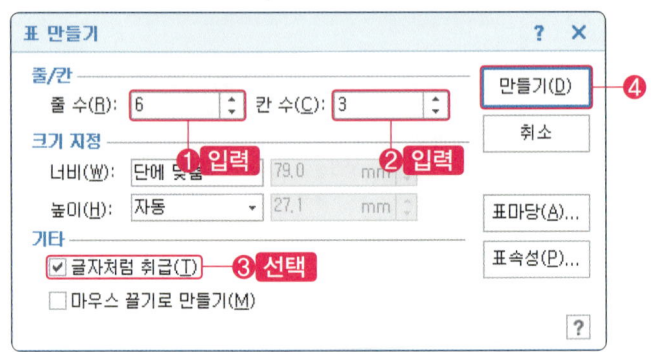

Tip

- 글자처럼 취급 : 표를 글자처럼 취급하여 문서 내용의 수정에 따라 표 위치도 함께 이동합니다.
- 마우스 끌기로 만들기 : 표를 만들 때 무조건 현재 커서 위치에 만들지 않고, 사용자가 마우스 끌기로 지정한 위치에 표를 만듭니다.

3 표가 삽입되면 **표 내용을 입력**합니다.

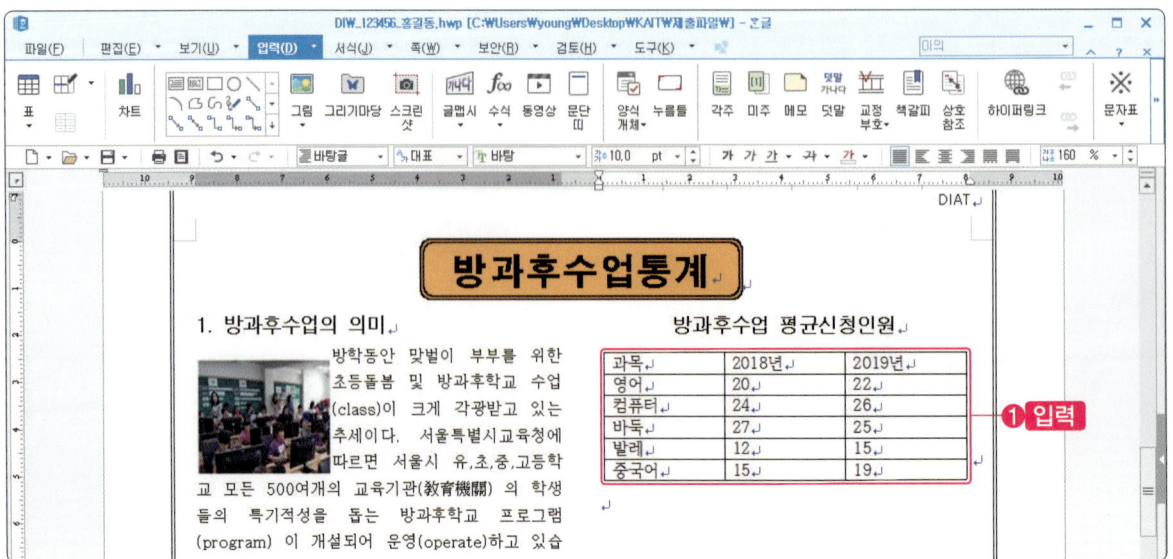

66 한글 2016(NEO)

4 표 내용 전체를 드래그하여 셀 블록으로 설정한 후 [서식] 도구 상자에서 **글꼴(굴림)**을 선택한 다음 **글자 크기 (10)**를 확인하고 **≡[가운데 정렬]**을 선택합니다.

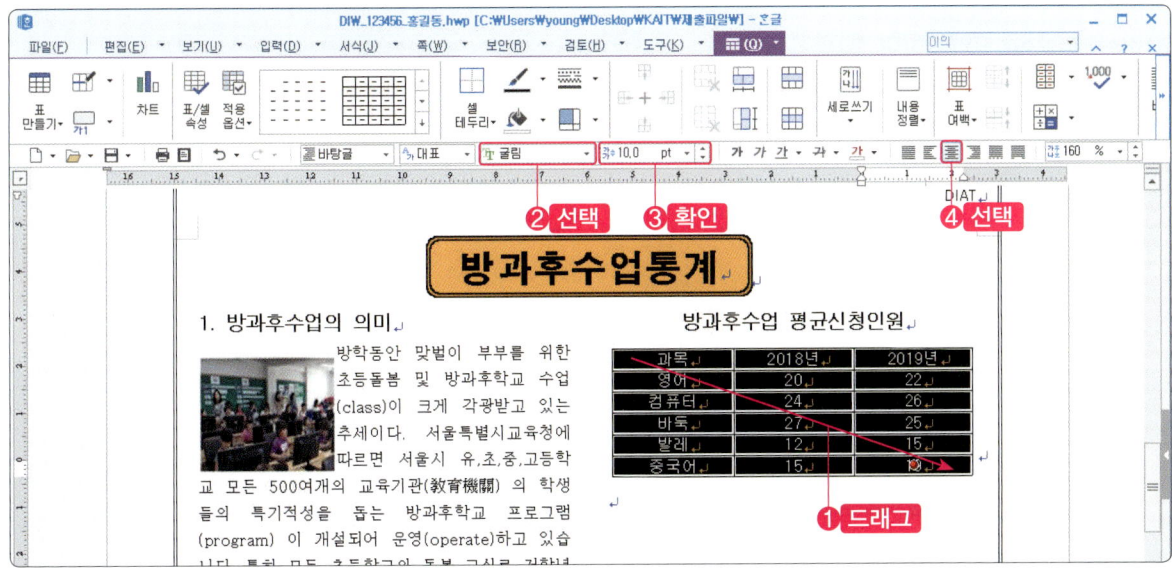

셀 블록 설정하기

- **F5** 한 번 : 커서가 위치한 셀만 셀 블록으로 설정합니다.
- **F5** 두 번 + **←/→/↑/↓** : 커서가 위치한 셀부터 누른 방향키 방향으로 연속된 셀을 셀 블록으로 설정합니다.
- **F5** 세 번 : 표 전체를 셀 블록으로 설정합니다.
- 마우스로 드래그 : 마우스로 드래그하여 선택한 연속된 셀을 셀 블록으로 설정합니다.
- **Shift**+클릭 : 커서가 위치한 셀부터 **Shift**를 누른 상태에서 클릭한 셀까지 연속된 셀을 셀 블록으로 설정합니다.
- **Ctrl**+클릭 : **Ctrl**을 누른 상태에서 클릭한 비 연속적인 셀을 셀 블록으로 설정합니다.

5 표 속성이 지정되면 **Ctrl**+**↓**를 2번 눌러 표 높이를 지정합니다.

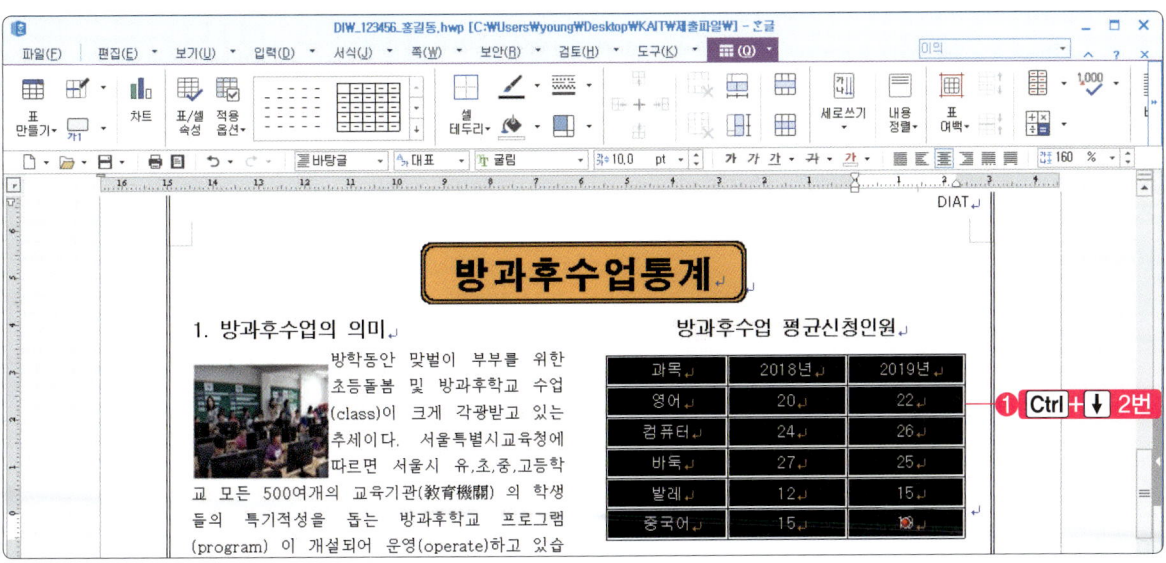

Tip
표의 높이에 대해서는 특별한 지시사항이 없으므로 크기를 조절하지 않아도 감점되지 않습니다.

Chapter 06 · 표 작성하기 **67**

STEP 03 셀 테두리 및 배경색 지정하기

1 1줄1칸~1줄3칸을 드래그하여 셀 블록으로 설정한 후 [서식] 도구 상자에서 **가**[진하게]를 선택합니다.

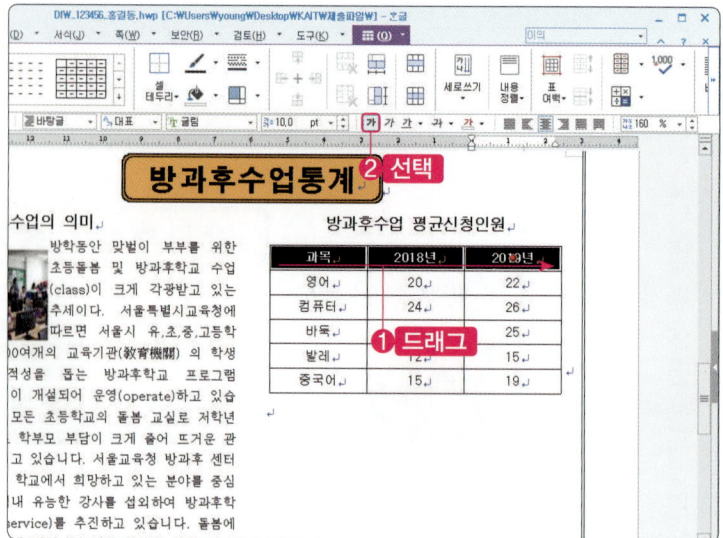

2 셀 속성을 지정하기 위해 **마우스 오른쪽 버튼을 클릭**한 후 바로가기 메뉴의 [셀 테두리/배경]-[각 셀마다 적용]을 클릭합니다.

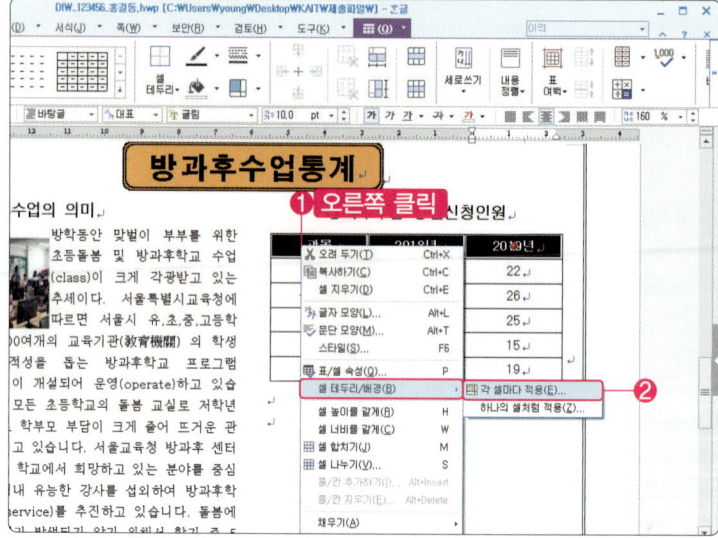

> **Tip**
> 셀 블록을 설정한 후 [표] 정황 탭의 ▼[목록]을 클릭한 다음 [셀 테두리/배경]-[각 셀마다 적용]을 클릭하거나 L을 눌러 [셀 테두리/배경]을 지정할 수도 있습니다.

3 [셀 테두리/배경] 대화상자가 나타나면 테두리 종류(═══[이중 실선])를 클릭한 후 ⊞[아래]를 선택합니다.

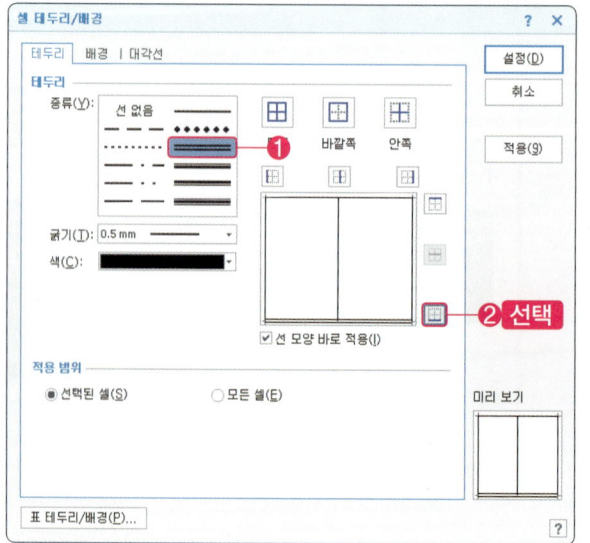

4 [배경] 탭을 클릭한 후 [색]을 선택한 다음 [면 색]을 클릭하고 [다른 색...]을 클릭합니다.

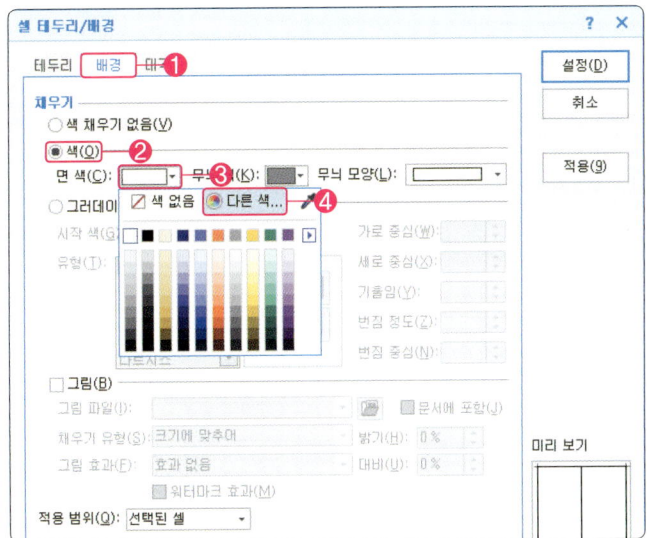

5 [색] 대화상자가 나타나면 RGB **색상(빨강: 255, 초록: 255, 파랑: 0)**을 입력한 후 [설정]을 클릭합니다.

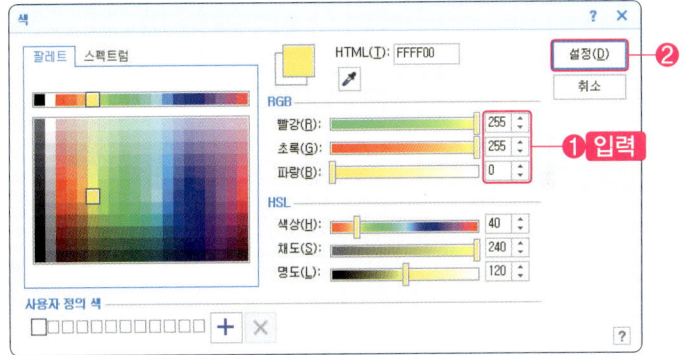

> **Tip**
> • 시험에서 색상 표기는 '색상(RGB: 255,255,0) / 【노랑(RGB: 255,255,0)】'으로 표시됩니다.
> • 【 】안의 지시사항은 한글 2010 버전용입니다.

6 [셀 테두리/배경] 대화상자가 다시 나타나면 [설정]을 클릭합니다.

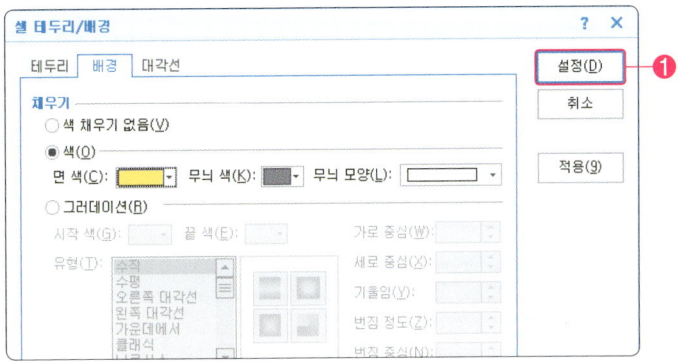

7 다음과 같이 표가 완성됩니다.

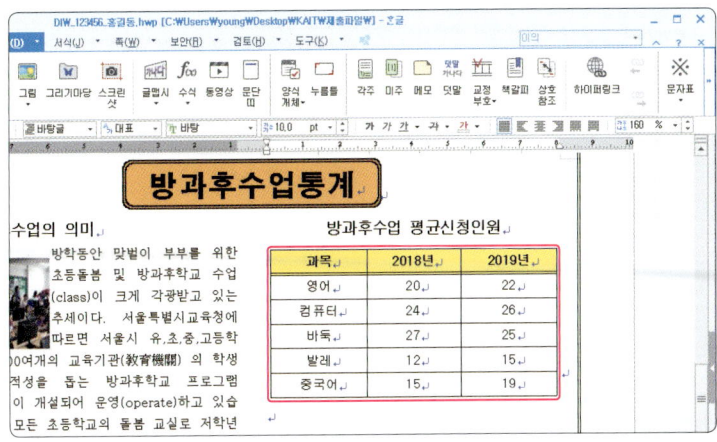

Chapter 06 • 표 작성하기 **69**

실전문제유형

문제유형 001
다음《작성조건》을 이용하여 표를 작성해 보세요. — Ch06_문제유형01.hwp

《작성조건》
- 글자 모양 : HY중고딕, 10pt, 가운데 정렬

분야	세계	미국
TV/라디오	2,370	850
산업디자인	1,400	490
소프트웨어	6,000	4,100
음악	800	270

문제유형 002
다음《작성조건》을 이용하여 표를 작성해 보세요. — Ch06_문제유형02.hwp

《작성조건》
- 제목 셀 아래선 : 이중 실선(0.5mm)
- 글자 모양 : 돋움, 10pt, 가운데 정렬

구분	중학생	고등학생
춤테라피	34.1	40.3
젬베	38.7	43.9
산악자전거	28.6	49.2
목공예	22.9	38.8

문제유형 003
다음《작성조건》을 이용하여 표를 작성해 보세요. — Ch06_문제유형03.hwp

《작성조건》
- 제목 셀 아래선 : 이중 실선(0.5mm)
- 글자 모양 : 굴림, 10pt, 가운데 정렬

구분	궁중요리	토속음식	장류
전라도	20	40	18
강원도	10	22	16
경상도	14	30	11
충청도	5	17	13

문제유형 004
다음 《작성조건》을 이용하여 표를 작성해 보세요.

Ch06_문제유형04.hwp

《작성조건》
- 위쪽 제목 셀 : 진하게
- 제목 셀 아래선 : 이중 실선(0.5mm)
- 글자 모양 : 돋움, 10pt, 가운데 정렬

연도	내국인	외국인
2020	40,690	5,266
2021	44,485	7,162
2022	51,549	7,227
2023	50,908	6,211

문제유형 005
다음 《작성조건》을 이용하여 표를 작성해 보세요.

Ch06_문제유형05.hwp

《작성조건》
- 표 제목 : 궁서체, 11pt, 진하게, 가운데 정렬
- 위쪽 제목 셀 : 색상(RGB: 233,174,43), 진하게
- 제목 셀 아래선 : 이중 실선(0.5mm)
- 글자 모양 : 궁서, 10pt, 가운데 정렬

모바일뱅킹 등록 고객수(단위: 만명)

년도	스마트폰 기반	VM기반
2021	12	714
2022	361	856
2023	912	894
2024	1,986	881

문제유형 006
다음 《작성조건》을 이용하여 표를 작성해 보세요.

Ch06_문제유형06.hwp

《작성조건》
- 표 제목 : 굴림, 12pt, 진하게, 가운데 정렬
- 위쪽 제목 셀 : 색상(RGB: 49,95,151), 글자 모양 – 하양(RGB: 255,255,255), 진하게
- 제목 셀 아래선 : 이중 실선(0.5mm)
- 글자 모양 : 돋움체, 10pt, 가운데 정렬

연도별 해수면 온도 추이

년도	온도(단위 : 도)
2016	16.98
2018	16.75
2020	16.95
2022	16.95
2024	17.05
2026	17.05

실전문제유형

문제유형 007 다음 《작성조건》을 이용하여 표를 작성해 보세요. Ch06_문제유형07.hwp

- 쪽 테두리 : 이중 실선, 머리말 포함
- 글상자 - 크기 : 너비(50mm), 높이(12mm), 테두리 : 실선(0.5mm), 둥근 모양
  채우기 : 색상(RGB: 49,95,151), 위치 : 글자처럼 취급, 가운데 정렬
  글자 모양 : 휴먼옛체, 20pt, 가운데 정렬
- 그림C 삽입(바탕화면-KAIT-제출파일폴더)
  너비(40mm), 높이(35mm)
  위치 : 어울림(가로-쪽의 왼쪽:0.0mm, 세로-쪽의 위:24mm)
- 머리말(돋움, 9pt, 오른쪽 정렬) → DIAT
- 중고딕, 11pt, 진하게, 가운데 정렬

도자기 공예

1. 공예란? *(궁서, 12pt, 진하게)*

공예(工藝)란 생활에 필요한 것을 아름답고 쓸모 있게 만드는 것을 의미한다. 즉, 실용적 물건에 장식적인 가치(Value)를 더하는 것이다. 공예는 장식품, 생활용품 등 우리 생활 곳곳에 스며들어 활용되며, 더 범위를 확대해보면 조경(造景)이나 건축물(A structure)에는(도) 적용된다. 공예에 활용되는 재료는 나무, 흙, 금속, 유리, 섬유, 종이 등 다양하다. 공예는 그 시대의 생활양식이나 사람들의 요구에 따라 다양한 소재가 활용되며, 사용 목적에 따라 형태를 달리하고, 사용하는 계층에 따라 (차이가/품격이) 생기기도 한다. 따라서 공예는 생활에 스민 하나의 예술품인 동시에 시대 상황이나 유행(Trend), 사고(思考)를 보여주는 수단이기도 하다.

공예품 출품 및 선정 현황

구분	출품	선정
도자기	23	12
유리	7	3
리본	12	5
섬유	19	8
비즈	15	9

- 위쪽 제목 셀 : 색상(RGB: 202,86,167), 진하게
  제목 셀 아래선 : 이중 실선(0.5mm)
  글자 모양 : 굴림, 10pt, 가운데 정렬

2. 도자기 공예 *(궁서, 12pt, 진하게)*

도자기는 질흙으로 빚어서 높은 온도에 구워낸 제품으로, 일반적으로 자기 또는 도기라고 부른다. 도기는 1300도 정도의 온도에서 구워내며, 윤기가 적고 불투명하다. 자기는 1300도 이상의 고온으로 구워내며, 광택(光澤)이 있고 두드리면 맑고 청아한 소리가 난다. 도자기는 직접 손으로 빚거나 타래(Ceramic Coiling)를 쌓아올려서 만들 수 있고, 물레 및 돌림판을 이용해 좌우 대칭형으로 만들기도 한다. 틀을 활용한 방법도 있는데 청동판이나 흙판을 이용해 모양을 찍어낸다. 도자기를 만드는 과정은 먼저, 성형 후 그늘에서 건조하고 800도 정도에서 초벌로 굽는다. 이후 그림을 그리고 유약ⓐ을 발라 다시 1200~1600도에서 구워 완성한다. *(각주)* 우리나라는 예로부터 도자기 공예가 발달하였으며 아름다움과 실용성(實用性)까지 함께 갖추고 있다. 대표적인 형태가 달항아리, 분청사기, 청화백자 등이다.

ⓐ 도자기를 구울 때 덧씌우는 약 *(굴림체, 9pt)*

쪽 번호 매기기, ①,②,③ 순으로, 오른쪽 아래 → - ② -

실전문제유형

문제유형 008 — 다음 《작성조건》을 이용하여 표를 작성해 보세요.

`Ch06_문제유형08.hwp`

- 쪽 테두리 : 이중 실선, 머리말 포함
- 글상자 – 크기 : 너비(60mm), 높이(12mm), 테두리 : 이중 실선(1.00mm), 반원
  채우기 : 색상(RGB: 202,86,167), 위치 : 글자처럼 취급, 가운데 정렬,
  글자 모양 : HY견고딕, 17pt, 가운데 정렬
- 그림D 삽입(바탕화면–KAIT–제출파일폴더)
  너비(40mm), 높이(32mm)
  위치 : 어울림(가로–쪽의 왼쪽:0.0mm, 세로–쪽의 위:23mm)
- 머리말(돋움체, 9pt, 오른쪽 정렬) → DIAT
- 돋움체, 11pt, 진하게, 가운데 정렬

살아있는 갯벌

1. 갯벌의 가치 ← 중고딕, 12pt, 진하게

갯벌은 밀물과 썰물의 차이에 의해 생긴 지형으로, 조수(潮水)가 드나드는 바닷가의 넓고 평평한 땅을 말한다. 파도에 의해 운반되는 점토나 모래의 미세한 입자가 오랫동안 해역에 쌓여 만들어진다. 갯벌은 중요한 바다 생물의 서식처이면서, 어민들에게는 경제활동을 하는 삶의 터전이다. 갯벌은 밀물과 썰물이 수시로 드나들어 산소공급은(이) 원활하고 유기물(有機物)이 많아 다양한 종류의 생물이 서식한다. 겉으로 보기에는 질척거리는 황토밭으로 보이지만 여러 바다 생물의 보물창고로 굴, 조개, 개불, 게 등 다양한 생물들이 살고 있다. 영국의 과학전문지인 네이처(Nature)에 의하면, 생태적 갯벌의 가치를 농경지의 100배 이상으로 평가하고 있다. 다양한 어류뿐만 아니라 철새들도 번식과 휴식을 위해 갯벌에 머무르기도 한다. 또한 다양한 미생물(Microorganism)의 화학 작용으로 육지에서 발생되는 여러 오염물과 독소들을 정화(淨化)시키는 기능도 하고 있다.

지역별 갯벌 면적(제곱킬로미터)

지역	2021년	2026년
경기	169	166
충남	359	357
전남	1037	1044
인천	704	710

- 왼쪽 제목 셀 : 색상(RGB: 105,155,55), 진하게
  제목 셀 오른쪽선 : 이중 실선(0.5mm)
  글자 모양 : 궁서, 10pt, 가운데 정렬

2. 우리나라의 갯벌 ← 중고딕, 12pt, 진하게

갯벌은 일반적으로 경사가 완만하여 조수와 간만의 차이가 심하고 바닷물에 의해 운반되는 퇴적물(堆積物)의 양이 많은 곳에 분포하며, 또한 파도의 힘이 약하고 해안선이 복잡한 곳에 더욱 잘 만들어진다. 3면이 바다인 우리나라는 갯벌의 분포(分布)가 많아 김이나 바지락 등의 생물이 풍부하다. 특히 서해안은 수심이 낮아 갯벌이 더욱 발달해 있으며 구불구불한 리아스식 해안(Rias coast)Ⓐ이 파도의 힘을 분산시켜 갯벌의 지형을 더 확산시킨다. 우리나라 서해안은 북해연안, 캐나다 동부연안, 미국 미시시피강 하구, 아마존강 하구와 함께 세계의 5대 갯벌로 꼽히고 있다.

― 각주

――――――
Ⓐ 하천에 의해 침식된 육지가 침강하거나 해수면이 상승해 만들어진 해안 ← 돋움, 9pt

- 나 - ← 쪽 번호 매기기, 가,나,다 순으로, 가운데 아래

실전문제유형

문제유형 009 다음 《작성조건》을 이용하여 표를 작성해 보세요. Ch06_문제유형09.hwp

- 쪽 테두리: 이중 실선, 머리말 포함
- 글상자 - 크기: 너비(60mm), 높이(12mm), 테두리: 이중 실선(1.00mm), 둥근 모양
  채우기: 색상(RGB: 49,95,151), 위치: 글자처럼 취급, 가운데 정렬
  글자 모양: HY헤드라인M, 17pt, 하양(RGB: 255,255,255), 가운데 정렬
- 그림E 삽입(바탕화면-KAIT-제출파일폴더)
  너비(40mm), 높이(32mm)
  위치: 어울림(가로-쪽의 왼쪽:0.0mm, 세로-쪽의 위:23mm)
- DIAT
- 머리말(굴림체, 9pt, 오른쪽 정렬)

커피와 바리스타

1. 커피의 역사 ← 휴먼옛체, 12pt, 진하게

나라별 커피 생산량(천 톤) ← 중고딕, 12pt, 진하게, 가운데 정렬

구분	2021	2022	2023
인도네시아	577	683	645
페루	232	199	240
탄자니아	71	43	55

- 위쪽 제목 셀: 색상(RGB: 233,174,43), 진하게
  제목 셀 아래선: 이중 실선(0.5mm)
  글자 모양: 궁서, 10pt, 가운데 정렬

커피의 기원에 대해서는 여러 가지 설이 있다. 가장 유명한 정설은 7세기 무렵 에티오피아의 칼디(Kaldi)라는 목동(牧童)에 의해 발견되었다는 것이다. 염소들이 빨간 열매를 먹고 흥분해서 뛰어다니는 모습을 본 칼디는 본인이 열매를 직접 먹어 보았고, 정신이 상쾌해지는 느낌을 받았다. 이를 수도승에게 전하면서 커피를 먹기 시작하였고, 졸음을 막아주고 기분을 상쾌하게 해주는 신비한 열매로 알려지게 되었다. 13세기 이전에는 성직자만 마실 수 있었으나 여러 전파 과정을 거치며 대중화되었다. 커피의 원산지(原産地)는 에티오피아(Ethiopia)로 초반에는 세력의 이슬람 보호를 받아 아라비아 지역에서만 유통되었으나 십자군 전쟁 발발 이후 유럽에 전파되었다. 이후 인도네시아, 아시아 지역에 퍼져 나가며 케냐, 탄자니아 등의 지역에서도 재배(栽培)되기 시작하였다.

2. 바리스타(Barista) ← 휴먼옛체, 12pt, 진하게

커피를 제조하고 관리하는 사람을 바리스타라고 한다. 바리스타의 어원(語源)은 이탈리아어로 바(Bar) 안에 있는 사람이라는 뜻이며, 맛있고 품질 좋은 커피를 추출(抽出)하는 기술을 가진 사람을 의미한다. 상업적인 의미에서는 커피의 추출에서부터 품질관리, 커피에 대한 마케팅이나 매장 관리 전반을 책임지는 사람을 말한다. 바리스타에게 요구되는 능력은 다양하다. 최고 품질의 원두를 찾아내는 후각과 미각에서부터 고객의 취향을 맞추기 위한 커뮤니케이션(Communication) 능력과 고객만족 마인드도 겸비해야 한다. 즉, 기존의 단순한 커피 로스팅㉠을 하는 사람의 의미에서 독특한 커피맛을 구현하는 전문가로서 이미지가 강해지고 있다. 우리나라에서도 커피 열풍과 함께 바리스타는 각광받는 직업으로 떠오르고 있다.

㉠ 열을 가하여 특유의 맛과 향을 생성하는 공정 ← 돋움, 9pt

- ② - ← 쪽 번호 매기기, ①,②,③ 순으로, 가운데 아래

74 한글 2016(NEO)

실전문제유형

문제유형 010 다음 《작성조건》을 이용하여 표를 작성해 보세요.

Ch06_문제유형10.hwp

- 쪽 테두리 : 이중 실선, 머리말 포함
- 글상자 - 크기 : 너비(70mm), 높이(12mm), 테두리 : 이중 실선(1.00mm), 둥근 모양
  채우기 : 색상(RGB: 233,174,43), 위치 : 글자처럼 취급, 가운데 정렬
  글자 모양 : 휴먼옛체, 18pt, 가운데 정렬
- 그림F 삽입(바탕화면-KAIT-제출파일폴더)
  너비(42mm), 높이(32mm)
  위치 : 어울림(가로-쪽의 왼쪽:0.0mm, 세로-쪽의 위:24mm)

→ DIAT

광고/매체/모바일 광고

- 머리말(궁서체, 9pt, 오른쪽 정렬)
- 돋움, 12pt, 진하게, 가운데 정렬

1. 광고 매체 ← 바탕체, 12pt, 진하게

매체별 광고비 현황(억원)

년도	4대 매체	뉴미디어
2019	38	21
2020	44	26
2021	46	32
2022	43	36

- 위쪽 제목 셀 : 색상(RGB: 192,82,82), 진하게
  제목 셀 아래선 : 이중 실선(0.5mm)
  글자 모양 : 굴림, 10pt, 가운데 정렬

광고(Advertisement)란 기업이나 단체 또는 개인이 제품이나 서비스, 이념이나 정책(政策) 등을 널리 알리는 활동을 의미한다. 즉 사람들에게 관심을 끌어서 무엇인가를 알리는 행위를 말하는 것으로, 개별 기업의 영리를 위한 상업광고와 공공(公共)의 이익이나 목적 달성을 위한 공익광고 등으로 구분된다. 광고 매체는 광고를 게제하거나 방송하는 매개체의 역할을 하는 것으로, 광고의 노출 횟수와 유입자 수가 중요한 요소이다. 가장 많이 활용되는 4대 광고 매체는 TV, 라디오, 신문, 잡지이며, 이외에 지하철과 버스 등 대중교통 정류장, 건물 외부 현수막, 전광판, 스포츠 경기장, 비행물 등을 활용한 옥외(屋外) 광고 형태도 있다. 최근에는 온라인이나 모바일, 케이블, 위성, IPTV㉮ 등의 매체를 활용한 뉴미디어(New Media) 광고가 더욱 늘어나는 추세이다.

(각주)

2. 모바일 광고 ← 바탕체, 12pt, 진하게

최근 스마트폰, 태블릿 PC, PDA(개인용 휴대 단말기) 등의 모바일 기기 보급이 확산되면서, 모바일 광고의 활용이 더욱 늘고 있다. 모바일 광고는 모바일 매체를 활용하므로 시간이나 장소의 구애(拘礙)를 받지 않고 원하는 사람들에게 음성이나 동영상 등 다양한 형태로 광고를 제공할 수 있다. 문자메시지 등 기존의 모바일 광고가 단순한 정보를 고객에게 일방적으로 전달하는 형태였다고 하면 최근에는 앱에서 모바일 이용자가 직접 원하는 정보를 검색하거나 소셜 네트워킹 서비스를 활용해 집단 간 정보를 공유하는 형태로 변화해 오고 있다. 이러한 요소 때문에 이용자의 거부감을 최소화하고 참여와 재미를 이끌어 낸다는 점에서 더욱 효과적(效果的)이다.

㉮ Internet Protocol Television의 약자로 초고속 인터넷을 기반으로 제공되는 양방향 텔레비전 서비스 ← 돋움체, 9pt

- B - ← 쪽 번호 매기기, A,B,C 순으로, 왼쪽 아래

Chapter 07 차트 작성하기

한글 2016(NEO)

차트를 작성하는 방법에 대해 알고 있어야 합니다. 표를 이용하여 차트를 작성한 후 차트 크기를 지정한 다음 차트 제목, 값 축, 항목 축, 범례 등에 글꼴 및 크기, 속성을 지정하는 문제가 출제되고 있습니다.

방과후수업통계

1. 방과후수업의 의미

방학동안 맞벌이 부부를 위한 초등돌봄 및 방과후학교 수업(class)이 크게 각광받고 있는 추세이다. 서울특별시교육청에 따르면 서울시 유,초,중,고등학교 모든 500여개의 교육기관(敎育機關)의 학생들의 특기적성을 돕는 방과후학교 프로그램(program)이 개설되어 운영(operate)하고 있습니다. 특히 모든 초등학교의 돌봄 교실로 저학년들의 참여로 학부모 부담이 크게 줄어 뜨거운 관심이 쏟아지고 있습니다. 서울교육청 방과후 센터(center)는 학교에서 희망하고 있는 분야를 중심적으로 지역내 유능한 강사를 섭외하여 방과후학교 서비스(service)를 추진하고 있습니다. 돌봄에서 사각지대가 발생되지 않기 위해서 학기 중 5시간에 비해 운영이 늘어나는 방학 중 돌봄 체제에 대처하는 자세를 보여야 한다.

2. 방과후수업의 안전조치

특히 태풍(颱風) 및 지진(地震)으로 인한 자연재해로 인해 큰 피해가 우려될시 전국적으로 전체 학교의 방과후수업 및 돌봄 교실이 일체 금지되고 있습니다. 태풍의 경우에는 소멸ⓐ시까지 방과후 수업을 중단하는 긴급 공문을 각 학교(學校)마다 발송을 하고 지진발생시 여진에 대비하여 각 학교에서는 항상 안전대비가 필요합니다. 만약의 상황을 대비하여 비상연락망 체계를 유지하고 계기교육을 통해 학생들과 안전수칙과 행동요령에 대해 자세히 안내하도록 합니다. 학교 관계자는 지속적으로 안전교육(安全敎育) 실시 및 지도를 강화하며 재난에 철저하게 대비해야겠습니다. 기숙사 운영 및 급식사항을 포함한 모든 부분은 학교장의 신축적인 결정하에 진행되도록 한다. 특히, 교직원에게 위험 기상특보 등을 스마트폰으로

방과후수업 평균신청인원

과목	2018년	2019년
영어	20	22
컴퓨터	24	26
바둑	27	25
발레	12	15
중국어	15	19

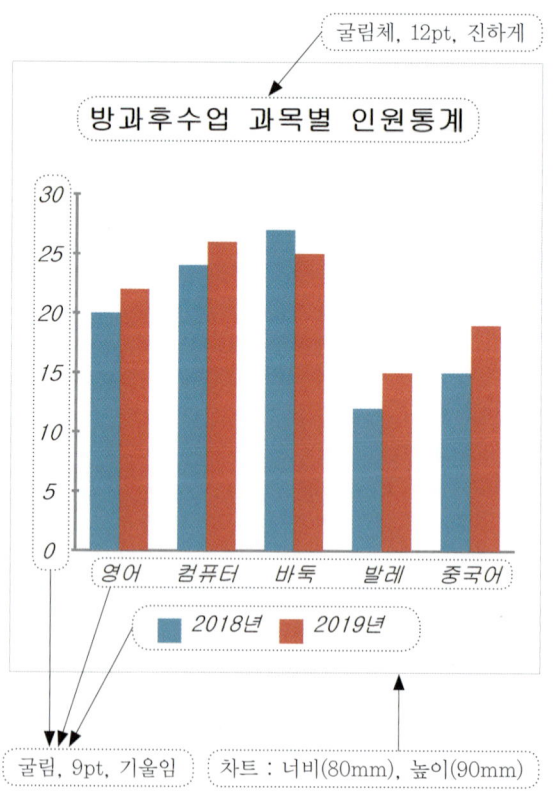

굴림체, 12pt, 진하게
굴림, 9pt, 기울임
차트 : 너비(80mm), 높이(90mm)

작업순서요약

① 차트를 삽입한 후 크기 및 위치를 지정합니다.
② [차트 마법사] 대화상자에서 차트 모양을 변경합니다.
③ 차트 제목을 더블클릭한 후 [제목 모양] 대화상자에서 글꼴 및 크기, 속성을 지정합니다.
④ 값 축 및 항목 축, 범례 모양을 더블클릭한 후 [제목 모양] 대화상자에서 글꼴 및 크기, 속성을 지정합니다.

STEP 01 차트 작성하기

Chapter07\DIW_123456_홍길동.hwp

1 표 아래 문단에 커서를 위치시킨 후 Enter를 눌러 강제 개행합니다.

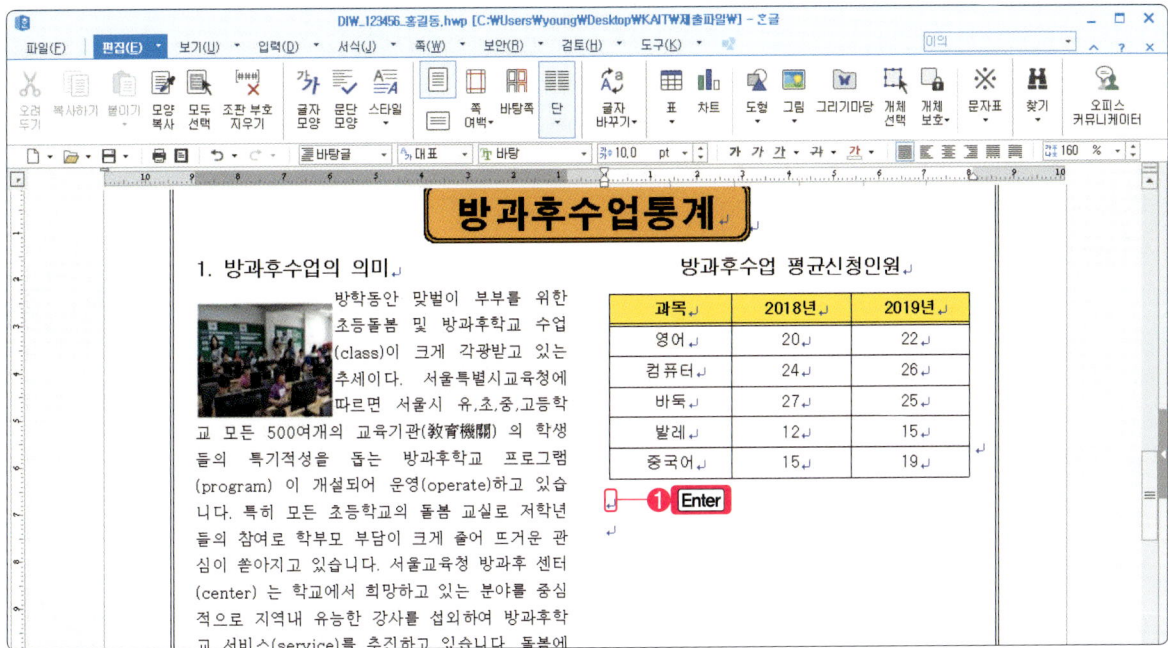

2 표 전체를 드래그하여 셀 블록으로 설정한 후 [표] 정황 탭에서 [차트]를 클릭합니다.

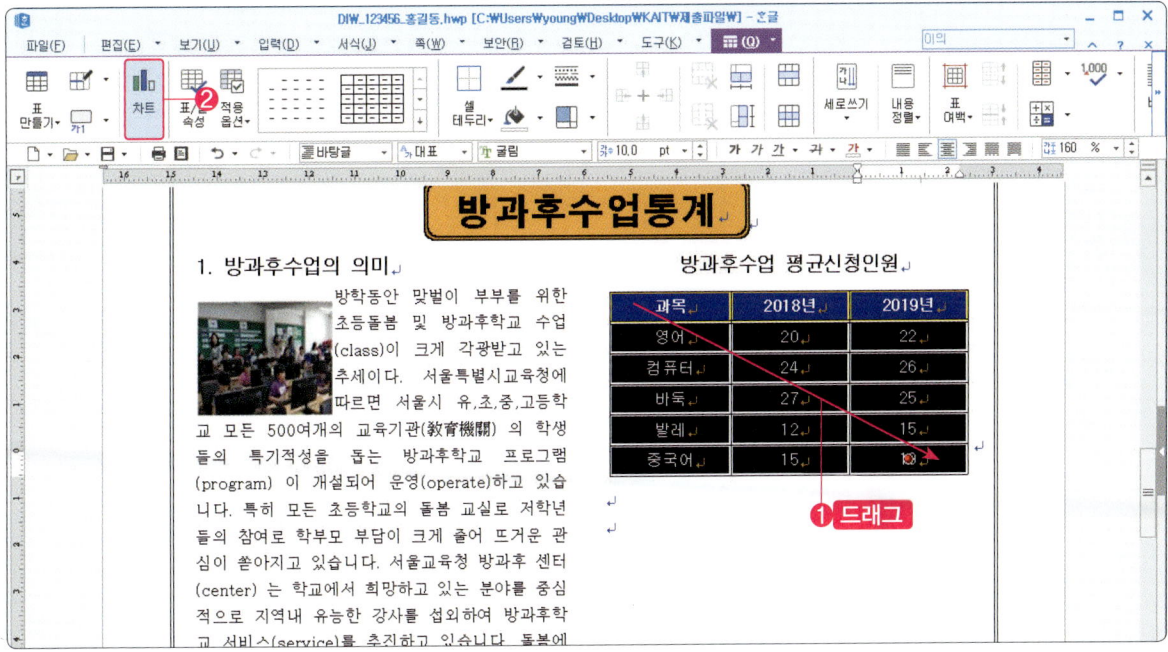

3 차트 위에서 **마우스 오른쪽 버튼**을 클릭한 후 바로가기 메뉴의 [**개체 속성**]을 클릭합니다.

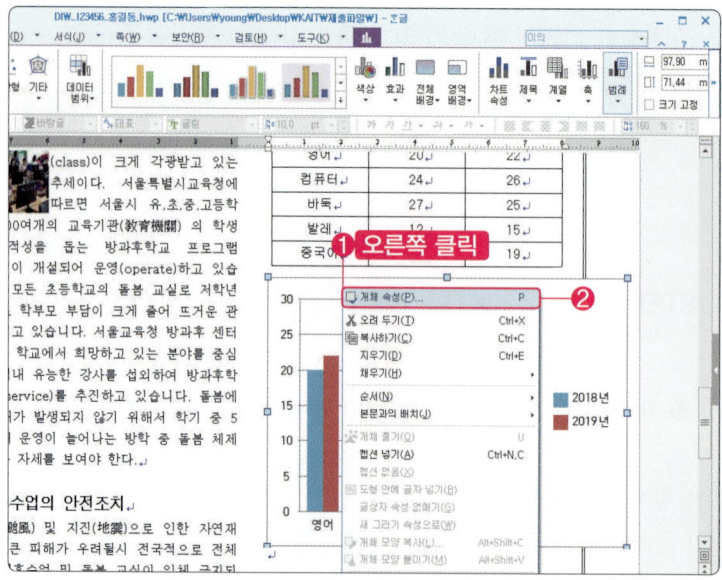

4 [개체 속성] 대화상자가 나타나면 **너비(80)** 와 **높이(90)**를 입력한 후 [**글자처럼 취급**]을 선택한 다음 [**설정**]을 클릭합니다.

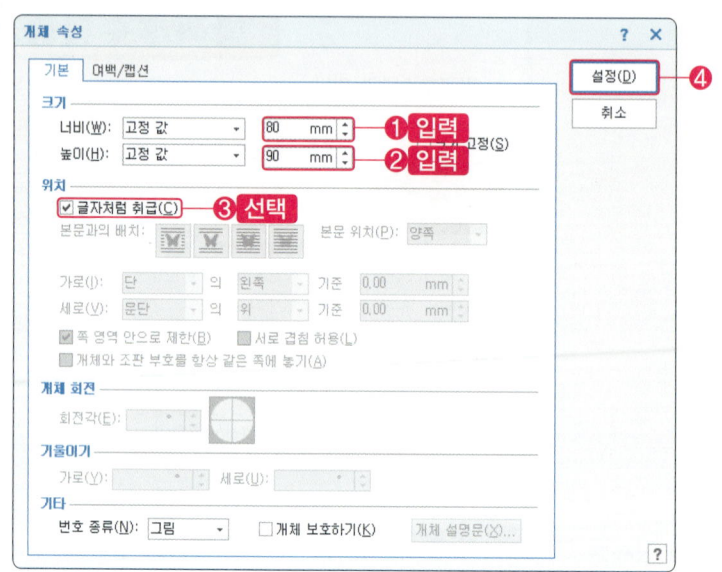

5 차트가 삽입되면 [Ctrl]+[X]를 눌러 차트를 잘라내기 한 후 맨 마지막 문단을 클릭한 다음 [Ctrl]+[V]를 눌러 차트를 붙여넣기 합니다.

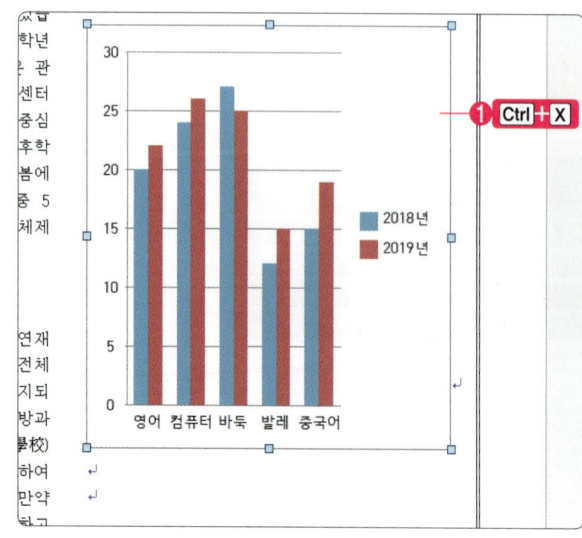
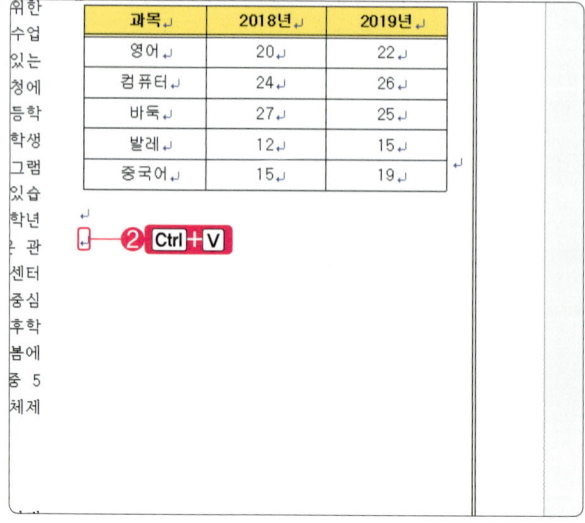

STEP 02 　 차트 모양 변경하기

1 차트를 **더블클릭**한 후 **마우스 오른쪽 버튼을 클릭**한 다음 바로가기 메뉴의 [**차트 마법사**]를 클릭합니다.

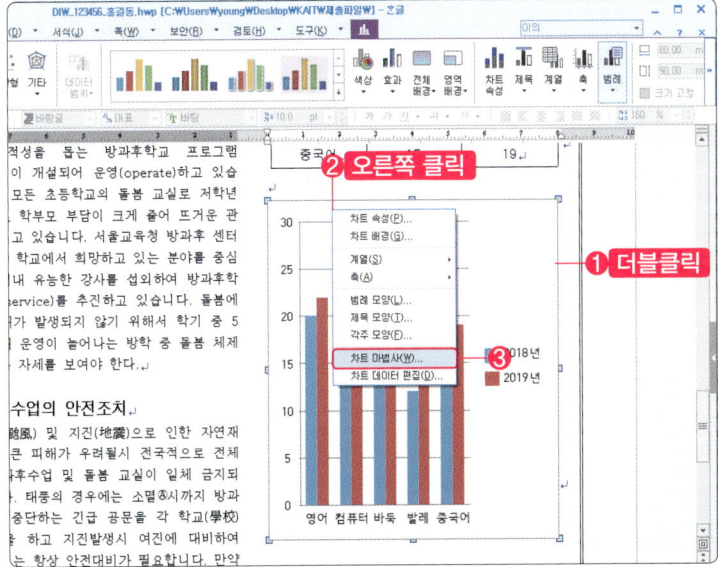

2 [차트 마법사 – 3단계 중 1단계] 대화상자가 나타나면 [표준 종류] 탭에서 **차트 종류(세로 막대형)를 선택**한 후 **차트 모양([묶은 세로 막대형])을 선택**한 다음 [**다음**]을 클릭합니다.

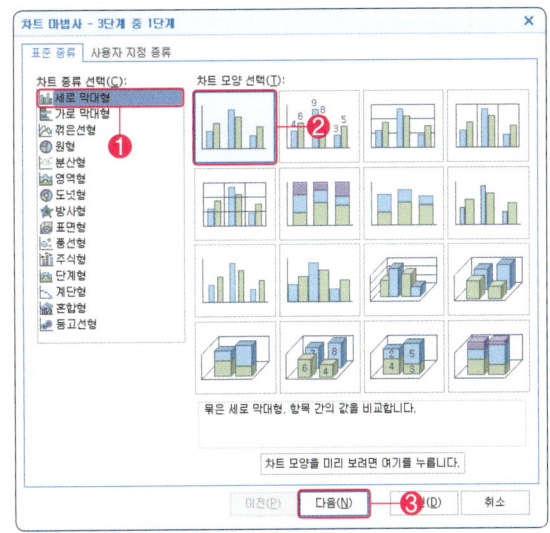

Tip
- 차트 종류 및 차트 모양은 시험지 출력 형태를 보고 수험자가 판단합니다.
- 자주 출제되는 '세로 막대형', '가로 막대형', '꺾은선형' 차트가 어느 것인지 미리 파악해 두는 것이 좋습니다.

3 [차트 마법사 – 3단계 중 2단계] 대화상자가 나타나면 [방향 설정] 탭에서 **차트 방향(열)을 선택**한 후 [**다음**]을 클릭합니다.

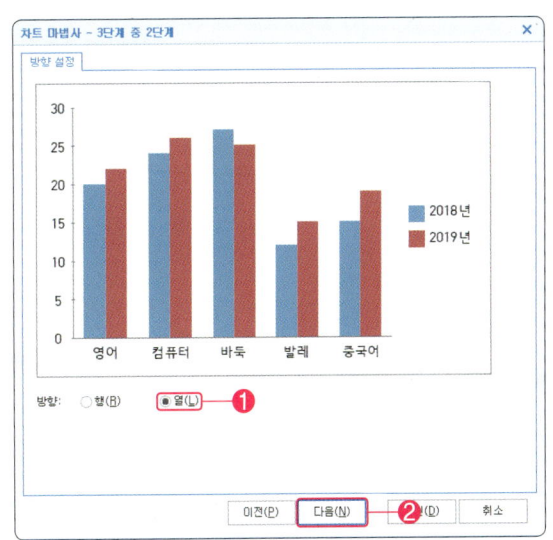

Chapter 07 · 차트 작성하기　**79**

4 [차트 마법사 – 마지막 단계] 대화상자가 나타나면 [제목] 탭에서 **차트 제목(방과후수업 과목별 인원통계)을 입력**합니다.

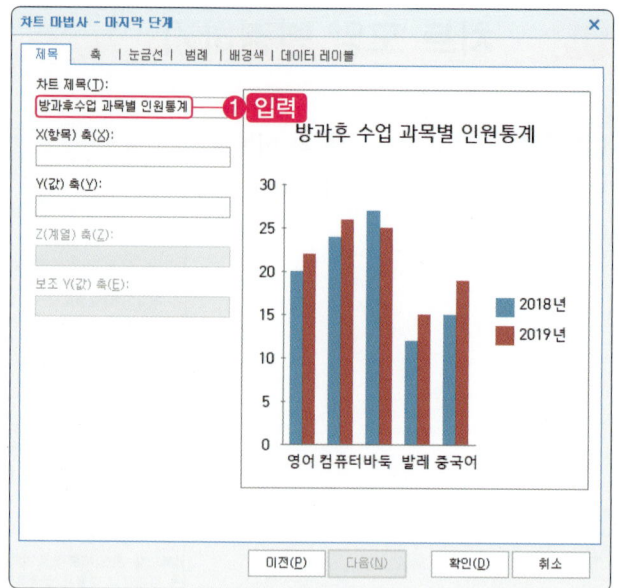

5 [범례] 탭을 클릭한 후 범례의 배치(아래쪽)를 선택한 다음 [확인]을 클릭합니다.

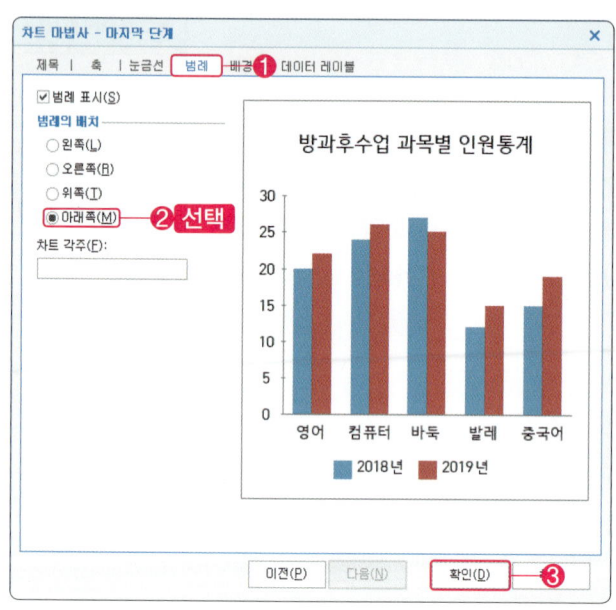

차트의 구성
❶ 차트 영역
❷ 그림 영역
❸ 차트 제목
❹ 범례
❺ 값 축
❻ 항목 축
❼ 데이터 요소

STEP 03 차트 제목 지정하기

1 차트 제목을 더블클릭합니다.

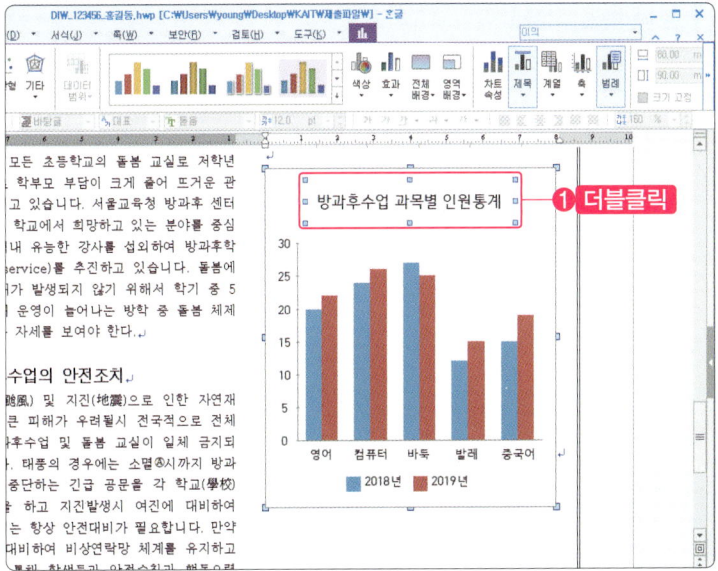

2 [제목 모양] 대화상자가 나타나면 [글자] 탭을 클릭한 후 글꼴(굴림체)을 선택한 다음 크기(12)를 입력하고 속성(가[진하게])을 선택한 후 [설정]을 클릭합니다.

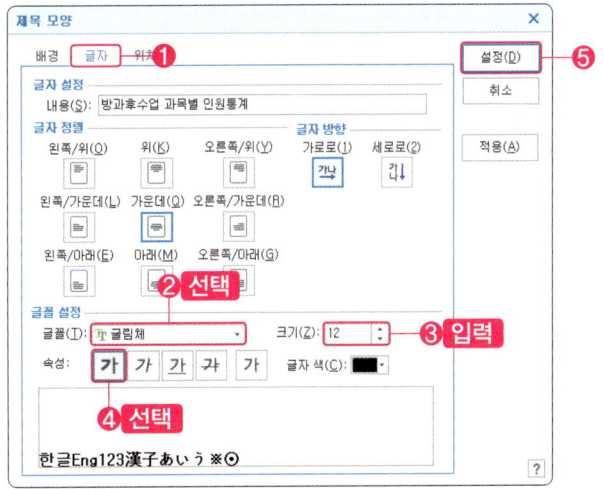

3 다음과 같이 차트 제목 모양이 변경됩니다.

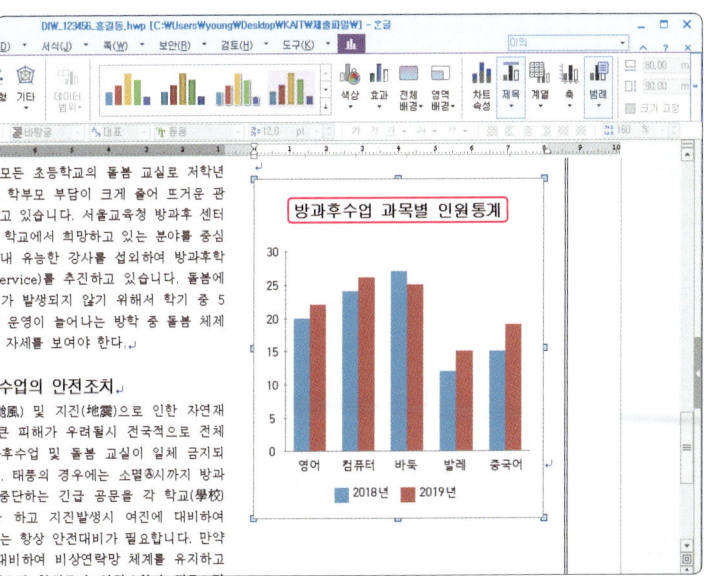

STEP 04 축 이름표 모양 및 범례 모양 지정하기

1 항목 축을 더블클릭합니다.

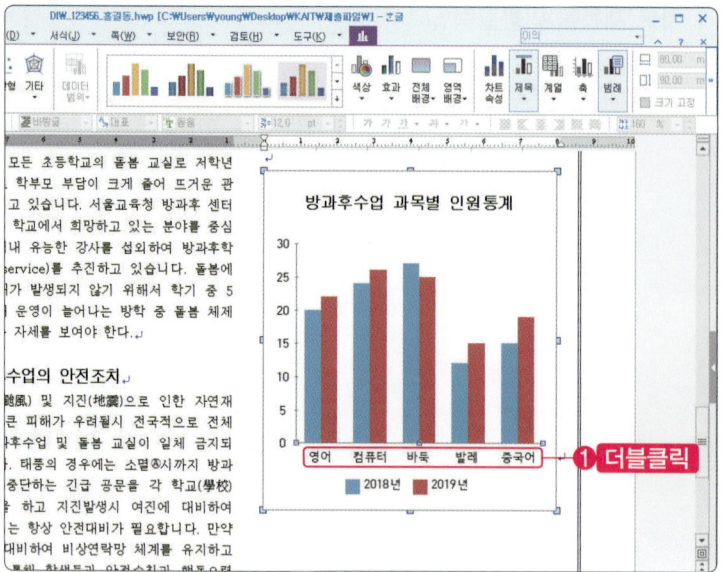

2 [축 이름표 모양] 대화상자가 나타나면 [글자] 탭을 클릭한 후 글꼴(굴림)을 선택한 다음 크기(9)를 입력하고 속성(가 [기울임])을 선택한 후 [설정]을 클릭합니다.

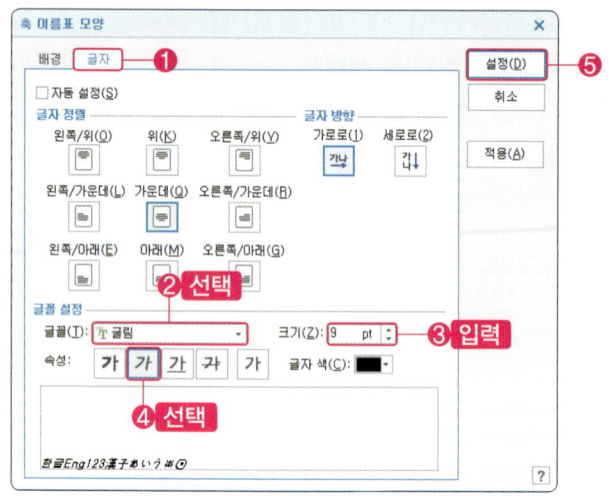

3 다음과 같이 항목 축 모양이 지정되면 값 축을 더블클릭합니다.

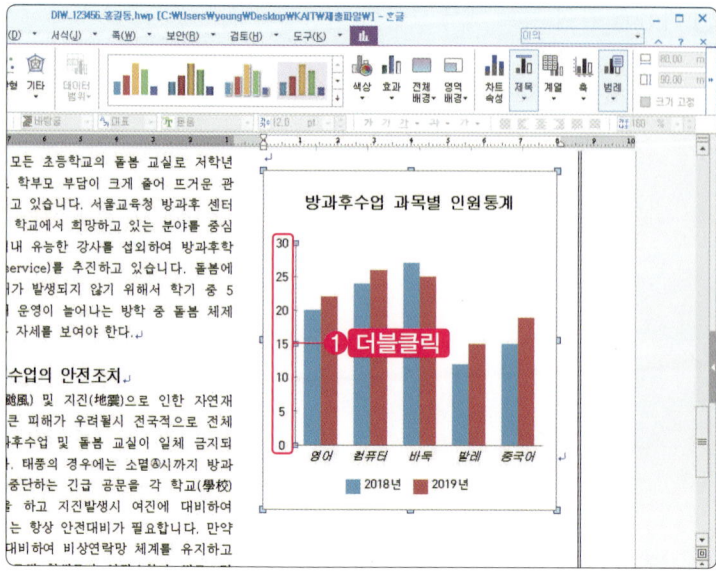

4 [축 이름표 모양] 대화상자가 나타나면 [글자] 탭을 클릭한 후 글꼴(굴림)을 선택한 다음 크기(9)를 입력하고 속성(*가*[기울임])을 선택한 후 [설정]을 클릭합니다.

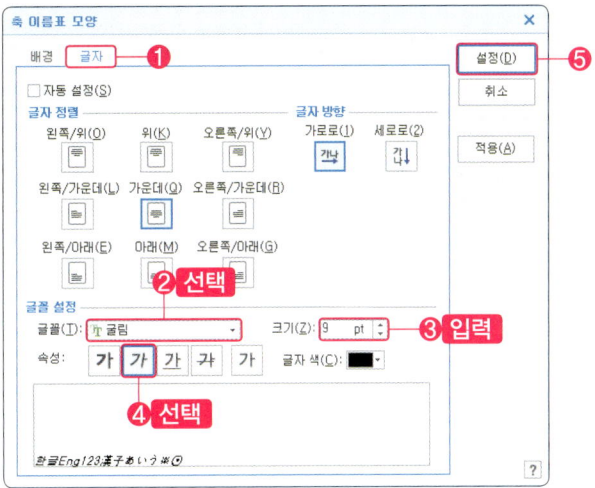

5 다음과 같이 값 축 모양이 지정되면 범례를 더블클릭합니다.

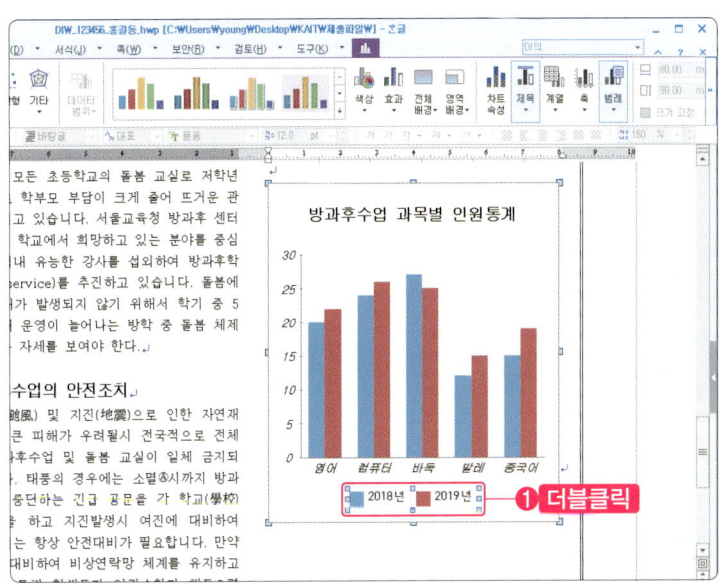

6 [범례 모양] 대화상자가 나타나면 [글자] 탭을 클릭한 후 글꼴(굴림)을 선택한 다음 크기(9)를 입력하고 속성(*가*[기울임])을 선택한 후 [설정]을 클릭합니다.

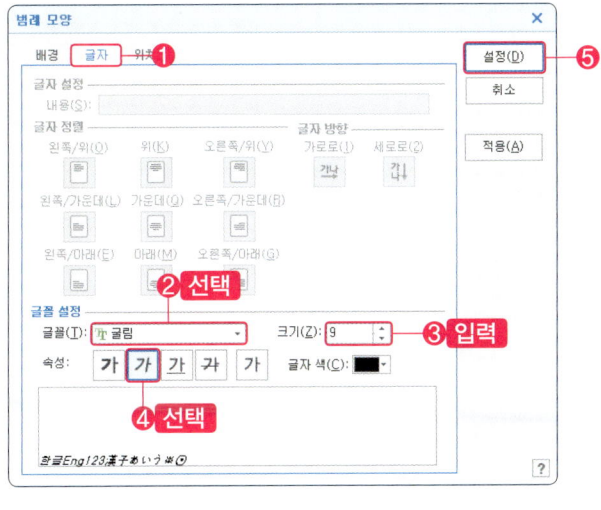
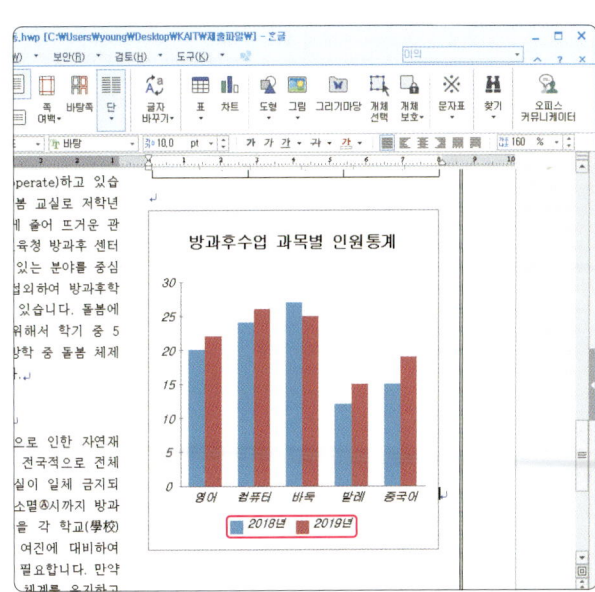

Chapter 07 • 차트 작성하기 **83**

문제유형 001 — 다음 표를 이용하여 차트를 작성해 보세요.

《작성조건》

구분	2020	2025
난방	49%	48%
산업	8%	8%
발전	1%	1%
수송	42%	43%

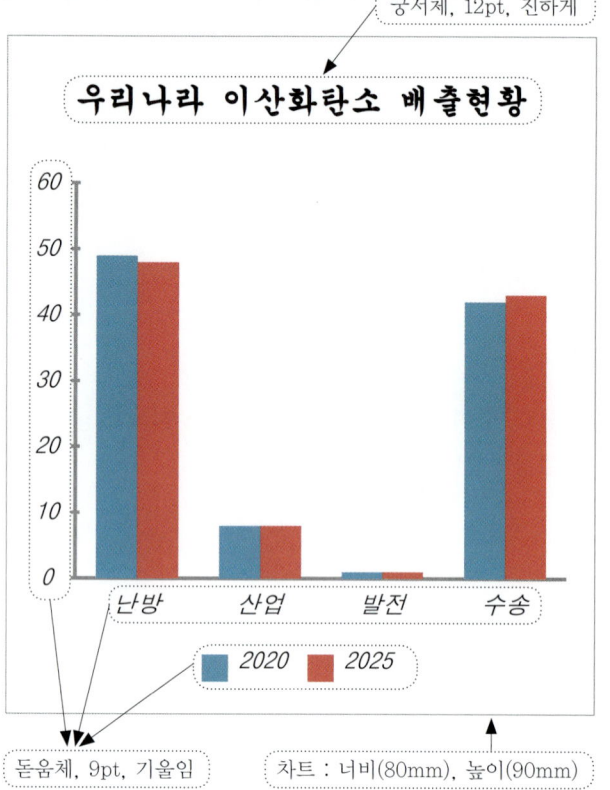

- 궁서체, 12pt, 진하게
- 돋움체, 9pt, 기울임
- 차트 : 너비(80mm), 높이(90mm)

문제유형 002 — 다음 표를 이용하여 차트를 작성해 보세요.

《작성조건》

구분	유기농산물	무농약농산물
2021년	96	320
2022년	107	444
2023년	115	554
2024년	109	880

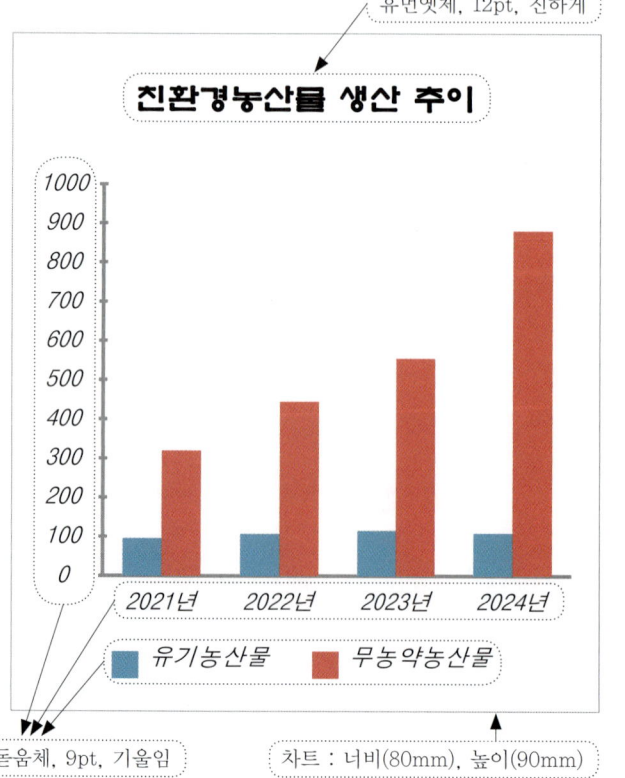

- 휴먼엣체, 12pt, 진하게
- 돋움체, 9pt, 기울임
- 차트 : 너비(80mm), 높이(90mm)

도자기 공예

1. 공예란?

공예(工藝)란 생활에 필요한 것을 아름답고 쓸모 있게 만드는 것을 의미한다. 즉, 실용적 물건에 장식적인 가치(Value)를 더하는 것이다. 공예는 장식품, 생활용품 등 우리 생활 곳곳에 스며들어 활용되며, 더 범위를 확대해보면 조경(造景)이나 건축물(A structure)에는 적용된다. 공예에 활용되는 재료는 나무, 흙, 금속, 유리, 섬유, 종이 등 다양하다. 공예는 그 시대의 생활양식이나 사람들의 요구에 따라 다양한 소재가 활용되며, 사용 목적에 따라 형태를 달리하고, 사용하는 계층에 따라 차이가 품격이 생기기도 한다. 따라서 공예는 생활에 스민 하나의 예술품인 동시에 시대 상황이나 유행(Trend), 사고(思考)를 보여주는 수단이기도 하다.

공예품 출품 및 선정 현황

구분	출품	선정
도자기	23	12
유리	7	3
리본	12	5
섬유	19	8
비즈	15	9

2. 도자기 공예

도자기는 질흙으로 빚어서 높은 온도에 구워낸 제품으로, 일반적으로 자기 또는 도기라고 부른다. 도기는 1300도 정도의 온도에서 구워내며, 윤기가 적고 불투명하다. 자기는 1300도 이상의 고온으로 구워내며, 광택(光澤)이 있고 두드리면 맑고 청아한 소리가 난다. 도자기는 직접 손으로 빚거나 타래(Ceramic Coiling)를 쌓아올려서 만들 수 있고, 물레 및 돌림판을 이용해 좌우 대칭형으로 만들기도 한다. 틀을 활용한 방법도 있는데 청동판이나 흙판을 이용해 모양을 찍어낸다. 도자기를 만드는 과정은 먼저, 성형 후 그늘에서 건조하고 800도 정도에서 초벌로 굽는다. 이후 그림을 그리고 유약ⓐ을 발라 다시 1200~1600도에서 구워 완성한다. 우리나라는 예로부터 도자기 공예가 발달하였으며 아름다움과 실용성(實用性)까지 함께 갖추고 있다. 대표적인 형태가 달항아리, 분청사기, 청화백자 등이다.

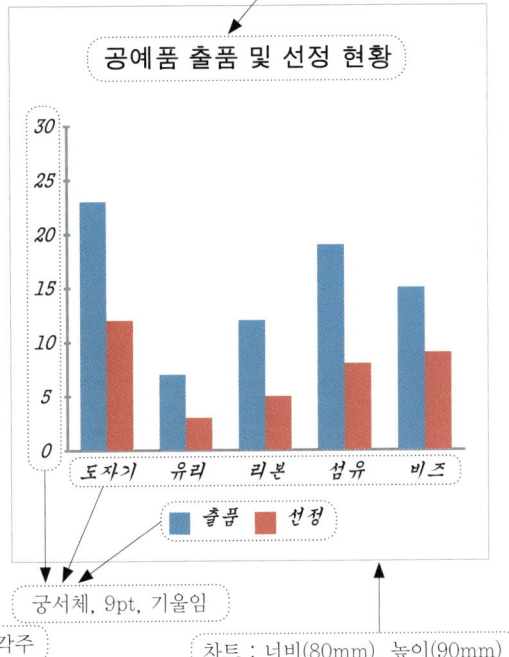

공예품 출품 및 선정 현황

ⓐ 도자기를 구울 때 덧씌우는 약

살아있는 갯벌

1. 갯벌의 가치

갯벌은 밀물과 썰물의 차이에 의해 생긴 지형으로, 조수(潮水)가 드나드는 바닷가의 넓고 평평한 땅을 말한다. 파도에 의해 운반되는 점토나 모래의 미세한 입자가 오랫동안 해역에 쌓여 만들어진다. 갯벌은 중요한 바다 생물의 서식처이면서, 어민들에게는 경제활동을 하는 삶의 터전이다. 갯벌은 밀물과 썰물이 수시로 드나들어 산소공급이 원활하고 유기물(有機物)이 많아 다양한 종류의 생물이 서식한다. 겉으로 보기에는 질척거리는 황토밭으로 보이지만 여러 바다 생물의 보물창고로 굴, 조개, 개불, 게 등 다양한 생물들이 살고 있다. 영국의 과학전문지인 네이처(Nature)에 의하면, 갯벌의 생태적 가치를 농경지의 100배 이상으로 평가하고 있다. 다양한 어류뿐만 아니라 철새들도 번식과 휴식을 위해 갯벌에 머무르기도 한다. 또한 다양한 미생물(Microorganism)의 화학 작용으로 육지에서 발생되는 여러 오염물과 독소들을 정화(淨化)시키는 기능도 하고 있다.

2. 우리나라의 갯벌

갯벌은 일반적으로 경사가 완만하여 조수와 간만의 차이가 심하고 바닷물에 의해 운반되는 퇴적물(堆積物)의 양이 많은 곳에 분포하며, 또한 파도의 힘이 약하고 해안선이 복잡한 곳에 더욱 잘 만들어진다. 3면이 바다인 우리나라는 갯벌의 분포(分布)가 많아 김이나 바지락 등의 생물이 풍부하다. 특히 서해안은 수심이 낮아 갯벌이 더욱 발달해 있으며 구불구불한 리아스식 해안(Rias coast)Ⓐ이 파도의 힘을 분산시켜 갯벌의 지형을 더 확산시킨다. 우리나라 서해안은 북해연안, 캐나다 동부연안, 미국 미시시피강 하구, 아마존강 하구와 함께 세계의 5대 갯벌로 꼽히고 있다.

Ⓐ 하천에 의해 침식된 육지가 침강하거나 해수면이 상승해 만들어진 해안

지역별 갯벌 면적(제곱킬로미터)

지역	2021년	2026년
경기	169	166
충남	359	357
전남	1037	1044
인천	704	710

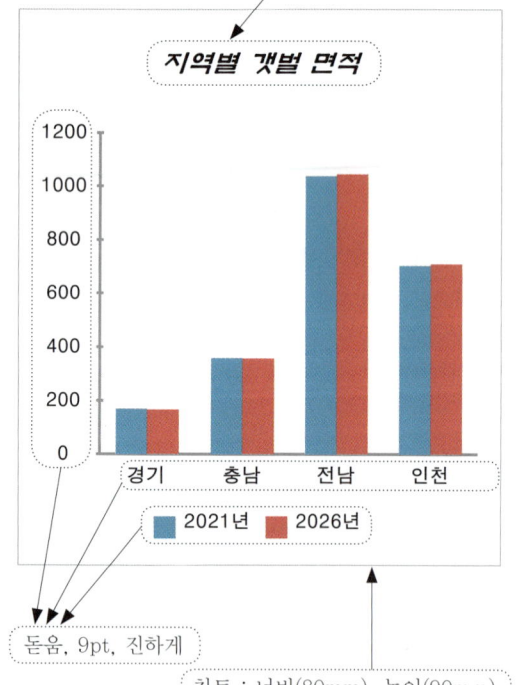

지역별 갯벌 면적

- 나 -

커피와 바리스타

1. 커피의 역사

커피의 기원에 대해서는 여러 가지 설이 있다. 가장 유명한 정설은 7세기 무렵 에티오피아의 칼디(Kaldi)라는 목동(牧童)에 의해 발견되었다는 것이다. 염소들이 빨간 열매를 먹고 흥분해서 뛰어다니는 모습을 본 칼디는 본인이 열매를 직접 먹고 보았고, 정신이 상쾌해지는 느낌을 받았다. 이를 수도승에게 전하면서 커피를 먹기 시작하였고, 졸음을 막아주고 기분을 상쾌하게 해주는 신비한 열매로 알려지게 되었다. 13세기 이전에는 성직자만 마실 수 있었으나 여러 전파 과정을 거치며 대중화되었다. 커피의 원산지(原産地)는 에티오피아(Ethiopia)로 초반에는 세력의 이슬람 보호를 받아 아라비아 지역에서만 유통되었으나 십자군전쟁 발발 이후 유럽에 전파되었다. 이후 인도네시아, 아시아 지역에 퍼져 나가며 케냐, 탄자니아 등의 지역에서도 재배(栽培)되기 시작하였다.

2. 바리스타(Barista)

커피를 제조하고 관리하는 사람을 바리스타라고 한다. 바리스타의 어원(語源)은 이탈리아어로 바(Bar) 안에 있는 사람이라는 뜻이며, 맛있고 품질 좋은 커피를 추출(抽出)하는 기술을 가진 사람을 의미한다. 상업적인 의미에서는 커피의 추출에서부터 품질관리, 커피에 대한 마케팅이나 매장 관리 전반을 책임지는 사람을 말한다. 바리스타에게 요구되는 능력은 다양하다. 최고 품질의 원두를 찾아내는 후각과 미각에서부터 고객의 취향을 맞추기 위한 커뮤니케이션(Communication) 능력과 고객만족 마인드도 겸비해야 한다. 즉, 기존의 단순한 커피 로스팅㉠을 하는 사람의 의미에서 독특한 커피맛을 구현하는 전문가로서 이미지가 강해지고 있다. 우리나라에서도 커피 열풍과 함께 바리스타는 각광받는 직업으로 떠오르고 있다.

㉠ 열을 가하여 특유의 맛과 향을 생성하는 공정

나라별 커피 생산량(천 톤)

구분	2021	2022	2023
인도네시아	577	683	645
페루	232	199	240
탄자니아	71	43	55

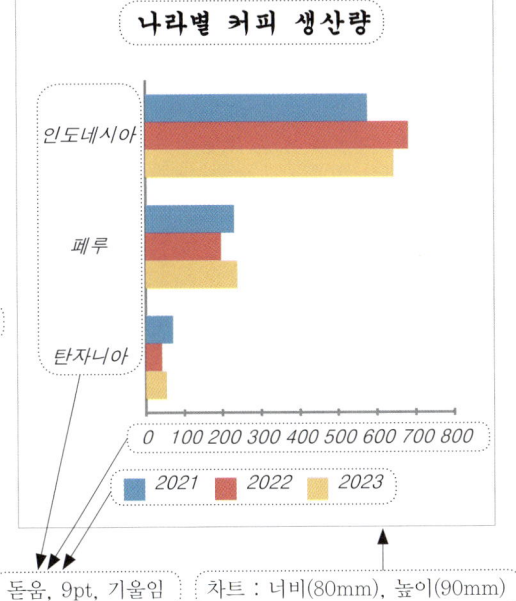

광고/매체/모바일 광고

1. 광고 매체

광고(Advertisement)란 기업이나 단체 또는 개인이 제품이나 서비스, 이념이나 정책(政策) 등을 널리 알리는 활동을 의미한다. 즉 사람들에게 관심을 끌어서 무엇인가를 알리는 행위를 말하는 것으로, 개별 기업의 영리를 위한 상업광고와 공공(公共)의 이익이나 목적 달성을 위한 공익광고 등으로 구분된다. 광고 매체는 광고를 게재하거나 방송하는 매개체의 역할을 하는 것으로, 광고의 노출 횟수와 유입자 수가 중요한 요소이다. 가장 많이 활용되는 4대 광고 매체는 TV, 라디오, 신문, 잡지이며, 이외에 지하철과 버스 등 대중교통 정류장, 건물 외부 현수막, 전광판, 스포츠 경기장, 비행물 등을 활용한 옥외(屋外) 광고 형태도 있다. 최근에는 온라인이나 모바일, 케이블, 위성, IPTV㉮ 등의 매체를 활용한 뉴미디어(New Media) 광고가 더욱 늘어나는 추세이다.

2. 모바일 광고

최근 스마트폰, 태블릿 PC, PDA(개인용 휴대 단말기) 등의 모바일 기기 보급이 확산되면서, 모바일 광고의 활용이 더욱 늘고 있다. 모바일 광고는 모바일 매체를 활용하므로 시간이나 장소의 구애(拘礙)를 받지 않고 원하는 사람들에게 음성이나 동영상 등 다양한 형태로 광고를 제공할 수 있다. 문자메시지 등 기존의 모바일 광고가 단순한 정보를 고객에게 일방적으로 전달하는 형태였다고 하면 최근에는 앱에서 모바일 이용자가 직접 원하는 정보를 검색하거나 소셜 네트워킹 서비스를 활용해 집단 간 정보를 공유하는 형태로 변화해 오고 있다. 이러한 요소 때문에 이용자의 거부감을 최소화하고 참여와 재미를 이끌어 낸다는 점에서 더욱 효과적(效果的)이다.

매체별 광고비 현황(억원)

년도	4대 매체	뉴미디어
2019	38	21
2020	44	26
2021	46	32
2022	43	36

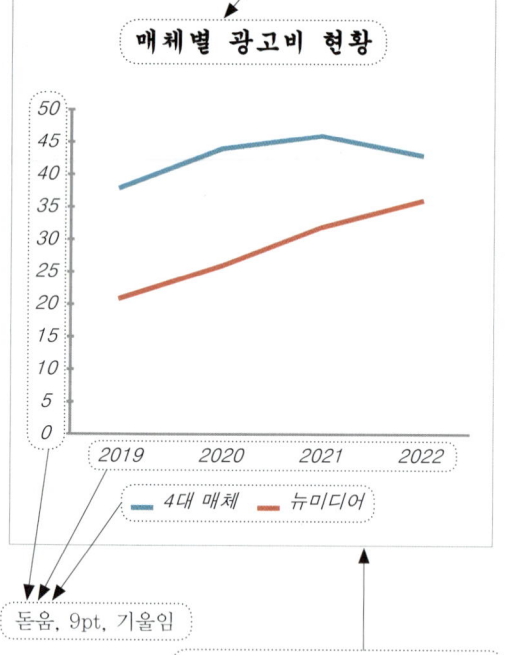

㉮ Internet Protocol Television의 약자로 초고속 인터넷을 기반으로 제공되는 양방향 텔레비전 서비스

PART 02

 실전모의고사

제 01 회 실전모의고사	제 09 회 실전모의고사
제 02 회 실전모의고사	제 10 회 실전모의고사
제 03 회 실전모의고사	제 11 회 실전모의고사
제 04 회 실전모의고사	제 12 회 실전모의고사
제 05 회 실전모의고사	제 13 회 실전모의고사
제 06 회 실전모의고사	제 14 회 실전모의고사
제 07 회 실전모의고사	제 15 회 실전모의고사
제 08 회 실전모의고사	

제 01 회 실전모의고사

한글 NEO/2010 버전용

- 시험과목 : 워드프로세서(한글)
- 시험일자 : 20XX. XX. XX(X)
- 응시자 기재사항 및 감독위원 확인

수 검 번 호	DIW - XXXX -	감독위원 확인
성 명		

응시자 유의사항

1. 응시자는 반드시 신분증을 지참하여야 시험에 응시할 수 있으며, 시험이 종료될 때까지 신분증을 제시하지 못 할 경우 해당 시험은 0점 처리됩니다.
2. 시스템(PC작동여부, 네트워크 상태 등)의 이상여부를 반드시 확인하여야 하며, 시스템 이상이 있을시 감독위원에게 조치를 받으셔야 합니다.
3. 시험 중 부주의 또는 고의로 시스템을 파손한 경우는 응시자 부담으로 합니다.
4. 답안 전송 프로그램을 통해 다운로드 받은 파일을 이용하여 답안파일을 작성하시기 바랍니다.
5. 작성한 답안 파일은 답안 전송 프로그램을 통하여 전송됩니다. 감독위원의 지시에 따라 주시기 바랍니다.
6. 다음사항의 경우 실격(0점) 혹은 부정행위 처리됩니다.
   1) 답안파일을 저장하지 않았거나, 저장한 파일이 손상되었을 경우
   2) 답안파일을 지정된 폴더(바탕 화면 – "KAIT" 폴더)에 저장하지 않았을 경우
      ※ 답안 전송 프로그램 로그인 시 바탕 화면에 자동 생성됨
   3) 답안파일을 다른 보조 기억장치(USB) 혹은 네트워크(메신저, 게시판 등)로 전송할 경우
   4) 휴대용 전화기 등 통신기기를 사용할 경우
7. 시험지에 제시된 글꼴이 응시 프로그램에 없는 경우, 반드시 감독위원에게 해당 내용을 통보한 뒤 조치를 받아야 합니다.
8. 시험의 완료는 작성이 완료된 답안을 저장하고, 답안 전송이 완료된 상태를 확인한 것으로 합니다. 답안 전송 확인 후 문제지는 감독위원에게 제출한 후 퇴실하여야 합니다.
9. 답안전송이 완료된 경우에는 수정 또는 정정이 불가능합니다.
10. 【 】안의 지시사항은 한글 2010 버전용입니다.
11. 시험시행 후 합격자 발표는 홈페이지(www.ihd.or.kr)에서 확인하시기 바랍니다.
    1) 문제 및 정답 공개 : 20XX. XX. XX(X)
    2) 성적 공개 : 20XX. XX. XX(X)

디지털정보활용능력 - 한글   [시험시간 : 40분]

【문제】 첨부된 문제를 다음의 조건을 적용하여 문서를 작성하시오.

① 문서는 A4(210mm×297mm) 크기, 세로 용지방향으로 작성한다.

② 페이지 여백은 아래와 같이 설정한다.

왼쪽	오른쪽	위쪽	아래쪽	머리말	꼬리말	제본
20mm	20mm	20mm	20mm	10mm	10mm	0mm

③ 한글 2016버전은 아래와 같이 "자동 글머리 기호 넣기"와 "자동 번호 매기기" 기능을 해제한다.

> 도구 → 빠른 교정 → 빠른 교정 내용 → 입력 자동 서식 ⇒ 자동 글머리 기호 넣기(해제)
> 자동 번호 매기기(해제)

※ 만약 입력자동서식 메뉴가 없는 경우에는, "자동 글머리 기호 넣기"와 "자동 번호 매기기" 기능이 설정되지 있지 않은 것이므로 별도의 기능 해제 없이 그대로 시험에 응시하시면 됩니다.

④ 글자는 별도의 지시사항이 없는 한 바탕, 10pt, 양쪽정렬, 줄간격 160%로 작성한다.

⑤ 영문, 숫자 등은 별도의 지시가 없는 한 반각(1byte) 문자를 사용한다.

⑥ 특수문자는 문사표(진각 기호)를 이용하여 작성한다.

⑦ 교정부호 및 화살표로 기재된 지시사항대로 처리하되, ⟶ 은 지시사항이므로 작성하지 않는다.

⑧ 1페이지에 [문제1]을 작성하고, 구역을 나누어 2페이지에 [문제2]를 작성한다.

 ※ 해당 페이지에 작성하지 않거나 의도적으로 텍스트 작성을 하지 않은 경우 0점 처리

⑨ [문제2]는 문제지와 같이 글상자 아랫줄부터 2단으로 다단을 나누어 작성한다.

⑩ '그림 삽입'시에는 반드시 "KAIT 수검프로그램"을 통해 다운로드 한 그림 파일을 사용한다.

⑪ 차트 범례는 기본값으로 작성한다.(선 모양 없음)

⑫ 총점 : 200점

 [공통사항1(기본설정, 용지설정)] : 8점, [공통사항2(오탈자)] : 40점

 [문제1] : 46점, [문제2] : 106점

⑬ 기타 특별히 지시되어 있지 않은 사항은 문제지에 준하여 작성한다.

제17회인정시북페스티벌

인정시가 주최하고 인정시립대학교가 주관하는 '제17회 인정시 북페스티벌' 행사가 인정시립대학교 야외 무대에서 개최됩니다. 북페스티벌은 시민들이 쉽게 책을 접하고 읽는 습관이 자연스러운 일상생활로 연결되어 독서가 생활화된 문화도시 조성을 위해 2009년부터 진행되어 왔습니다. 오는 30일부터 이틀간의 일정으로 진행되는 본 행사는 작은 음악회, 작가와의 만남, 북아트 체험 및 전시, 출판사와의 만남, 책 교환 장터 등의 수준 높은 프로그램을 갖춘 주민 참여 행사로 구성됩니다. 아동과 학부모, 학생, 시민들에게 독서를 체험하고 느끼는 새로운 문화를 선보일 예정이오니 이번 행사에 많은 참여 바랍니다.

♣ 행사안내 ♣

1. 행사기간 : 2025년 10월 30일(금) ~ 11월 01일(토)
2. 행사장소 : 인정시립대학교 야외무대
3. 행사후원 : 인정시, 인정시립대학교
4. 프로그램 : 전시, 강연, 북 콘서트, 도서 교환 장터
5. 문 의 처 : 북페스티벌 행사 담당자(02-123-4567)

※ 기타사항
- 자세한 행사일정은 인정시립대학교 홈페이지(http://www.diat.or.kr) 공지사항을 확인 바랍니다.
- 이틀간 오전 10시부터 오후 4시까지 행사가 진행되며 책 교환 장터에서는 헌 책을 가져오면 새 책으로 교환할 수 있사오니 이용하실 분들은 준비해오시기 바랍니다.
- 안전하고 깨끗한 행사를 위해 행사장 내에는 음식물 반입이 금지되오니 이점 양해 바랍니다.

2025. 10. 24.

인정시립대학교 총무팀

베스트와 스테디

연평균 성인 독서량 추이

연도	독서량(단위 : 권)
2019	9.3
2020	10.0
2021	11.0
2022	11.9
2023	12.1
2024	11.9

1. 베스트셀러

베스트셀러(Best Seller)는 일정 기간에 가장 많이 팔리는 책들을 가리킨다. 1895년에 창간된 미국의 문예비평지 북맨(Bookman)이 '베스트셀링 북스(Best Selling Books)'라는 목록을 만들어 게재한 것이 그 시초(始初)이다. 이로부터 '베스트셀러'라는 말이 유래(由來)하여 1920년대에는 국제적으로 널리 사용되었으며 한국에서도 1945년 광복 이후부터 베스트셀러라는 말이 사용되었다. 베스트셀러는 출판문화의 발달과 유통 시장의 확대를 반영하는 현상으로서 자본주의적 독서의 사회적 측면을 강조한다. 베스트셀러를 만드는 가장 핵심적인 속성은 상업성, 상품성이기 때문에 진솔하고 성숙한 글쓰기와 거리가 먼 사례들이 쉽게 눈에 띈다. 그러나 상업적으로 성공한 작품이라고 해서 반드시 저급(低級)하고 미숙한 작품이라고 할 수는 없다. 그런 점에서 베스트셀러와 훌륭한 작품의 양립(兩立)이 불가능한 것은 아니다. 100만부 이상 판매된 책은 밀리언셀러라고도 부른다.

2. 스테디셀러

스테디셀러(Steady Seller)는 오랜 기간에 걸쳐 안정적으로 꾸준히 잘 팔리는 책을 말한다. 베스트셀러 순위에 비교적 오래 올라 있는 책도 스테디셀러라고 할 수 있겠지만 높은 순위에 오르지 못하더라도 충분히 수요(需要)가 있어 꾸준히 찍어내는 책이라든가 독자의 수요가 오래 이어지는 책이라면 스테디셀러라고 볼 수 있다. 스테디셀러는 지속해서 꾸준하게 잘 팔린다는 점에서 일회성, 일과성을 주요 속성으로 하는 베스트셀러와 구별된다. 한국의 스테디셀러는 최인훈의 '광장', 박경리의 '토지', 황석영의 '장길산', 김주영의 '객주' 등을 들 수 있으며 세계적인 스테디셀러는 성서, 이솝우화, 로빈슨 크루소Ⓐ 등이다.

Ⓐ 영국의 작가 다니엘 디포의 장편소설

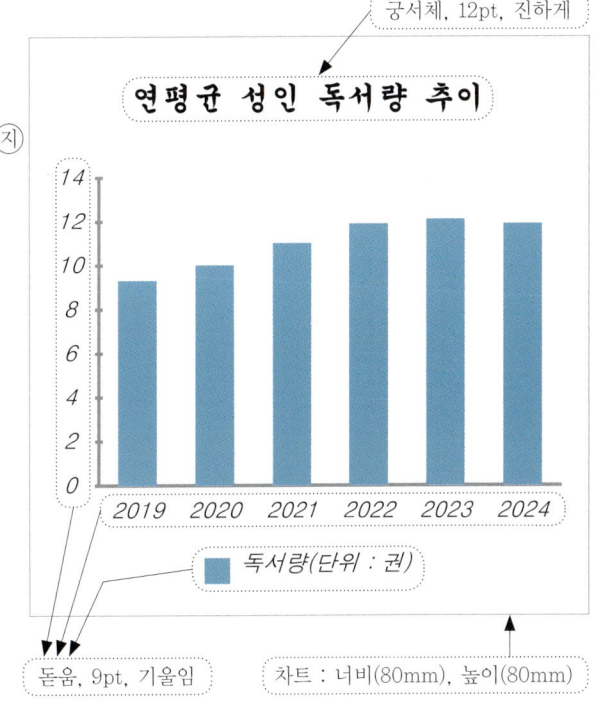

제  실전모의고사

- 시험과목 : 워드프로세서(한글)
- 시험일자 : 20XX. XX. XX(X)
- 응시자 기재사항 및 감독위원 확인

수 검 번 호	DIW - XXXX -	감독위원 확인
성 명		

응시자 유의사항

1. 응시자는 반드시 신분증을 지참하여야 시험에 응시할 수 있으며, 시험이 종료될 때까지 신분증을 제시하지 못 할 경우 해당 시험은 0점 처리됩니다.
2. 시스템(PC작동여부, 네트워크 상태 등)의 이상여부를 반드시 확인하여야 하며, 시스템 이상이 있을시 감독위원에게 조치를 받으셔야 합니다.
3. 시험 중 부주의 또는 고의로 시스템을 파손한 경우는 응시자 부담으로 합니다.
4. 답안 전송 프로그램을 통해 다운로드 받은 파일을 이용하여 답안파일을 작성하시기 바랍니다.
5. 작성한 답안 파일은 답안 전송 프로그램을 통하여 전송됩니다. 감독위원의 지시에 따라 주시기 바랍니다.
6. 다음사항의 경우 실격(0점) 혹은 부정행위 처리됩니다.
    1) 답안파일을 저장하지 않았거나, 저장한 파일이 손상되었을 경우
    2) 답안파일을 지정된 폴더(바탕 화면 – "KAIT" 폴더)에 저장하지 않았을 경우
        ※ 답안 전송 프로그램 로그인 시 바탕 화면에 자동 생성됨
    3) 답안파일을 다른 보조 기억장치(USB) 혹은 네트워크(메신저, 게시판 등)로 전송할 경우
    4) 휴대용 전화기 등 통신기기를 사용할 경우
7. 시험지에 제시된 글꼴이 응시 프로그램에 없는 경우, 반드시 감독위원에게 해당 내용을 통보한 뒤 조치를 받아야 합니다.
8. 시험의 완료는 작성이 완료된 답안을 저장하고, 답안 전송이 완료된 상태를 확인한 것으로 합니다. 답안 전송 확인 후 문제지는 감독위원에게 제출한 후 퇴실하여야 합니다.
9. 답안전송이 완료된 경우에는 수정 또는 정정이 불가능합니다.
10. 【 】안의 지시사항은 한글 2010 버전용입니다.
11. 시험시행 후 합격자 발표는 홈페이지(www.ihd.or.kr)에서 확인하시기 바랍니다.
    1) 문제 및 정답 공개 : 20XX. XX. XX(X)
    2) 성적 공개 : 20XX. XX. XX(X)

디지털정보활용능력 – 한글　　[시험시간 : 40분]

【문제】 첨부된 문제를 다음의 조건을 적용하여 문서를 작성하시오.

① 문서는 A4(210mm×297mm) 크기, 세로 용지방향으로 작성한다.

② 페이지 여백은 아래와 같이 설정한다.

왼쪽	오른쪽	위쪽	아래쪽	머리말	꼬리말	제본
20mm	20mm	20mm	20mm	10mm	10mm	0mm

③ 한글 2016버전은 아래와 같이 "자동 글머리 기호 넣기"와 "자동 번호 매기기" 기능을 해제한다.

도구 → 빠른 교정 → 빠른 교정 내용 → 입력 자동 서식 ⇒ 자동 글머리 기호 넣기(해제) / 자동 번호 매기기(해제)

※ 만약 입력자동서식 메뉴가 없는 경우에는, "자동 글머리 기호 넣기"와 "자동 번호 매기기" 기능이 설정되지 있지 않은 것이므로 별도의 기능 해제 없이 그대로 시험에 응시하시면 됩니다.

④ 글자는 별도의 지시사항이 없는 한 바탕, 10pt, 양쪽정렬, 줄간격 160%로 작성한다.

⑤ 영문, 숫자 등은 별도의 지시가 없는 한 반각(1byte) 문자를 사용한다.

⑥ 특수문자는 문자표(전각 기호)를 이용하여 작성한다.

⑦ 교정부호 및 화살표로 기재된 지시사항대로 처리하되, ⬚⟶ 은 지시사항이므로 작성하지 않는다.

⑧ 1페이지에 [문제1]을 작성하고, 구역을 나누어 2페이지에 [문제2]를 작성한다.

　※ 해당 페이지에 작성하지 않거나 의도적으로 텍스트 작성을 하지 않은 경우 0점 처리

⑨ [문제2]는 문제지와 같이 글상자 아랫줄부터 2단으로 다단을 나누어 작성한다.

⑩ '그림 삽입'시에는 반드시 "KAIT 수검프로그램"을 통해 다운로드 한 그림 파일을 사용한다.

⑪ 차트 범례는 기본값으로 작성한다.(선 모양 없음)

⑫ 총점 : 200점

　[공통사항1(기본설정, 용지설정)] : 8점, [공통사항2(오탈자)] : 40점

　[문제1] : 46점, [문제2] : 106점

⑬ 기타 특별히 지시되어 있지 않은 사항은 문제지에 준하여 작성한다.

혼불학생문학상공모전안내

최명희 문학관과 혼불기념사업회에서는 *제15회 혼불학생문학상 공모전을 개최*합니다. 혼불학생문학상 공모전은 자랑스러운 문화자산인 소설 '혼불'을 통해 잃어버린 우리 통속과 모국어의 아름다움을 알리고, 최명희 작가의 문학 열정을 기리기 위해 2011년부터 시작되었습니다. 본 공모전은 다음 세대의 희망인 청소년들에게 글의 가치와 바른 글쓰기를 스스로 일깨우고, 우리 문학의 자긍심을 갖도록 하는 취지를 함께 담고 있습니다. 우리의 고유한 문화유산에 대한 내용을 담은 스토리텔링 형태의 문학 작품을 찾고 있는 이번 공모전에 한국 문학을 이끌어 갈 우수한 학생들의 많은 관심과 참여 바랍니다.

☐ 공모안내 ☐

1. 공모주제 : 전라북도 왕 또는 왕비의 흔적
2. 공모대상 : 현재 고등학교에 재학 중인 학생
3. 공모형식 : *산문(수필, 소설, 희곡, 취재기 등)*
4. 제출분량 : A4용지 2장(200자 원고지 15매 정도)
5. 접수기간 : 2025. 09. 22(월) ~ 10. 24(금)

※ 기타사항
- 공모전 결과발표는 10월 다섯째 주, 시상식은 11월 넷째 주에 시행할 예정입니다.
- 작품 접수는 이메일을 이용하거나 방문 및 우편(마감일 이전 도착분에 한함)으로 가능합니다.
- 작품 표지에 제목과 이름, 학교, 학년, 연락처, 주소 등을 반드시 기재해야 하며 공모전에 관련된 자세한 사항은 홈페이지(http://www.diat.or.kr)를 참고하시기 바랍니다.

2025. 09. 20.

혼불학생문학상준비위원회

혼불과 최명희

1. 혼불

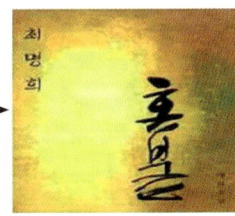

소설가 최명희가 1980년 4월부터 1996년 12월까지 17년 동안 혼신을 바친 대하소설이다. 혼불은 크게 제1부 흔들리는 바람, 제2부 평토제, 제3부 아소 님하, 제4부 꽃심을 지닌 땅, 제5부 거기서는 사람들이로 구성되어 있지만 한 권 한 권이 각자 제목을 가져 단행본처럼 여겨지기도 한다. 혼불의 시대적 배경은 일제 강점기이며 사매면 매안마을의 가문을 지키려는 유서 깊은 양반가의 종부(宗婦) 3대와 민촌 사람들의 거멍굴 이야기를 통해 우리 선조들의 정신(Mentality)과 숨결(Breath), 염원과 애증을 우리의 아름다운 가락으로 생생하게 그려냈다. 특히 우리 민족의 세시풍속, 관혼상제, 음식, 노래 등 민속학적, 인류학적 기록을 철저한 고증Ⓐ을 통해 생생하게 복원했으며 한국문학사에 길이 남을 뿐만 아니라 한국문학의 새 지평(地平)을 연 기념비적인(Monumental) 작품이다.

2. 작가 최명희

1947년 전라북도 전주에서 출생했다. 1972년 전북대학교 국어국문학과를 졸업하고 전주 기전여고와 서울 보성여고에서 국어교사로 재직하였다. 1980년 중앙일보 신춘문예에 단편 '쓰러지는 빛'이 당선되어 등단하였고, 이듬해 동아일보 창간(創刊) 60주년 기념 장편소설(長篇小說) 공모전에서 혼불(제1부)이 당선되어 문단의 주목을 받았다. 이후 1988년 9월부터 1995년 10월까지 만 7년 2개월 동안 월간 신동아에 혼불 제2부에서 제5부까지를 연재, 국내(國內) 월간지 사상 최장 연재 기록을 세웠으며 전 5부 10권으로 출간되었다. 책이 출간(Publication)되자 일부 언론에서는 완간이라는 표현을 썼으나, 당시 작가는 "쓰면 쓸수록 이야기가 샘솟듯 흘러나와 20권이 될지 30권이 될지 짐작을 할 수가 없다"고 덧붙였다.

공모전 참가 현황(단위 : 명)

회차	학생부	일반부
1회	76	46
2회	83	38
3회	102	65
4회	135	71

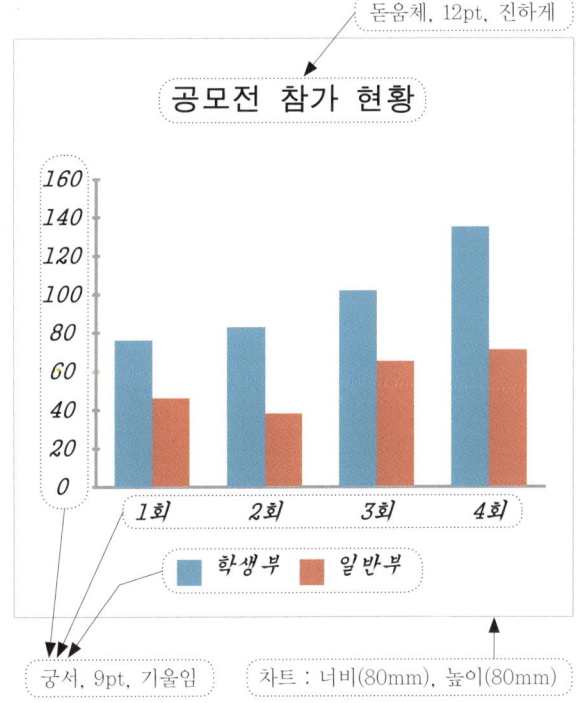

Ⓐ 옛 문헌 등을 상고하여 증거를 가지고 밝힘

한글 NEO/2010 버전용

제 03 회 실전모의고사

- 시험과목 : 워드프로세서(한글)
- 시험일자 : 20XX. XX. XX(X)
- 응시자 기재사항 및 감독위원 확인

수 검 번 호	DIW - XXXX -	감독위원 확인
성 명		

응시자 유의사항

1. 응시자는 반드시 신분증을 지참하여야 시험에 응시할 수 있으며, 시험이 종료될 때까지 신분증을 제시하지 못 할 경우 해당 시험은 0점 처리됩니다.
2. 시스템(PC작동여부, 네트워크 상태 등)의 이상여부를 반드시 확인하여야 하며, 시스템 이상이 있을시 감독위원에게 조치를 받으셔야 합니다.
3. 시험 중 부주의 또는 고의로 시스템을 파손한 경우는 응시자 부담으로 합니다.
4. 답안 전송 프로그램을 통해 다운로드 받은 파일을 이용하여 답안파일을 작성하시기 바랍니다.
5. 작성한 답안 파일은 답안 전송 프로그램을 통하여 전송됩니다. 감독위원의 지시에 따라 주시기 바랍니다.
6. 다음사항의 경우 실격(0점) 혹은 부정행위 처리됩니다.
    1) 답안파일을 저장하지 않았거나, 저장한 파일이 손상되었을 경우
    2) 답안파일을 지정된 폴더(바탕 화면 – "KAIT" 폴더)에 저장하지 않았을 경우
        ※ 답안 전송 프로그램 로그인 시 바탕 화면에 자동 생성됨
    3) 답안파일을 다른 보조 기억장치(USB) 혹은 네트워크(메신저, 게시판 등)로 전송할 경우
    4) 휴대용 전화기 등 통신기기를 사용할 경우
7. 시험지에 제시된 글꼴이 응시 프로그램에 없는 경우, 반드시 감독위원에게 해당 내용을 통보한 뒤 조치를 받아야 합니다.
8. 시험의 완료는 작성이 완료된 답안을 저장하고, 답안 전송이 완료된 상태를 확인한 것으로 합니다. 답안 전송 확인 후 문제지는 감독위원에게 제출한 후 퇴실하여야 합니다.
9. 답안전송이 완료된 경우에는 수정 또는 정정이 불가능합니다.
10. 【 】안의 지시사항은 한글 2010 버전용입니다.
11. 시험시행 후 합격자 발표는 홈페이지(www.ihd.or.kr)에서 확인하시기 바랍니다.
    1) 문제 및 정답 공개 : 20XX. XX. XX(X)
    2) 성적 공개 : 20XX. XX. XX(X)

디지털정보활용능력 - 한글 [시험시간 : 40분]

【문제】 첨부된 문제를 다음의 조건을 적용하여 문서를 작성하시오.

① 문서는 A4(210mm×297mm) 크기, 세로 용지방향으로 작성한다.

② 페이지 여백은 아래와 같이 설정한다.

왼쪽	오른쪽	위쪽	아래쪽	머리말	꼬리말	제본
20mm	20mm	20mm	20mm	10mm	10mm	0mm

③ 한글 2016버전은 아래와 같이 "자동 글머리 기호 넣기"와 "자동 번호 매기기" 기능을 해제한다.

도구 → 빠른 교정 → 빠른 교정 내용 → 입력 자동 서식 ⇒ 자동 글머리 기호 넣기(해제) / 자동 번호 매기기(해제)

※ 만약 입력자동서식 메뉴가 없는 경우에는, "자동 글머리 기호 넣기"와 "자동 번호 매기기" 기능이 설정되지 있지 않은 것이므로 별도의 기능 해제 없이 그대로 시험에 응시하시면 됩니다.

④ 글자는 별도의 지시사항이 없는 한 바탕, 10pt, 양쪽정렬, 줄간격 160%로 작성한다.

⑤ 영문, 숫자 등은 별도의 지시가 없는 한 반각(1byte) 문자를 사용한다.

⑥ 특수문자는 문자표(전각 기호)를 이용하여 작성한다.

⑦ 교정부호 및 화살표로 기재된 지시사항대로 처리하되, ⬚──▶ 은 지시사항이므로 작성하지 않는다.

⑧ 1페이지에 [문제1]을 작성하고, 구역을 나누어 2페이지에 [문제2]를 작성한다.

※ 해당 페이지에 작성하지 않거나 의도적으로 텍스트 작성을 하지 않은 경우 0점 처리

⑨ [문제2]는 문제지와 같이 글상자 아랫줄부터 2단으로 다단을 나누어 작성한다.

⑩ '그림 삽입'시에는 반드시 "KAIT 수검프로그램"을 통해 다운로드 한 그림 파일을 사용한다.

⑪ 차트 범례는 기본값으로 작성한다.(선 모양 없음)

⑫ 총점 : 200점

[공통사항1(기본설정, 용지설정)] : 8점, [공통사항2(오탈자)] : 40점

[문제1] : 46점, [문제2] : 106점

⑬ 기타 특별히 지시되어 있지 않은 사항은 문제지에 준하여 작성한다.

학교교육과정설명회

무더위 속에서도 학부모님 댁내 두루 평안하시기를 기원합니다. 지난 한 해 동안 학교 교육활동에 적극적으로 참여해 주시고 자녀들의 뒷바라지를 위하여 애쓰신 **학부모님의 노고에 *진심으로 감사*** 드립니다. 본교의 전 교직원들도 늘 새싹을 가꾸는 심정으로 학생들을 성심성의껏 보살피며 가르치고 있습니다. 다름이 아니옵고 우리 학생들을 더욱더 씩씩하고 슬기롭게 지도하기 위한 교육의 방향과 방법을 모색하고자 학부모님 총회를 아래와 같이 갖고자 합니다. 학부모님께서는 한 분도 빠짐없이 참석하셔서 2015학년도 2학기 학교 운영 방침도 들으시고 학교에 건의 내용도 말씀해 주시는 모임이 되기를 바랍니다.

◉ 행사안내 ◉

1. 행사일시 : 2023년 8월 21일(월) 오후 6시 30분
2. 행사장소 : 렉스초등학교 본관 2층 영어체험실
3. 행사대상 : 렉스초등학교 학부모님
4. 접 수 처 : 본교 행정실(당일 접수)
5. 행사내용 : *1학기 교육실적 보고, 2학기 학교 교육과정 및 학교 행사 안내*

※ 기타사항
- 2학기 학교 교육과정 안내 전에 학부모님 대상 학교폭력 예방 강의가 있습니다.
- 총회를 마친 후에는 학부모 봉사 모임인 '어울림'에 대한 안내가 있을 예정입니다.
- 보다 자세한 사항은 홈페이지(http://www.rexmedia.net)를 참고하시거나 담당자(02-849-4423)에게 문의하여 주시기 바랍니다.

2023. 08. 19.

렉스초등학교장

교육과정

1. 교육과정

교육과정(敎育課程) 또는 커리큘럼(Curriculum)은 일정한 교육의 목적에 맞추고, 교육 내용과 정해진 수업의 교육 및 학습을 종합적으로 계획한 것을 말한다. 보통 학생의 경우 초등학교부터 대학교에 이르기까지 학년마다 학습 상황을 시간표로 정리해 두는 데 이것도 교육과정의 일부라 할 수 있다. 교육과정은 단지 교육과정의 분야(分野)에 한정하지 않고 보다 넓은 의미(Meaning)로 교육의 목적과 교육 내용, 교수 활동 및 자세까지 확장하여 말할 수 있으며 교육 접근 자세 자체도 교육과정으로 파악할 수 있다. 또한 교육과정은 그 사회의 이념(理念)과 맞아야 하는 철학적 기초, 사회적 상황에 적합한 사회적 기초, 학생들의 발달단계에 적합해야 하는 심리적 기초 등의 토대 위에서 교육할 수 있도록 구성되어야 한다.

2. 교육부

교육부는 학교 교육(School Education), 평생 교육 및 학술Ⓐ에 관한 사무를 관장하는 행정기관이다. 장관과 차관이 있고 장관 밑에 정책보좌관과 대변인(Spokesperson), 차관 밑에 감사관과 사회정책협력관이 있으며 크게 기획조정실, 학교정책실, 대학정책실로 구성되어 있다. 주요 업무(業務)는 교육에 관한 중장기 발전계획의 수립, 초중등학교 교육제도 및 입학제도의 개선, 고등교육 기본정책의 수립 및 시행, 공교육 정상화 정책의 수립 및 시행, 지방교육자치제도 기본정책의 수립 및 제도 개선, 인재개발 정책(政策)의 기획 및 총괄 등을 비롯한 학교 교육과 평생 교육, 인적 자원 개발정책 및 학술에 관한 사무를 관장하는 것이다. 소속기관으로 국사편찬위원회, 국립특수교육원, 중앙교육연수원, 교원소청심사위원회, 국립국제교육원, 대한민국학술원 등이 있다.

Ⓐ 학문과 기술을 아울러 이르는 말

IMD 교육경쟁력 순위

구분	2021년	2022년
한국	25	31
미국	18	23
일본	28	28
독일	22	19
중국	45	39

한글 NEO/2010 버전용

제 04 회 실전모의고사

- 시험과목 : 워드프로세서(한글)
- 시험일자 : 20XX. XX. XX(X)
- 응시자 기재사항 및 감독위원 확인

Ⓓ

수 검 번 호	DIW - XXXX -	감독위원 확인
성 명		

응시자 유의사항

1. 응시자는 반드시 신분증을 지참하여야 시험에 응시할 수 있으며, 시험이 종료될 때까지 신분증을 제시하지 못 할 경우 해당 시험은 0점 처리됩니다.
2. 시스템(PC작동여부, 네트워크 상태 등)의 이상여부를 반드시 확인하여야 하며, 시스템 이상이 있을시 감독위원에게 조치를 받으셔야 합니다.
3. 시험 중 부주의 또는 고의로 시스템을 파손한 경우는 응시자 부담으로 합니다.
4. 답안 전송 프로그램을 통해 다운로드 받은 파일을 이용하여 답안파일을 작성하시기 바랍니다.
5. 작성한 답안 파일은 답안 전송 프로그램을 통하여 전송됩니다. 감독위원의 지시에 따라 주시기 바랍니다.
6. 다음사항의 경우 실격(0점) 혹은 부정행위 처리됩니다.
    1) 답안파일을 저장하지 않았거나, 저장한 파일이 손상되었을 경우
    2) 답안파일을 지정된 폴더(바탕 화면 - "KAIT" 폴더)에 저장하지 않았을 경우
        ※ 답안 전송 프로그램 로그인 시 바탕 화면에 자동 생성됨
    3) 답안파일을 다른 보조 기억장치(USB) 혹은 네트워크(메신저, 게시판 등)로 전송할 경우
    4) 휴대용 전화기 등 통신기기를 사용할 경우
7. 시험지에 제시된 글꼴이 응시 프로그램에 없는 경우, 반드시 감독위원에게 해당 내용을 통보한 뒤 조치를 받아야 합니다.
8. 시험의 완료는 작성이 완료된 답안을 저장하고, 답안 전송이 완료된 상태를 확인한 것으로 합니다. 답안 전송 확인 후 문제지는 감독위원에게 제출한 후 퇴실하여야 합니다.
9. 답안전송이 완료된 경우에는 수정 또는 정정이 불가능합니다.
10. 【 】안의 지시사항은 한글 2010 버전용입니다.
11. 시험시행 후 합격자 발표는 홈페이지(www.ihd.or.kr)에서 확인하시기 바랍니다.
    1) 문제 및 정답 공개 : 20XX. XX. XX(X)
    2) 성적 공개 : 20XX. XX. XX(X)

한국정보통신진흥협회 KAIT

디지털정보활용능력 - 한글   [시험시간 : 40분]   1/4

【문제】 첨부된 문제를 다음의 조건을 적용하여 문서를 작성하시오.

① 문서는 A4(210mm×297mm) 크기, 세로 용지방향으로 작성한다.

② 페이지 여백은 아래와 같이 설정한다.

왼쪽	오른쪽	위쪽	아래쪽	머리말	꼬리말	제본
20mm	20mm	20mm	20mm	10mm	10mm	0mm

③ 한글 2016버전은 아래와 같이 "자동 글머리 기호 넣기"와 "자동 번호 매기기" 기능을 해제한다.

> 도구 → 빠른 교정 → 빠른 교정 내용 → 입력 자동 서식 ⇒ 자동 글머리 기호 넣기(해제) / 자동 번호 매기기(해제)

※ 만약 입력자동서식 메뉴가 없는 경우에는, "자동 글머리 기호 넣기"와 "자동 번호 매기기" 기능이 설정되지 있지 않은 것이므로 별도의 기능 해제 없이 그대로 시험에 응시하시면 됩니다.

④ 글자는 별도의 지시사항이 없는 한 바탕, 10pt, 양쪽정렬, 줄간격 160%로 작성한다.

⑤ 영문, 숫자 등은 별도의 지시가 없는 한 반각(1byte) 문자를 사용한다.

⑥ 특수문자는 문자표(전각 기호)를 이용하여 작성한다.

⑦ 교정부호 및 화살표로 기재된 지시사항대로 처리하되, ⬚━▶ 은 지시사항이므로 작성하지 않는다.

⑧ 1페이지에 [문제1]을 작성하고, 구역을 나누어 2페이지에 [문제2]를 작성한다.

　※ 해당 페이지에 작성하지 않거나 의도적으로 텍스트 작성을 하지 않은 경우 0점 처리

⑨ [문제2]는 문제지와 같이 글상자 아랫줄부터 2단으로 다단을 나누어 작성한다.

⑩ '그림 삽입'시에는 반드시 "KAIT 수검프로그램"을 통해 다운로드 한 그림 파일을 사용한다.

⑪ 차트 범례는 기본값으로 작성한다.(선 모양 없음)

⑫ 총점 : 200점

　[공통사항1(기본설정, 용지설정)] : 8점, [공통사항2(오탈자)] : 40점

　[문제1] : 46점, [문제2] : 106점

⑬ 기타 특별히 지시되어 있지 않은 사항은 문제지에 준하여 작성한다.

NCS채용설명회

산업인력개발센터에서는 최근 130개 공공기관 등에서 적용하고 있는 **_국가직무능력표준 기반 능력중심 채용 방안_**을 취업준비생들에게 소개하기 위해 'NCS 채용 설명회'를 개최합니다. 이번 채용 설명회는 단지 취업을 위해 스펙을 쌓는 것이 아니라 산업 현장에서 직무를 수행하기 위해 실제로 필요한 스펙을 쌓을 수 있도록 사회적 변화를 이끌어 내는 것이 목적입니다. NCS 기반 취업 준비 요령, 회사별 취업 전략 등 취업에 관련된 정보와 면접 준비에 도움이 되는 다양한 주제로 구성되며, 각 분야의 전문가들과 상담할 수 있는 부스도 준비할 예정이오니 취업준비생 여러분들의 많은 관심과 참여 바랍니다.

◎ 행사안내 ◎

1. 행사일시 : 2024년 8월 23(금) ~ 25(일)
2. 행사장소 : 산업인력개발센터 3층 대강당
3. 참가접수 : _산업인력개발센터 홈페이지(http://www.diat.or.kr)_
4. 참가대상 : 취업준비생 누구나
5. 행사후원 : 대한상공회의소, 인재개발원, 지방고용노동청

※ 기타사항
- 취업준비생의 궁금증과 애로점을 해소하기 위해 마련된 질의응답센터는 현장 접수 후 선착순으로 이용이 가능합니다.
- 설명회에 참여하신 모든 분께 소책자, 소정의 기념품을 제공해 드립니다.
- 기타 자세한 사항은 산업인력개발센터 담당자(02-123-4567)에게 문의하시기 바랍니다.

2024. 07. 27.

산업인력개발센터

NCS란?

1. NCS란?

NCS는 '국가직무능력표준'이라고도 하며 국가가 현장에서 직무를 수행하는 데 필요한 지식(Knowledge), 기술, 태도(Attitude)를 산업별, 수준별로 표준화(標準化)한 것이다. 2024년 6월 기준으로 대분류 24개, 중분류 77개, 소분류 227개, 세부분류 857개로 표준화되었다. 예를 들어 대분류 02번 경영회계사무의 경우, 중분류는 기획사무, 총무인사, 재무회계, 생산품질관리 4가지로 분류되며 그 중 기획사무는 경영기획, 마케팅(Marketing) 등의 소분류로 나누어진다. 또한 직무(職務)는 직무수준에 따라 1~8수준으로 나뉘며 수준체계에 따라 능력단위 및 능력단위 요소별 수준을 평정하여 제시한다. 1수준은 문자이해, 계산능력 등 기초적인 일반 지식을 사용할 수 있는 수준이며 8수준은 해당 분야의 최고도ⓐ의 이론(理論) 및 지식을 활용하여 새로운 이론을 창조할 수 있는 수준을 의미한다.

2. NCS 채용 현황

정부에서는 청년들의 스펙 쌓기 부담을 완화하고 직무능력 중심으로의 채용을 확산하기 위해 130개 공공기관(Public institution)부터 선도적으로 직무능력 중심의 채용을 추진하고 있다. 건강보험심사평가원은 NCS 기반 직업기초능력평가로 279명을 채용하였으며, 안전보건공단은 1차 NCS 면접, 2차 인성 면접을 시행하여 총 87명을 선발하였다. 한국산업인력공단은 서류 및 면접전형 등에 NCS 기반의 채용을 진행(Progress)하고 있으며, 이 밖의 공공기관은 올해 상반기(上半期) 중에 채용모델 설계를 위한 컨설팅을 실시한 후 하반기부터 NCS 서류 기반의 및 면접전형을 진행한다. 정부는 2027년까지 모든 공공기관에 NCS 기반의 채용을 의무화하고 민간 기업에서의 NCS 기반 채용을 독려(督勵)할 예정이다.

ⓐ 가장 높은 등위나 정도 또는 가장 높은 단계

NCS 채용기업 현황(단위 : 명)

NCS 채용기업	채용인원
ABD	50
삼송	30
안전보건공단	87
산업인력공단	106
한국전력공사	304
정보통신진흥원	63

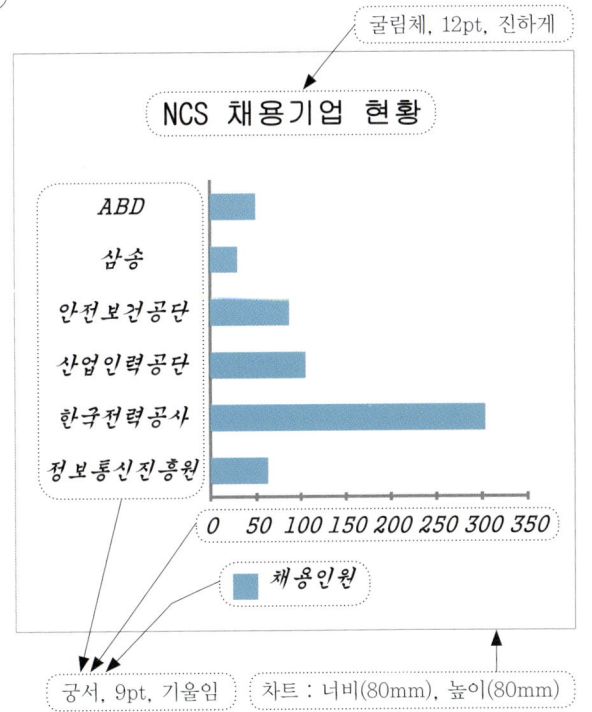

NCS 채용기업 현황

제 05 회 실전모의고사

한글 NEO/2010 버전용

- 시험과목 : 워드프로세서(한글)
- 시험일자 : 20XX. XX. XX(X)
- 응시자 기재사항 및 감독위원 확인

수 검 번 호	DIW - XXXX -	감독위원 확인
성 명		

응시자 유의사항

1. 응시자는 반드시 신분증을 지참하여야 시험에 응시할 수 있으며, 시험이 종료될 때까지 신분증을 제시하지 못 할 경우 해당 시험은 0점 처리됩니다.
2. 시스템(PC작동여부, 네트워크 상태 등)의 이상여부를 반드시 확인하여야 하며, 시스템 이상이 있을시 감독위원에게 조치를 받으셔야 합니다.
3. 시험 중 부주의 또는 고의로 시스템을 파손한 경우는 응시자 부담으로 합니다.
4. 답안 전송 프로그램을 통해 다운로드 받은 파일을 이용하여 답안파일을 작성하시기 바랍니다.
5. 작성한 답안 파일은 답안 전송 프로그램을 통하여 전송됩니다. 감독위원의 지시에 따라 주시기 바랍니다.
6. 다음사항의 경우 실격(0점) 혹은 부정행위 처리됩니다.
    1) 답안파일을 저장하지 않았거나, 저장한 파일이 손상되었을 경우
    2) 답안파일을 지정된 폴더(바탕 화면 – "KAIT" 폴더)에 저장하지 않았을 경우
        ※ 답안 전송 프로그램 로그인 시 바탕 화면에 자동 생성됨
    3) 답안파일을 다른 보조 기억장치(USB) 혹은 네트워크(메신저, 게시판 등)로 전송할 경우
    4) 휴대용 전화기 등 통신기기를 사용할 경우
7. 시험지에 제시된 글꼴이 응시 프로그램에 없는 경우, 반드시 감독위원에게 해당 내용을 통보한 뒤 조치를 받아야 합니다.
8. 시험의 완료는 작성이 완료된 답안을 저장하고, 답안 전송이 완료된 상태를 확인한 것으로 합니다. 답안 전송 확인 후 문제지는 감독위원에게 제출한 후 퇴실하여야 합니다.
9. 답안전송이 완료된 경우에는 수정 또는 정정이 불가능합니다.
10. 【 】안의 지시사항은 한글 2010 버전용입니다.
11. 시험시행 후 합격자 발표는 홈페이지(www.ihd.or.kr)에서 확인하시기 바랍니다.
    1) 문제 및 정답 공개 : 20XX. XX. XX(X)
    2) 성적 공개 : 20XX. XX. XX(X)

디지털정보활용능력 - 한글 [시험시간 : 40분]

【문제】 첨부된 문제를 다음의 조건을 적용하여 문서를 작성하시오.

① 문서는 A4(210mm×297mm) 크기, 세로 용지방향으로 작성한다.

② 페이지 여백은 아래와 같이 설정한다.

왼쪽	오른쪽	위쪽	아래쪽	머리말	꼬리말	제본
20mm	20mm	20mm	20mm	10mm	10mm	0mm

③ 한글 2016버전은 아래와 같이 "자동 글머리 기호 넣기"와 "자동 번호 매기기" 기능을 해제한다.

도구 → 빠른 교정 → 빠른 교정 내용 → 입력 자동 서식 ⇒ 자동 글머리 기호 넣기(해제)
자동 번호 매기기(해제)

※ 만약 입력자동서식 메뉴가 없는 경우에는, "자동 글머리 기호 넣기"와 "자동 번호 매기기" 기능이 설정되지 있지 않은 것이므로 별도의 기능 해제 없이 그대로 시험에 응시하시면 됩니다.

④ 글자는 별도의 지시사항이 없는 한 바탕, 10pt, 양쪽정렬, 줄간격 160%로 작성한다.

⑤ 영문, 숫자 등은 별도의 지시가 없는 한 반각(1byte) 문자를 사용한다.

⑥ 특수문자는 문자표(전각 기호)를 이용하여 작성한다.

⑦ 교정부호 및 화살표로 기재된 지시사항대로 처리하되, ⬚→ 은 지시사항이므로 작성하지 않는다.

⑧ 1페이지에 [문제1]을 작성하고, 구역을 나누어 2페이지에 [문제2]를 작성한다.

※ 해당 페이지에 작성하지 않거나 의도적으로 텍스트 작성을 하지 않은 경우 0점 처리

⑨ [문제2]는 문제지와 같이 글상자 아랫줄부터 2단으로 다단을 나누어 작성한다.

⑩ '그림 삽입'시에는 반드시 "KAIT 수검프로그램"을 통해 다운로드 한 그림 파일을 사용한다.

⑪ 차트 범례는 기본값으로 작성한다.(선 모양 없음)

⑫ 총점 : 200점

[공통사항1(기본설정, 용지설정)] : 8점, [공통사항2(오탈자)] : 40점

[문제1] : 46점, [문제2] : 106점

⑬ 기타 특별히 지시되어 있지 않은 사항은 문제지에 준하여 작성한다.

다문화가족스마트폰교육안내

남동구청 평생교육과에서 *정보 소외계층에 대한 정보화 교육의 일환*으로 다문화가정을 위한 스마트폰 활용교육을 진행하고자 합니다. 이번 교육은 스마트폰 사용자 증가에 따른 정보격차 해소를 위해 무료로 실시되는 교육으로, 남동구청 3층 시청각실에서 교육이 진행될 예정입니다. 교육 내용은 스마트폰의 기본적인 사용법, 뉴스 검색, 생활 정보 검색, 버스 노선 검색 등 실생활에 유용한 각종 애플리케이션 활용법, 남동구청 SNS(블로그, 트위터) 이용법 등을 교육할 예정입니다. 이번 교육을 통해 다문화가정 구민들이 스마트폰을 활용한 다양한 편의 기능을 익힘으로써 실생활에 많은 도움이 되길 바랍니다.

♠ 교육안내 ♠

1. 교육기간 : 2025. 07. 05(토) ~ 18(금) (주1회 2시간, 2주 수업)
2. 교육시간 : 오전 10:00 ~ 12:00
3. 교육대상 : *지역 내 다문화가족 초등생 및 부모*
4. 교육인원 : 40명 정원(선착순 마감)
5. 교 육 비 : 무료

※ 기타사항
- 다문화가정만 신청이 가능하며 부모와 자녀가 함께 신청하실 수 있습니다.
- 교육신청은 홈페이지(http://www.diat.or.kr) 게시판을 통해 가능하며, 기타 자세한 사항은 평생교육과 다문화가정 담당자(02-123-4567)에게 문의하여 주시기 바랍니다.
- 구청 내 주차장이 협소하오니 가급적 대중교통을 이용하여 주시기 바랍니다.

2025. 06. 28.

남동구청 평생교육과

소셜 네트워크 서비스

1. SNS의 역사

컴퓨터를 매개(媒介)로 하는 사교적 상호작용의 역사는 아르파넷(ARPANET), 유즈넷, 전자게시판(BBS) 등과 같은 컴퓨터 네트워크의 역사(歷史)와 같이한다고 한 정도로 오래되었다. 다이얼 업 모뎀을 이용한 온라인 서비스(아메리카 온라인, 프로디지, 컴퓨서브, 천리안 등)의 가상공동체 출현으로 사회적 주목을 받기도 하였으나 오늘날 SNS가 폭발적으로 성장(成長)할 수 있었던 배경은 1990년대 월드와이드웹 서비스ⓐ의 등장을 들 수 있을 것이다. 1990년대 후반에 들어서면서 이용자 신상 정보 제공 기능이 SNS의 가장 보편적인 기능으로 자리 잡게 되었고, 1990년대 말에 이르러 친구 찾기와 같은 새로운 SNS 기술들이 개발(開發)되었다.

2. SNS의 정의

웹상에서 친구, 선후배, 동료 등의 지인(知人)과 인맥 관계를 강화하고 새로운 인맥을 쌓으며 폭넓은 인적 네트워크(인간관계)를 형성할 수 있도록 서비스를 해주는 소셜 네트워크 서비스(Social Network Service)라고 하며, 간단히 'SNS'라 부르기도 한다. SNS는 인터넷에서 개인의 정보를 공유할 수 있게 하고 의사소통을 도와주는 1인 미디어, 1인 커뮤니티라 할 수 있으며, 오늘날 스마트폰 이용자의 증가 및 무선 인터넷 서비스의 확장과 더불어 급증하고 있다. 대한민국 내 SNS 시장을 주도하고 있는 페이스북과 트위터 등의 이용자 수는 이미 2011년에 1천만 명을 돌파하였으며, 그 지속적인 증가 추세는 당분간 멈추지 않을 것으로 보인다. 마케팅 활용 측면에서도 페이지상의 광고 스페이스 판매와 소셜 게임 등을 통해 강력한 수익모델을 구축해 나가고 있어 향후에도 지속적인 성장을 보일 전망이다.

인구대비 SNS 사용률

지역	사용률(%)
북미	58
남미	48
서유럽	47
동유럽	45
동아시아	43
중동	17

인구대비 SNS 사용률

ⓐ 세계 최초의 웹 브라우저이자 세계적인 인터넷망

한글 NEO/2010 버전용

제 06 회 실전모의고사

- 시험과목 : 워드프로세서(한글)
- 시험일자 : 20XX. XX. XX(X)
- 응시자 기재사항 및 감독위원 확인

수 검 번 호	DIW - XXXX -	감독위원 확인
성 명		

응시자 유의사항

1. 응시자는 반드시 신분증을 지참하여야 시험에 응시할 수 있으며, 시험이 종료될 때까지 신분증을 제시하지 못 할 경우 해당 시험은 0점 처리됩니다.
2. 시스템(PC작동여부, 네트워크 상태 등)의 이상여부를 반드시 확인하여야 하며, 시스템 이상이 있을시 감독위원에게 조치를 받으셔야 합니다.
3. 시험 중 부주의 또는 고의로 시스템을 파손한 경우는 응시자 부담으로 합니다.
4. 답안 전송 프로그램을 통해 다운로드 받은 파일을 이용하여 답안파일을 작성하시기 바랍니다.
5. 작성한 답안 파일은 답안 전송 프로그램을 통하여 전송됩니다. 감독위원의 지시에 따라 주시기 바랍니다.
6. 다음사항의 경우 실격(0점) 혹은 부정행위 처리됩니다.
    1) 답안파일을 저장하지 않았거나, 저장한 파일이 손상되었을 경우
    2) 답안파일을 지정된 폴더(바탕 화면 - "KAIT" 폴더)에 저장하지 않았을 경우
       ※ 답안 전송 프로그램 로그인 시 바탕 화면에 자동 생성됨
    3) 답안파일을 다른 보조 기억장치(USB) 혹은 네트워크(메신저, 게시판 등)로 전송할 경우
    4) 휴대용 전화기 등 통신기기를 사용할 경우
7. 시험지에 제시된 글꼴이 응시 프로그램에 없는 경우, 반드시 감독위원에게 해당 내용을 통보한 뒤 조치를 받아야 합니다.
8. 시험의 완료는 작성이 완료된 답안을 저장하고, 답안 전송이 완료된 상태를 확인한 것으로 합니다. 답안 전송 확인 후 문제지는 감독위원에게 제출한 후 퇴실하여야 합니다.
9. 답안전송이 완료된 경우에는 수정 또는 정정이 불가능합니다.
10. 【 】안의 지시사항은 한글 2010 버전용입니다.
11. 시험시행 후 합격자 발표는 홈페이지(www.ihd.or.kr)에서 확인하시기 바랍니다.
    1) 문제 및 정답 공개 : 20XX. XX. XX(X)
    2) 성적 공개 : 20XX. XX. XX(X)

디지털정보활용능력 - 한글 [시험시간 : 40분]

【문제】 첨부된 문제를 다음의 조건을 적용하여 문서를 작성하시오.

① 문서는 A4(210mm×297mm) 크기, 세로 용지방향으로 작성한다.

② 페이지 여백은 아래와 같이 설정한다.

왼쪽	오른쪽	위쪽	아래쪽	머리말	꼬리말	제본
20mm	20mm	20mm	20mm	10mm	10mm	0mm

③ 한글 2016버전은 아래와 같이 "자동 글머리 기호 넣기"와 "자동 번호 매기기" 기능을 해제한다.

> 도구 → 빠른 교정 → 빠른 교정 내용 → 입력 자동 서식 ⇒ 자동 글머리 기호 넣기(해제)
> 자동 번호 매기기(해제)

※ 만약 입력자동서식 메뉴가 없는 경우에는, "자동 글머리 기호 넣기"와 "자동 번호 매기기" 기능이 설정되지 있지 않은 것이므로 별도의 기능 해제 없이 그대로 시험에 응시하시면 됩니다.

④ 글자는 별도의 지시사항이 없는 한 바탕, 10pt, 양쪽정렬, 줄간격 160%로 작성한다.

⑤ 영문, 숫자 등은 별도의 지시가 없는 한 반각(1byte) 문자를 사용한다.

⑥ 특수문자는 문자표(전각 기호)를 이용하여 작성한다.

⑦ 교정부호 및 화살표로 기재된 지시사항대로 처리하되, ⬚━▶ 은 지시사항이므로 작성하지 않는다.

⑧ 1페이지에 [문제1]을 작성하고, 구역을 나누어 2페이지에 [문제2]를 작성한다.

※ 해당 페이지에 작성하지 않거나 의도적으로 텍스트 작성을 하지 않은 경우 0점 처리

⑨ [문제2]는 문제지와 같이 글상자 아랫줄부터 2단으로 다단을 나누어 작성한다.

⑩ '그림 삽입'시에는 반드시 "KAIT 수검프로그램"을 통해 다운로드 한 그림 파일을 사용한다.

⑪ 차트 범례는 기본값으로 작성한다.(선 모양 없음)

⑫ 총점 : 200점

[공통사항1(기본설정, 용지설정)] : 8점, [공통사항2(오탈자)] : 40점

[문제1] : 46점, [문제2] : 106점

⑬ 기타 특별히 지시되어 있지 않은 사항은 문제지에 준하여 작성한다.

논산딸기축제

논산 청정딸기는 황산벌의 맑은 물과 공기 그리고 비옥한 토양에서 재배되고 있어 전국에서 가장 좋은 품질로 인정받아 *정부로부터 최우수 품질상을 수상*하기도 하였습니다. 이에 논산 청정딸기의 우수성을 널리 알리고자 싱싱한 딸기의 향과 맛을 느낄 수 있는 논산 딸기축제를 개최하고자 합니다. 이번 축제에는 새콤달콤한 딸기를 마음껏 따먹을 수 있는 먹을거리 체험뿐만 아니라 딸기잼, 딸기 인절미, 딸기 비누 등 딸기를 이용한 다양한 체험행사도 함께 진행할 예정입니다. 넉넉한 인심과 정감이 흐르는 충절과 예학의 고장인 논산에 오셔서 가족과 친구, 연인과 함께 소중한 추억을 만드시기 바랍니다.

♥ 축제안내 ♥

1. 행 사 명 : 2022 논산 딸기축제
2. 행사기간 : 2022. 5. 25(수) ~ 29(일), 5일간
3. 행사장소 : 논산천 둔치, 관내 딸기밭 등
4. 행사주관 : *2022 논산딸기축제추진위원회(02-123-4567)*
5. 행사후원 : 농림축산식품부, 농촌진흥청, 농업협동조합, 논산기업인협의회

※ 기타사항
- 본 행사의 자세한 사항은 공식 홈페이지(http://www.diat.or.kr)에서 확인하실 수 있습니다.
- 축제 기간 중에는 혼잡이 예상되므로 가급적 대중교통을 이용하여 주시기 바랍니다.
- 딸기 수확하기, 딸기 음식(잼, 인절미) 만들기, 딸기 공예(화분, 비누) 등 다양한 체험 행사는 농가별로 진행되고 있으며 사전 예약이 필요합니다.

2022. 05. 21.

논산딸기축제위원회

딸기열매

1. 딸기란?

딸기는 장미과(Rosaceae) 딸기속에 속하는 8종의 열매 식물이다. 딸기는 수염뿌리가 나는데, 잎은 뿌리에서 나오며 잔잎이 3장으로 털이 많고 가장자리에는 톱니가 있다. 꽃은 거의 흰색이지만 붉은 꽃이 피기도 하며, 가느다란 꽃자루 위에 여러 개가 모여서 핀다. 꽃자루는 땅을 기는 줄기같이 생겼다. 꽃받침 속에는 흔히 씨라고 부르는 열매가 묻혀 있다. 비타민 C가 풍부하며 철분(鐵分)과 다른 유기물도 들어 있다. 딸기는 다양한 토양과 환경에서 자랄 수 있으며, 비료(肥料)는 조금만 주어도 된다. 그러나 가뭄(Drought)에 약해서 물 보유(保有)도가 높은 땅에 심는 것이 좋다.

2. 딸기의 유래

북반구의 온대지역이 원산지이나 지금은 남반구에서도 널리 심고 있다. 재배되고 있는 것들은 대개 아메리카 대륙이 원산지인 버지니아 딸기(F. virginiana)와 칠레 딸기(F. chiloensis) 2종의 변종(變種)들이다. 식물학적으로 볼 때 딸기 열매는 장과(漿果)가 아니라 여러 개의 열매가 모여 있는 것이다. 열매가 아주 큰 재배 딸기는 18세기에 유럽에서 개량ⓐ한 것이다. 대부분의 나라에서는 19세기부터 각 나라에 맞는 딸기를 개발했는데, 어떤 종류는 특정한 기후나 낮 길이, 고도, 생산 방법 등 때문에 특정 지역에서만 자랄 수 있다. 딸기는 수확한 뒤 즉시 먹거나 냉동시키거나 통조림, 설탕 절임, 주스 등을 만든다. 딸기는 썩기 쉽고 기계로 수확할 수 없기 때문에 소비자나 가공 장소에서 가깝고 노동력이 충분한 있는 곳에서 재배한다. 유리나 플라스틱으로 덮어 주면 일찍 수확할 수도 있다. 딸기는 미국과 캐나다 전역에서 재배하며, 유럽, 아프리카 남부와 동부 그리고 한국, 일본 등 세계 각지에서 재배하고 있다.

과일별 비타민 C 함량(단위 : %)

과일	비타민
바나나	10
딸기	160
포도	25
수박	25
오렌지	130
사과	8

ⓐ 질이나 구조, 성능 등을 고쳐 더 좋게 함

제 07 회 실전모의고사

한글 NEO/2010 버전용

- 시험과목 : 워드프로세서(한글)
- 시험일자 : 20XX. XX. XX(X)
- 응시자 기재사항 및 감독위원 확인

Ⓑ

수 검 번 호	DIW – XXXX –	감독위원 확인
성 명		

응시자 유의사항

1. 응시자는 반드시 신분증을 지참하여야 시험에 응시할 수 있으며, 시험이 종료될 때까지 신분증을 제시하지 못 할 경우 해당 시험은 0점 처리됩니다.
2. 시스템(PC작동여부, 네트워크 상태 등)의 이상여부를 반드시 확인하여야 하며, 시스템 이상이 있을시 감독위원에게 조치를 받으셔야 합니다.
3. 시험 중 부주의 또는 고의로 시스템을 파손한 경우는 응시자 부담으로 합니다.
4. 답안 전송 프로그램을 통해 다운로드 받은 파일을 이용하여 답안파일을 작성하시기 바랍니다.
5. 작성한 답안 파일은 답안 전송 프로그램을 통하여 전송됩니다. 감독위원의 지시에 따라 주시기 바랍니다.
6. 다음사항의 경우 실격(0점) 혹은 부정행위 처리됩니다.
    1) 답안파일을 저장하지 않았거나, 저장한 파일이 손상되었을 경우
    2) 답안파일을 지정된 폴더(바탕 화면 – "KAIT" 폴더)에 저장하지 않았을 경우
        ※ 답안 전송 프로그램 로그인 시 바탕 화면에 자동 생성됨
    3) 답안파일을 다른 보조 기억장치(USB) 혹은 네트워크(메신저, 게시판 등)로 전송할 경우
    4) 휴대용 전화기 등 통신기기를 사용할 경우
7. 시험지에 제시된 글꼴이 응시 프로그램에 없는 경우, 반드시 감독위원에게 해당 내용을 통보한 뒤 조치를 받아야 합니다.
8. 시험의 완료는 작성이 완료된 답안을 저장하고, 답안 전송이 완료된 상태를 확인한 것으로 합니다. 답안 전송 확인 후 문제지는 감독위원에게 제출한 후 퇴실하여야 합니다.
9. 답안전송이 완료된 경우에는 수정 또는 정정이 불가능합니다.
10. 【 】안의 지시사항은 한글 2010 버전용입니다.
11. 시험시행 후 합격자 발표는 홈페이지(www.ihd.or.kr)에서 확인하시기 바랍니다.
    1) 문제 및 정답 공개 : 20XX. XX. XX(X)
    2) 성적 공개 : 20XX. XX. XX(X)

한국정보통신진흥협회 KAIT

디지털정보활용능력 – 한글 [시험시간 : 40분]

【문제】 첨부된 문제를 다음의 조건을 적용하여 문서를 작성하시오.

① 문서는 A4(210mm×297mm) 크기, 세로 용지방향으로 작성한다.

② 페이지 여백은 아래와 같이 설정한다.

왼쪽	오른쪽	위쪽	아래쪽	머리말	꼬리말	제본
20mm	20mm	20mm	20mm	10mm	10mm	0mm

③ 한글 2016버전은 아래와 같이 "자동 글머리 기호 넣기"와 "자동 번호 매기기" 기능을 해제한다.

도구 → 빠른 교정 → 빠른 교정 내용 → 입력 자동 서식 ⇒ 자동 글머리 기호 넣기(해제) / 자동 번호 매기기(해제)

※ 만약 입력자동서식 메뉴가 없는 경우에는, "자동 글머리 기호 넣기"와 "자동 번호 매기기" 기능이 설정되지 있지 않은 것이므로 별도의 기능 해제 없이 그대로 시험에 응시하시면 됩니다.

④ 글자는 별도의 지시사항이 없는 한 바탕, 10pt, 양쪽정렬, 줄간격 160%로 작성한다.

⑤ 영문, 숫자 등은 별도의 지시가 없는 한 반각(1byte) 문자를 사용한다.

⑥ 특수문자는 문자표(전각 기호)를 이용하여 작성한다.

⑦ 교정부호 및 화살표로 기재된 지시사항대로 처리하되, ⬜⟶ 은 지시사항이므로 작성하지 않는다.

⑧ 1페이지에 [문제1]을 작성하고, 구역을 나누어 2페이지에 [문제2]를 작성한다.

※ 해당 페이지에 작성하지 않거나 의도적으로 텍스트 작성을 하지 않은 경우 0점 처리

⑨ [문제2]는 문제지와 같이 글상자 아랫줄부터 2단으로 다단을 나누어 작성한다.

⑩ '그림 삽입'시에는 반드시 "KAIT 수검프로그램"을 통해 다운로드 한 그림 파일을 사용한다.

⑪ 차트 범례는 기본값으로 작성한다.(선 모양 없음)

⑫ 총점 : 200점

[공통사항1(기본설정, 용지설정)] : 8점, [공통사항2(오탈자)] : 40점

[문제1] : 46점, [문제2] : 106점

⑬ 기타 특별히 지시되어 있지 않은 사항은 문제지에 준하여 작성한다.

오색불빛축제안내

대한수목원에서는 초록의 기운이 가득한 봄을 맞이하여 온 가족이 함께 자연을 만끽할 수 있는 "오색불빛축제"를 개최하고자 합니다. *"오색불빛축제"는 매년 5월에 개최*되는 축제로, 수목원 입구에서부터 화려한 불빛 향연이 펼쳐지며 음악정원에서는 음악에 따라 잔잔하게 빛이 움직이는 퍼포먼스 아트가 진행됩니다. 또한, 최첨단 라이팅 쇼를 이용한 빛의 마법과 다양한 놀이 체험 테마로 가족 단위의 관람객뿐만 아니라 연인들에게도 잊을 수 없는 추억거리를 선사합니다. 올해에는 더욱 화려해진 "오색불빛축제"를 선보일 예정이오니 아름다운 불빛야경을 만끽할 수 있는 이번 축제에 많은 관심과 참여 바랍니다.

■ 축제안내 ■

1. 축제기간 : 2023. 05. 05(금) ~ 14(일)
2. 축제장소 : 대한수목원 오색불빛체험장
3. 이용시간 : *평일 12:00~22:00, 주말 10:00~23:00*
4. 관람요금 : 일반인 5,000원 / 어린이 3,000원
5. 신청방법 : 홈페이지(http://www.diat.or.kr)에서 온라인 접수

※ 기타사항
- 오색불빛축제는 예약제로 운영되며, 예약접수 후 입금이 확인되면 선착순으로 예약이 확정됩니다.
- 주말에는 가족의 건강을 기원하거나 연인과의 영원한 사랑을 약속한 이른바 소원이 담긴 카드를 적어 행복나무에 매달기 행사가 진행됩니다.
- 기타 자세한 사항은 홍보팀 담당자(031-123-4567)에게 문의하여 주시기 바랍니다.

2023. 04. 22.

대한수목원 홍보팀

몸에 좋은 허브

1. 향과 약초

허브(Herb)는 푸른 풀을 의미하는 라틴어 '허바(Herba)'에 어원을 두고 있으며, 고대 국가에서는 향과 약초(藥草)라는 뜻으로 사용하였다. 중국에서는 기원전 5,000년 무렵부터 허브를 사용하였으며, 이집트에서는 기원전 2,800년 무렵에, 바빌로니아에서는 기원전 2,000년 무렵에 허브를 사용하였다. 약용으로 이용되던 허브는 향 마사지, 향 목욕 등의 사치 용품으로 사용되기도 하였다. 고대 로마제국이 유럽 전역을 지배한 후에 허브가 지중해 연안에서 유럽 각지로 확산되었고 아로마테라피(Aroma Therapy)라는 방향(芳香) 요법이 정착되었다. 허브의 종류는 2,500종 이상인 것으로 알려지고 있으며, 최근 우리나라에서도 1,000여 종의 허브가 재배(栽培)되고 있다.

2. 허브차

허브차는 카페인이 없는 알칼리 식품으로 혈액순환이 잘되고 몸이 따뜻해지며 기분이 느긋해지고 긴장을 풀어준다. 또한 비타민, 칼슘, 철, 식이섬유도 다량 함유되어 있는 건강음료이다. 허브의 효용성에는 감기 저항력(抵抗力) 증진, 면역력 증진, 심장병 예방, 월경전증후군 예방, 에너지 증진, 진통 효과, 소화장애 완화, 스트레스 완화, 전립선 보호, 건강한 피부 유지 등이 포함되어 있다. 최근 전 세계적으로 '웰빙ⓐ' 바람이 불면서 건강에 좋고 맛과 향이 뛰어난 허브가 인기를 끌고 있으며, 물리치료과, 신경정신과, 피부과, 이비인후과, 산부인과 등에서 환자 치료용으로도 사용되고 있다. 요즘은 주로 요리, 미용, 장식 등 향을 이용한 신체적, 정신적 조절 기능을 강화하는 역할의 효능으로 그 가치를 두고 있으며, 로즈힙(Rosehip)은 어린이 성장 발육, 이뇨 작용을 돕고 두통, 복통, 현기증(眩氣症) 등에 효과가 있다.

ⓐ 정신적, 육체적인 건강과 행복, 복지와 안녕을 의미

차의 선호도 조사

평가기준	점수
맛	1,907
향기	786
찻물색	95
외형	10
감촉	5
기타	7

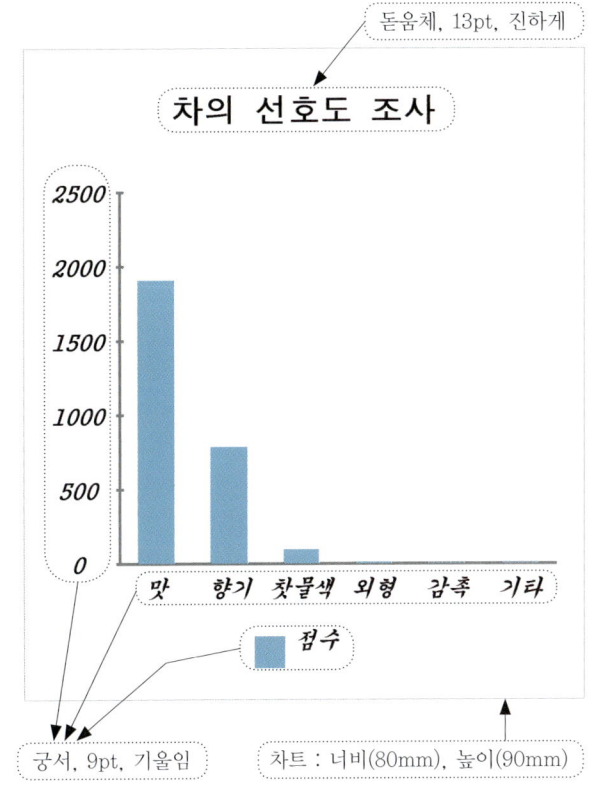

한글 NEO/2010 버전용

제 08 회 실전모의고사

- 시험과목 : 워드프로세서(한글)
- 시험일자 : 20XX. XX. XX(X)
- 응시자 기재사항 및 감독위원 확인

수 검 번 호	DIW - XXXX -	감독위원 확인
성 명		

응시자 유의사항

1. 응시자는 반드시 신분증을 지참하여야 시험에 응시할 수 있으며, 시험이 종료될 때까지 신분증을 제시하지 못 할 경우 해당 시험은 0점 처리됩니다.
2. 시스템(PC작동여부, 네트워크 상태 등)의 이상여부를 반드시 확인하여야 하며, 시스템 이상이 있을시 감독위원에게 조치를 받으셔야 합니다.
3. 시험 중 부주의 또는 고의로 시스템을 파손한 경우는 응시자 부담으로 합니다.
4. 답안 전송 프로그램을 통해 다운로드 받은 파일을 이용하여 답안파일을 작성하시기 바랍니다.
5. 작성한 답안 파일은 답안 전송 프로그램을 통하여 전송됩니다. 감독위원의 지시에 따라 주시기 바랍니다.
6. 다음사항의 경우 실격(0점) 혹은 부정행위 처리됩니다.
   1) 답안파일을 저장하지 않았거나, 저장한 파일이 손상되었을 경우
   2) 답안파일을 지정된 폴더(바탕 화면 – "KAIT" 폴더)에 저장하지 않았을 경우
      ※ 답안 전송 프로그램 로그인 시 바탕 화면에 자동 생성됨
   3) 답안파일을 다른 보조 기억장치(USB) 혹은 네트워크(메신저, 게시판 등)로 전송할 경우
   4) 휴대용 전화기 등 통신기기를 사용할 경우
7. 시험지에 제시된 글꼴이 응시 프로그램에 없는 경우, 반드시 감독위원에게 해당 내용을 통보한 뒤 조치를 받아야 합니다.
8. 시험의 완료는 작성이 완료된 답안을 저장하고, 답안 전송이 완료된 상태를 확인한 것으로 합니다. 답안 전송 확인 후 문제지는 감독위원에게 제출한 후 퇴실하여야 합니다.
9. 답안전송이 완료된 경우에는 수정 또는 정정이 불가능합니다.
10. 【 】안의 지시사항은 한글 2010 버전용입니다.
11. 시험시행 후 합격자 발표는 홈페이지(www.ihd.or.kr)에서 확인하시기 바랍니다.
    1) 문제 및 정답 공개 : 20XX. XX. XX(X)
    2) 성적 공개 : 20XX. XX. XX(X)

디지털정보활용능력 – 한글　　　[시험시간 : 40분]

【문제】 첨부된 문제를 다음의 조건을 적용하여 문서를 작성하시오.

① 문서는 A4(210mm×297mm) 크기, 세로 용지방향으로 작성한다.

② 페이지 여백은 아래와 같이 설정한다.

왼쪽	오른쪽	위쪽	아래쪽	머리말	꼬리말	제본
20mm	20mm	20mm	20mm	10mm	10mm	0mm

③ 한글 2016버전은 아래와 같이 "자동 글머리 기호 넣기"와 "자동 번호 매기기" 기능을 해제한다.

> 도구 → 빠른 교정 → 빠른 교정 내용 → 입력 자동 서식　⇒　자동 글머리 기호 넣기(해제)
>
> 자동 번호 매기기(해제)

※ 만약 입력자동서식 메뉴가 없는 경우에는, "자동 글머리 기호 넣기"와 "자동 번호 매기기" 기능이 설정되어 있지 않은 것이므로 별도의 기능 해제 없이 그대로 시험에 응시하시면 됩니다.

④ 글자는 별도의 지시사항이 없는 한 바탕, 10pt, 양쪽정렬, 줄간격 160%로 작성한다.

⑤ 영문, 숫자 등은 별도의 지시가 없는 한 반각(1byte) 문자를 사용한다.

⑥ 특수문자는 문자표(전각 기호)를 이용하여 작성한다.

⑦ 교정부호 및 화살표로 기재된 지시사항대로 처리하되, ⬚━▶ 은 지시사항이므로 작성하지 않는다.

⑧ 1페이지에 [문제1]을 작성하고, 구역을 나누어 2페이지에 [문제2]를 작성한다.

　※ 해당 페이지에 작성하지 않거나 의도적으로 텍스트 작성을 하지 않은 경우 0점 처리

⑨ [문제2]는 문제지와 같이 글상자 아랫줄부터 2단으로 다단을 나누어 작성한다.

⑩ '그림 삽입'시에는 반드시 "KAIT 수검프로그램"을 통해 다운로드 한 그림 파일을 사용한다.

⑪ 차트 범례는 기본값으로 작성한다.(선 모양 없음)

⑫ 총점 : 200점

　[공통사항1(기본설정, 용지설정)] : 8점, [공통사항2(오탈자)] : 40점

　[문제1] : 46점, [문제2] : 106점

⑬ 기타 특별히 지시되어 있지 않은 사항은 문제지에 준하여 작성한다.

전통체험학습안내

농촌진흥청에서 지정한 장맛최고집은 직접 농사지은 재료만을 사용하고 전통방식 그대로 재현하여 전통 음식 및 문화체험을 할 수 있는 체험교육장입니다. 일일 체험학습으로 진행되는 전통 장 담그기 체험학습은 고추의 유래와 역사, 고춧가루와 메줏가루가 만들어지는 과정 등에 대한 이론교육과 직접 고추장을 만들어 보는 실습교육으로 이루어집니다. 전통식품을 접하기 어려운 도심에 살고 있는 학생과 학부모들에게 전통식품 만들기를 체험함으로써 전통식문화의 가치와 중요성을 깨닫고 올바른 식습관을 기를 수 있을 것입니다. 전통식품을 체험해 볼 수 있는 이번 행사에 많은 관심과 참여 부탁드립니다.

● 체험안내 ●

1. 체험시간 : 오전 10시 ~ 12시, 오후 3시 ~ 5시
2. 신청대상 : 만 4세 이상 ~ 성인
3. 체험비용 : 성인 1인당 3만원(동반 자녀 1인 무료, 추가 인원 당 1만원)
4. 체험장소 : 장맛최고집 체험장
5. 신청방법 : 홈페이지(http://www.diat.or.kr) 체험신청 게시판 이용

※ 기타사항
- 체험은 토요일과 일요일 오전, 오후 2타임으로 나뉘어 예약제로 운영되고 있으며, 일정 및 예약기능 시간은 홈페이지를 참고하여 주시기 바랍니다.
- 체험이 끝난 후 식사로 고추장비빔밥이 제공되며 고추장 1병(120g)을 증정합니다.
- 기타 자세한 사항은 체험교육장 담당자(031-123-4567)에게 문의하여 주시기 바랍니다.

2024. 03. 25.

체험교육장 장맛최고집

고추의 효능

1. 고추장의 유래

고추장은 고춧가루를 주원료(主原料)로 하여 찹쌀과 메주 등을 섞어 만드는 대한민국의 전통 음식이다. 16세기 후반 임진왜란을 전후로 일본으로부터 우리나라에 고추가 전래되어 왜개자, 남만초, 번초, 고초, 왜초 등으로 불리며 점차 보급(普及)되다가 18세기에 들어 고추 재배가 일반화되어 종래의 매운맛을 내는데 사용하던 향신료인 호초(胡椒)와 천초(川椒)를 대체하며 점차 장에 사용되기 시작하였다. 한편, 고추장에 대한 최초의 기록은 임진왜란 이후에 나온 허균의 '도문대작'에서 '황주에서 만든 초시가 가장 좋다'라고 쓴 것인데, 초시를 여기서 고추장으로 볼 것인지 아니면 고추장 이전의 천초장으로 볼 것인지에 대해서는 이견이 있다.

2. 고추의 종류 및 효능

고추의 종류에는 초록빛을 띠는 풋고추, 고춧가루에 이용되는 홍고추, 매운맛으로 유명한 청양고추, 표면이 꽈리처럼 쪼글쪼글한 꽈리고추, 풋고추와 피망을 교잡한 오이고추 등이 있다. 고추의 매운 성분인 캡사이신(Capsaicin)은 교감신경을 자극해 지방분해를 높여 신진대사를 활발하게 해 주고 뇌신경을 자극해 통증 억제 호르몬인 엔도르핀(Endorphin)을 분비시켜 스트레스 해소에 도움이 된다. 또한 위염 등 각종 위 질환의 원인균으로 알려진 헬리코박터 파일로리(Helicobacter Pylori)에 감염된 위 점막 세포의 염증을 억제하며 암을 유발하는 활성산소와 유해산소를 예방하는 베타카로틴(Beta-Carotine)㉮도 풍부하다. 고추씨에는 필수 지방산과 캡사이신이 풍부하여 항균작용과 항암효과가 있으며, 고추 껍질에는 피부를 보호(保護)하고 노화를 막아 주는 항산화효과와 항염효과가 우수한 비타민P가 들어 있다.

㉮ 비타민A의 전구체로 식물에 풍부한 물

연도별 고추생산 추이

구분	재배면적(ha)	생산량(t)
2019년	70,736	180,120
2020년	57,502	132,010
2021년	61,299	161,380
2022년	54,876	160,398
2023년	44,817	117,324

연도별 고추생산 추이

한글 NEO/2010 버전용

제 09 회 실전모의고사

- 시험과목 : 워드프로세서(한글)
- 시험일자 : 20XX. XX. XX(X)
- 응시자 기재사항 및 감독위원 확인

수 검 번 호	DIW - XXXX -	감독위원 확인
성 명		

응시자 유의사항

1. 응시자는 반드시 신분증을 지참하여야 시험에 응시할 수 있으며, 시험이 종료될 때까지 신분증을 제시하지 못 할 경우 해당 시험은 0점 처리됩니다.
2. 시스템(PC작동여부, 네트워크 상태 등)의 이상여부를 반드시 확인하여야 하며, 시스템 이상이 있을시 감독위원에게 조치를 받으셔야 합니다.
3. 시험 중 부주의 또는 고의로 시스템을 파손한 경우는 응시자 부담으로 합니다.
4. 답안 전송 프로그램을 통해 다운로드 받은 파일을 이용하여 답안파일을 작성하시기 바랍니다.
5. 작성한 답안 파일은 답안 전송 프로그램을 통하여 전송됩니다. 감독위원의 지시에 따라 주시기 바랍니다.
6. 다음사항의 경우 실격(0점) 혹은 부정행위 처리됩니다.
    1) 답안파일을 저장하지 않았거나, 저장한 파일이 손상되었을 경우
    2) 답안파일을 지정된 폴더(바탕 화면 - "KAIT" 폴더)에 저장하지 않았을 경우
        ※ 답안 전송 프로그램 로그인 시 바탕 화면에 자동 생성됨
    3) 답안파일을 다른 보조 기억장치(USB) 혹은 네트워크(메신저, 게시판 등)로 전송할 경우
    4) 휴대용 전화기 등 통신기기를 사용할 경우
7. 시험지에 제시된 글꼴이 응시 프로그램에 없는 경우, 반드시 감독위원에게 해당 내용을 통보한 뒤 조치를 받아야 합니다.
8. 시험의 완료는 작성이 완료된 답안을 저장하고, 답안 전송이 완료된 상태를 확인한 것으로 합니다. 답안 전송 확인 후 문제지는 감독위원에게 제출한 후 퇴실하여야 합니다.
9. 답안전송이 완료된 경우에는 수정 또는 정정이 불가능합니다.
10. 【 】안의 지시사항은 한글 2010 버전용입니다.
11. 시험시행 후 합격자 발표는 홈페이지(www.ihd.or.kr)에서 확인하시기 바랍니다.
    1) 문제 및 정답 공개 : 20XX. XX. XX(X)
    2) 성적 공개 : 20XX. XX. XX(X)

디지털정보활용능력 - 한글 [시험시간 : 40분]

【문제】 첨부된 문제를 다음의 조건을 적용하여 문서를 작성하시오.

① 문서는 A4(210mm×297mm) 크기, 세로 용지방향으로 작성한다.

② 페이지 여백은 아래와 같이 설정한다.

왼쪽	오른쪽	위쪽	아래쪽	머리말	꼬리말	제본
20mm	20mm	20mm	20mm	10mm	10mm	0mm

③ 한글 2016버전은 아래와 같이 "자동 글머리 기호 넣기"와 "자동 번호 매기기" 기능을 해제한다.

도구 → 빠른 교정 → 빠른 교정 내용 → 입력 자동 서식 ⇒ 자동 글머리 기호 넣기(해제)
자동 번호 매기기(해제)

※ 만약 입력자동서식 메뉴가 없는 경우에는, "자동 글머리 기호 넣기"와 "자동 번호 매기기" 기능이 설정되어 있지 않은 것이므로 별도의 기능 해제 없이 그대로 시험에 응시하시면 됩니다.

④ 글자는 별도의 지시사항이 없는 한 바탕, 10pt, 양쪽정렬, 줄간격 160%로 작성한다.

⑤ 영문, 숫자 등은 별도의 지시가 없는 한 반각(1byte) 문자를 사용한다.

⑥ 특수문자는 문자표(전각 기호)를 이용하여 작성한다.

⑦ 교정부호 및 화살표로 기재된 지시사항대로 처리하되, ⎯⎯⎯▶ 은 지시사항이므로 작성하지 않는다.

⑧ 1페이지에 [문제1]을 작성하고, 구역을 나누어 2페이지에 [문제2]를 작성한다.

※ 해당 페이지에 작성하지 않거나 의도적으로 텍스트 작성을 하지 않은 경우 0점 처리

⑨ [문제2]는 문제지와 같이 글상자 아랫줄부터 2단으로 다단을 나누어 작성한다.

⑩ '그림 삽입'시에는 반드시 "KAIT 수검프로그램"을 통해 다운로드 한 그림 파일을 사용한다.

⑪ 차트 범례는 기본값으로 작성한다.(선 모양 없음)

⑫ 총점 : 200점

[공통사항1(기본설정, 용지설정)] : 8점, [공통사항2(오탈자)] : 40점

[문제1] : 46점, [문제2] : 106점

⑬ 기타 특별히 지시되어 있지 않은 사항은 문제지에 준하여 작성한다.

DIAT

대한민국청소년과학캠프안내

대한민국 청소년 과학캠프는 자라나는 *청소년들에게 고품격 과학교육 프로그램을 제공*함으로써 전문 지식을 겸비한 차세대 과학리더를 육성하는데 그 목적이 있습니다. 이번 과학캠프의 테마는 '미래를 여는 과학의 바다'로서 과학캠프 기간 동안 해양에 대한 지적 호기심을 충족시키고 해양산업, 해양주권, 해양안전, 창의적 리더십, 진로와 직업 등을 주제로 한 심화 탐구 학습 프로그램이 진행됩니다. 또한 주요 해양시설인 항만과 해군기지 등을 견학하고 전문 연구기관에서 실험과 실습에 참여할 기회도 제공됩니다. 과학을 통해 미래를 설계할 수 있는 이번 과학캠프에 여러분들의 많은 관심과 참여 바랍니다.

■ 캠프개요 ■

1. 주 최 : (재)한국과학재단, KAIST 과학영재교육연구원 공동
2. 모집기간 : 2025. 09. 22(월) ~ 30(수)
3. 캠프기간 : <u>*2025. 10. 08(수) ~ 11(토)*</u>
4. 신청방법 : 참가신청서를 작성하여 학교장 직인 날인 후 스캔하여 이메일(master@diat.or.kr)로 전송
5. 참가인원 : 외부 심사위원 평가를 통해 선발된 중고생 50명

※ 기타사항
- 참가학생은 학생증(신분증명용), 세면도구, 수건, 운동화, 속옷, 여벌옷을 준비해야 합니다.
- 선발된 학생은 개인정보 수집 및 활용에 관한 동의서를 캠프 참가 전 이메일로 제출해야 합니다.
- 주요 프로그램은 해양과학의 미래, 해양과학과 경제, 해양영토와 해양주권 등에 관한 강의와 아두이노 잠수함, 로렌츠 선박 만들기 등의 체험학습으로 이루어집니다.

2025. 09. 20.

청소년과학캠프준비위원회

- I -

아두이노와 로렌츠

1. 아두이노(Arduino)

이탈리아어로 '절친한 친구'라는 뜻의 아두이노는 오픈 소스를 지향하는 마이크로 컨트롤러(Micro Controller)를 내장한 일종의 기기 제어용 기판이다. 컴퓨터 메인보드의 단순 버전이기도 한 이 기판에 다양한 센서나 부품(部品) 등의 장치를 연결한 후 컴퓨터를 통해 소프트웨어(Software)로 로드하면 동작을 하게 되므로 제어용 전자장치, 로봇 등과 같은 것을 만들 수 있어 '오픈소스 하드웨어'라고 말할 수도 있다. 즉, 일종의 컴퓨터 메인보드와 같은 역할을 하며 다양한 장치들을 연결한 후 다양한 일들을 할 수 있는 것이 아두이노인 것이다. 아두이노 보드의 종류는 매우 다양하며 가장 기본형인 아두이노 우노ⓐ(UNO), 32비트 CPU가 내장되어 있으며 우노보다는 훨씬 많은 곳에 핀을 꽂을 수 있다는 것이 특징인 아두이노 듀(DUE), 마우스와 키보드 인식(認識)이 가능한 아두이노 레오나르도, WIFI 모듈이 내장되어 무선통신(無線通信)이 가능한 아두이노 윤(YUN) 등이 있다.

2. 로렌츠

로렌츠는 네덜란드의 물리학자(物理學者)로 원자론을 전자기론에 도입한 '로렌츠의 전자론'을 세웠다. 맥스웰의 전자기학(電磁氣學) 이론을 발전시켜, 물질을 하전입자의 집합이라고 생각하는 전자론에 기초하여 광학과 전자기 분야의 다양한 현상을 설명해, 전자가 실제로 입자라는 사실을 확고히 하였다. 전자론으로 제이만 효과를 이론적으로 설명해 낸 것은 가장 대표적인 업적이라 할 수 있다. 또한 하전 입자가 전기장이나 자기장 안에서 받는 힘의 공식을 유도하였는데 이 힘을 오늘날 '로렌츠 힘'으로 불린다. 1902년 '복사 현상의 자기적 영향에 대한 연구'로 제자 피에터 제이만과 함께 노벨 물리학상을 받았다.

아두이노 교육 수업시수

월	UNO	DUE	YUN
5월	16	4	12
6월	4	9	6
7월	8	11	18
8월	11	5	9

ⓐ 우노란 이탈리아어로 1번이라는 뜻이다.

제 10 회 실전모의고사

한글 NEO/2010 버전용

- 시험과목 : 워드프로세서(한글)
- 시험일자 : 20XX. XX. XX(X)
- 응시자 기재사항 및 감독위원 확인

수 검 번 호	DIW – XXXX –	감독위원 확인
성 명		

응시자 유의사항

1. 응시자는 반드시 신분증을 지참하여야 시험에 응시할 수 있으며, 시험이 종료될 때까지 신분증을 제시하지 못 할 경우 해당 시험은 0점 처리됩니다.
2. 시스템(PC작동여부, 네트워크 상태 등)의 이상여부를 반드시 확인하여야 하며, 시스템 이상이 있을시 감독위원에게 조치를 받으셔야 합니다.
3. 시험 중 부주의 또는 고의로 시스템을 파손한 경우는 응시자 부담으로 합니다.
4. 답안 전송 프로그램을 통해 다운로드 받은 파일을 이용하여 답안파일을 작성하시기 바랍니다.
5. 작성한 답안 파일은 답안 전송 프로그램을 통하여 전송됩니다. 감독위원의 지시에 따라 주시기 바랍니다.
6. 다음사항의 경우 실격(0점) 혹은 부정행위 처리됩니다.
    1) 답안파일을 저장하지 않았거나, 저장한 파일이 손상되었을 경우
    2) 답안파일을 지정된 폴더(바탕 화면 – "KAIT" 폴더)에 저장하지 않았을 경우
        ※ 답안 전송 프로그램 로그인 시 바탕 화면에 자동 생성됨
    3) 답안파일을 다른 보조 기억장치(USB) 혹은 네트워크(메신저, 게시판 등)로 전송할 경우
    4) 휴대용 전화기 등 통신기기를 사용할 경우
7. 시험지에 제시된 글꼴이 응시 프로그램에 없는 경우, 반드시 감독위원에게 해당 내용을 통보한 뒤 조치를 받아야 합니다.
8. 시험의 완료는 작성이 완료된 답안을 저장하고, 답안 전송이 완료된 상태를 확인한 것으로 합니다. 답안 전송 확인 후 문제지는 감독위원에게 제출한 후 퇴실하여야 합니다.
9. 답안전송이 완료된 경우에는 수정 또는 정정이 불가능합니다.
10. 【 】안의 지시사항은 한글 2010 버전용입니다.
11. 시험시행 후 합격자 발표는 홈페이지(www.ihd.or.kr)에서 확인하시기 바랍니다.
    1) 문제 및 정답 공개 : 20XX. XX. XX(X)
    2) 성적 공개 : 20XX. XX. XX(X)

디지털정보활용능력 - 한글   [시험시간 : 40분]

【문제】 첨부된 문제를 다음의 조건을 적용하여 문서를 작성하시오.

① 문서는 A4(210mm×297mm) 크기, 세로 용지방향으로 작성한다.

② 페이지 여백은 아래와 같이 설정한다.

왼쪽	오른쪽	위쪽	아래쪽	머리말	꼬리말	제본
20mm	20mm	20mm	20mm	10mm	10mm	0mm

③ 한글 2016버전은 아래와 같이 "자동 글머리 기호 넣기"와 "자동 번호 매기기" 기능을 해제한다.

도구 → 빠른 교정 → 빠른 교정 내용 → 입력 자동 서식 ⇒ 자동 글머리 기호 넣기(해제) / 자동 번호 매기기(해제)

※ 만약 입력자동서식 메뉴가 없는 경우에는, "자동 글머리 기호 넣기"와 "자동 번호 매기기" 기능이 설정되지 있지 않은 것이므로 별도의 기능 해제 없이 그대로 시험에 응시하시면 됩니다.

④ 글자는 별도의 지시사항이 없는 한 바탕, 10pt, 양쪽정렬, 줄간격 160%로 작성한다.

⑤ 영문, 숫자 등은 별도의 지시가 없는 한 반각(1byte) 문자를 사용한다.

⑥ 특수문자는 문자표(전각 기호)를 이용하여 작성한다.

⑦ 교정부호 및 화살표로 기재된 지시사항대로 처리하되, ⬚⟶ 은 지시사항이므로 작성하지 않는다.

⑧ 1페이지에 [문제1]을 작성하고, 구역을 나누어 2페이지에 [문제2]를 작성한다.

※ 해당 페이지에 작성하지 않거나 의도적으로 텍스트 작성을 하지 않은 경우 0점 처리

⑨ [문제2]는 문제지와 같이 글상자 아랫줄부터 2단으로 다단을 나누어 작성한다.

⑩ '그림 삽입'시에는 반드시 "KAIT 수검프로그램"을 통해 다운로드 한 그림 파일을 사용한다.

⑪ 차트 범례는 기본값으로 작성한다.(선 모양 없음)

⑫ 총점 : 200점

[공통사항1(기본설정, 용지설정)] : 8점, [공통사항2(오탈자)] : 40점

[문제1] : 46점, [문제2] : 106점

⑬ 기타 특별히 지시되어 있지 않은 사항은 문제지에 준하여 작성한다.

성인병예방건강강좌

사랑나눔 보건소에서는 **고혈압, 당뇨병, 고지혈증 등의 성인병 질환**을 조기에 발견하고 치료하기 위해 많은 노력을 기울이고 있으며, 이에 올해도 성인병예방건강강좌를 진행하고자 합니다. 성인병예방건강강좌는 심뇌혈관 질환과 당뇨병으로 인한 사망, 중증 합병증의 발생 등을 예방하고 지역 주민의 수명 연장을 도모하기 위한 매년 진행되고 있습니다. '성인병 바로알기'라는 주제로 진행될 예정인 이번 강좌에서는 성인병에 대한 의문 사항을 풀어주는 질의응답 시간도 마련되어 있으며, 성인병 예방에 좋은 건강 식단 짜기 프로그램도 마련되어 있으니 자신과 가족의 건강을 위해 많은 분들의 참여를 바랍니다.

◆ 행사안내 ◆

1. 강 좌 명 : 성인병 바로알기
2. 강좌내용 : 성인병에 의한 합병증 발생 원인과 예방 건강 식단 알아보기
3. 강좌일시 : 2025년 8월 30일(토) 오후 3시
4. 강좌장소 : *사랑나눔 보건소 2층 대강당(02-123-4567)*
5. 강좌연사 : 사랑나눔 보건소 소장

※ 기타사항
- 사랑나눔 보건소에서는 금연패널 전시와 청소년 흡연 예방 교육을 매월 실시하고 있습니다.
- 본 강좌는 50명까지 입장이 가능하며 사랑나눔 보건소 공식 홈페이지(http://www.diat.or.kr)에서 선착순으로 접수를 받고 있습니다.
- 주차 공간이 부족하므로 가급적이면 보건소 셔틀버스를 이용해 주시기 바랍니다.

2025. 08. 23.

사랑나눔보건소

성인병

1. 고혈압이란?

혈압(血壓)이란 동맥 혈관벽에 대항한 혈액의 압력을 말한다. 심장이 수축하여 동맥혈관으로 수액을 보낼 때의 압력이 가장 높은데 이때의 혈압을 수축기 혈압이라 하고, 심장(Heart)이 늘어나서 혈액을 받아들일 때의 혈압(Blood Pressure)이 가장 낮은데 이때의 혈압을 이완기 혈압이라고 한다. 이러한 혈압이 여러 가지 이유로 높아진 것을 고혈압(Hypertension)이라고 하며 우리나라 성인(成人) 인구의 약 15%가 고혈압을 가지고 있는 것으로 추정되고 있다.

2. 당뇨병이란?

당뇨병이란 소변으로 포도당(葡萄糖)이 배출된다고 하여 이름 붙여진 병이다. 정상인의 경우 소변으로 당이 넘쳐나지 않을 정도로 좁은 범위에서 혈당이 조절되고 있는데, 여기에는 췌장(膵臟)에서 분비되는 인슐린이라는 호르몬(Hormone)이 중요한 작용을 하고 있다. 이러한 인슐린(Insulin)이 모자라거나 인슐린①이 제대로 일을 못하는 상태가 되면 혈당(血糖)이 상승하게 되며 이로 인해 혈당이 지속적으로 높은 상태를 당뇨병이라고 부른다. 당뇨병은 유전적인 요소나 환경적인 요소에 의해 발생하는 것으로 알려져 있다. 즉, 당뇨병에 걸리기 쉬운 체질을 유전적 부모로부터 물려받은 사람이 당뇨병을 유발하기 쉬운 환경에 노출되었을 경우 쉽게 발생한다. 당뇨병을 유발할 수 있는 환경 요인은 고령, 비만, 스트레스, 임신, 감염, 약물(스테로이드제제, 면역억제제, 이뇨제) 등이 있는데, 환경 요인은 유전적인 요인과는 달리 본인의 노력으로 어느 정도 피할 수 있다는 점이 중요하다. 최근 들어 당뇨병이 급증하는 이유는 유전적인 요인보다는 과도한 음식물 섭취와 운동량 감소로 인한 비만증의 증가 때문이다.

대한민국 사망률(인구 10만 명당)

질병	남자	여자
암	90	50
심장질환	26	19
뇌혈관 질환	26	26
고혈압성 질환	8	2
당뇨병	12	8

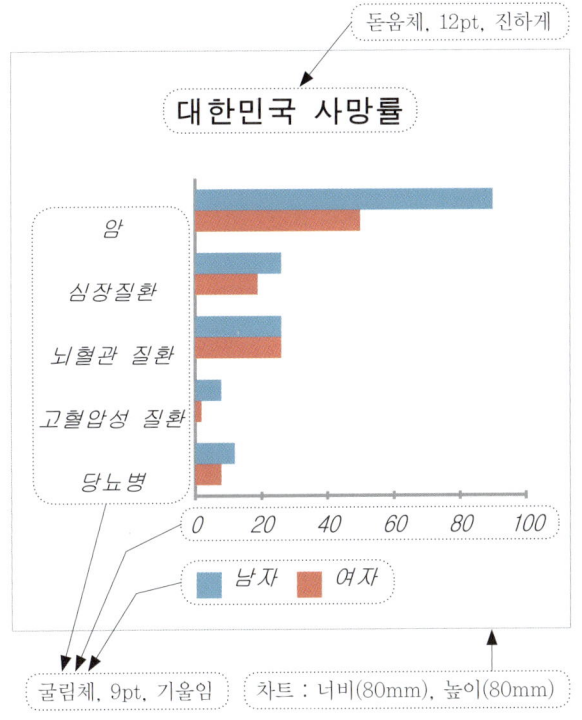

---

① 탄수화물 대사를 조절하는 호르몬 단백질

제 11 회 실전모의고사

- 시험과목 : 워드프로세서(한글)
- 시험일자 : 20XX. XX. XX(X)
- 응시자 기재사항 및 감독위원 확인

Ⓐ

수 검 번 호	DIW - XXXX -	감독위원 확인
성 명		

응시자 유의사항

1. 응시자는 반드시 신분증을 지참하여야 시험에 응시할 수 있으며, 시험이 종료될 때까지 신분증을 제시하지 못 할 경우 해당 시험은 0점 처리됩니다.
2. 시스템(PC작동여부, 네트워크 상태 등)의 이상여부를 반드시 확인하여야 하며, 시스템 이상이 있을시 감독위원에게 조치를 받으셔야 합니다.
3. 시험 중 부주의 또는 고의로 시스템을 파손한 경우는 응시자 부담으로 합니다.
4. 답안 전송 프로그램을 통해 다운로드 받은 파일을 이용하여 답안파일을 작성하시기 바랍니다.
5. 작성한 답안 파일은 답안 전송 프로그램을 통하여 전송됩니다. 감독위원의 지시에 따라 주시기 바랍니다.
6. 다음사항의 경우 실격(0점) 혹은 부정행위 처리됩니다.
   1) 답안파일을 저장하지 않았거나, 저장한 파일이 손상되었을 경우
   2) 답안파일을 지정된 폴더(바탕 화면 - "KAIT" 폴더)에 저장하지 않았을 경우
      ※ 답안 전송 프로그램 로그인 시 바탕 화면에 자동 생성됨
   3) 답안파일을 다른 보조 기억장치(USB) 혹은 네트워크(메신저, 게시판 등)로 전송할 경우
   4) 휴대용 전화기 등 통신기기를 사용할 경우
7. 시험지에 제시된 글꼴이 응시 프로그램에 없는 경우, 반드시 감독위원에게 해당 내용을 통보한 뒤 조치를 받아야 합니다.
8. 시험의 완료는 작성이 완료된 답안을 저장하고, 답안 전송이 완료된 상태를 확인한 것으로 합니다. 답안 전송 확인 후 문제지는 감독위원에게 제출한 후 퇴실하여야 합니다.
9. 답안전송이 완료된 경우에는 수정 또는 정정이 불가능합니다.
10. 【 】안의 지시사항은 한글 2010 버전용입니다.
11. 시험시행 후 합격자 발표는 홈페이지(www.ihd.or.kr)에서 확인하시기 바랍니다.
    1) 문제 및 정답 공개 : 20XX. XX. XX(X)
    2) 성적 공개 : 20XX. XX. XX(X)

디지털정보활용능력 - 한글   [시험시간 : 40분]

【문제】 첨부된 문제를 다음의 조건을 적용하여 문서를 작성하시오.

① 문서는 A4(210mm×297mm) 크기, 세로 용지방향으로 작성한다.

② 페이지 여백은 아래와 같이 설정한다.

왼쪽	오른쪽	위쪽	아래쪽	머리말	꼬리말	제본
20mm	20mm	20mm	20mm	10mm	10mm	0mm

③ 한글 2016버전은 아래와 같이 "자동 글머리 기호 넣기"와 "자동 번호 매기기" 기능을 해제한다.

> 도구 → 빠른 교정 → 빠른 교정 내용 → 입력 자동 서식 ⇒ 자동 글머리 기호 넣기(해제)
> 자동 번호 매기기(해제)

※ 만약 입력자동서식 메뉴가 없는 경우에는, "자동 글머리 기호 넣기"와 "자동 번호 매기기" 기능이 설정되지 있지 않은 것이므로 별도의 기능 해제 없이 그대로 시험에 응시하시면 됩니다.

④ 글자는 별도의 지시사항이 없는 한 바탕, 10pt, 양쪽정렬, 줄간격 160%로 작성한다.

⑤ 영문, 숫자 등은 별도의 지시가 없는 한 반각(1byte) 문자를 사용한다.

⑥ 특수문자는 문자표(전각 기호)를 이용하여 작성한다.

⑦ 교정부호 및 화살표로 기재된 지시사항대로 처리하되, ⟶ 은 지시사항이므로 작성하지 않는다.

⑧ 1페이지에 [문제1]을 작성하고, 구역을 나누어 2페이지에 [문제2]를 작성한다.

※ 해당 페이지에 작성하지 않거나 의도적으로 텍스트 작성을 하지 않은 경우 0점 처리

⑨ [문제2]는 문제지와 같이 글상자 아랫줄부터 2단으로 다단을 나누어 작성한다.

⑩ '그림 삽입'시에는 반드시 "KAIT 수검프로그램"을 통해 다운로드 한 그림 파일을 사용한다.

⑪ 차트 범례는 기본값으로 작성한다.(선 모양 없음)

⑫ 총점 : 200점

[공통사항1(기본설정, 용지설정)] : 8점, [공통사항2(오탈자)] : 40점

[문제1] : 46점, [문제2] : 106점

⑬ 기타 특별히 지시되어 있지 않은 사항은 문제지에 준하여 작성한다.

희망교육재단에서는 자유학기제 운영 방법 및 자유학기제의 올바른 이해를 도모함으로써 *자유학기제의 성공적인 정착 기반을 조성*하고자 '자유학기제 박람회'를 개최합니다. 이번 박람회에서는 자유학기제의 성공적인 학교 현장 적용사례를 확인할 수 있는 자유학기제관과 다양한 교육 우수사례를 소개하는 학교 전시관 및 미래를 탐색하고 진학의 청사진을 그려볼 수 있는 진로적성 대입 상담관 등을 운영할 계획입니다. 이번 박람회를 통해 학생들이 적성에 맞는 자기계발로 만족도 높은 행복한 학교생활을 영위하고 자신의 꿈과 끼를 스스로 찾을 수 있도록 관심 있는 여러분들의 많은 참여 부탁드립니다.

◇ **행사안내** ◇

1. 행사일시 : 2023년 8월 25일(금) ~ 27(일)
2. 행사장소 : 킨텍스 야외 제1전시장
3. 참가접수 : _희망교육재단 홈페이지(http://www.diat.or.kr)_
4. 행사주최 : 희망교육재단 청소년 위원회
5. 행사후원 : 교육부, 서울시 교육청, 희망교육재단

※ 기타사항
- 행사장 주변이 다소 혼잡할 수 있으므로 가급적 대중교통을 이용해 주시기 바랍니다.
- 진로적성 대입 상담관은 예약 후 이용할 수 있사오니 홈페이지에서 예약하시기 바랍니다.
- 25일(금) 10:00~11:30에는 야외공연장에서 오카리나 연주와 합창이 있고, 26일(토) 10:30~12:00 에는 상설무대에서 퓨전댄스를 공연합니다.

2023. 07. 29.

희망교육재단 청소년위원회

자유학기제

1. 자유학기제란?

자유학기제는 공교육 정상화를 이끌어갈 현행 정부의 핵심 국정과제이다. 학생들이 한 학기 동안만이라도 중간, 기말고사 등 시험의 부담(負擔)에서 벗어나 행복한 학교생활 속에서 스스로 꿈과 끼를 찾고 창의성, 인성, 자기 주도적 학습능력 등 미래사회가 요구하는 역량을 배양(培養)하는 것을 목적으로 한다. 이러한 개념의 틀 안에서 부산광역시교육청의 경우 '나는 어떤 사람인가, 내가 사회는 살아갈 어떤 곳인가, 나는 어떤 기여를 하며 살아갈 수 있을 것인가에 대해 탐구하는 학기'로 자유학기을 정의하고 다양한 선택(Choice) 기회 제공, 역량(Capacity) 중심 수업, 지역사회(Community)와 함께하는 진로체험, 적성에 따른 진로(Career) 발견의 4Clovers 운영 모형을 추구하고 있다.

2. 자유학기제의 효과

자유학기를 통해 얻을 수 있는 효과는 크게 세 가지로 첫째, 적성에 맞는 자기계발 및 인성 함양①, 둘째, 만족감(滿足感) 높은 행복한 학교생활, 셋째, 공교육 신뢰회복 및 정상화이다. 학생들은 개인 맞춤형 진로탐색 활동을 통해 꿈과 끼, 적성에 맞는 자기계발(自己啓發)을 할 수 있고, 더불어 함께하는 협동 및 협업 학습을 통해 사회성 및 인성을 함양하고, 지역사회 봉사활동과 지역시설을 이용한 진로탐색 활동을 통해 지역사회 및 일과 직업세계에 대한 이해도를 높이게 될 것이다. 또한 참여 및 활동 중심의 학습을 통해 학교생활의 만족도가 높아지고, 모둠 협동 학습을 통한 교우관계 개선 및 교사와 함께 하는 체험활동을 통해 교사와 학생 관계가 개선되는 효과가 있을 것이다. 이를 통해 자기이해 및 진로에 대한 비전(Vision)을 바탕으로 학습 동기(動機)를 찾아 학업에 매진하는 계기를 마련하게 될 것이다.

자유학기제 만족도(단위 : %)

실시학교	학생	학부모
연수고	63	70
부림고	80	50
인하고	43	35
상상고	93	90
사랑고	72	65

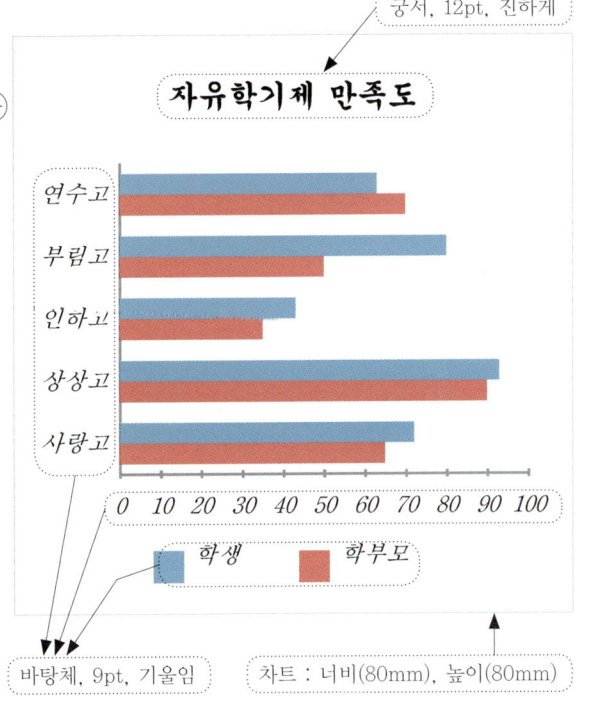

---

① 능력이나 품성 따위를 길러 쌓거나 갖춤

실전모의고사

제  회

한글 NEO/2010 버전용

- 시험과목 : 워드프로세서(한글)
- 시험일자 : 20XX. XX. XX(X)
- 응시자 기재사항 및 감독위원 확인

수 검 번 호	DIW - XXXX -	감독위원 확인
성 명		

응시자 유의사항

1. 응시자는 반드시 신분증을 지참하여야 시험에 응시할 수 있으며, 시험이 종료될 때까지 신분증을 제시하지 못 할 경우 해당 시험은 0점 처리됩니다.
2. 시스템(PC작동여부, 네트워크 상태 등)의 이상여부를 반드시 확인하여야 하며, 시스템 이상이 있을시 감독위원에게 조치를 받으셔야 합니다.
3. 시험 중 부주의 또는 고의로 시스템을 파손한 경우는 응시자 부담으로 합니다.
4. 답안 전송 프로그램을 통해 다운로드 받은 파일을 이용하여 답안파일을 작성하시기 바랍니다.
5. 작성한 답안 파일은 답안 전송 프로그램을 통하여 전송됩니다. 감독위원의 지시에 따라 주시기 바랍니다.
6. 다음사항의 경우 실격(0점) 혹은 부정행위 처리됩니다.
    1) 답안파일을 저장하지 않았거나, 저장한 파일이 손상되었을 경우
    2) 답안파일을 지정된 폴더(바탕 화면 - "KAIT" 폴더)에 저장하지 않았을 경우
        ※ 답안 전송 프로그램 로그인 시 바탕 화면에 자동 생성됨
    3) 답안파일을 다른 보조 기억장치(USB) 혹은 네트워크(메신저, 게시판 등)로 전송할 경우
    4) 휴대용 전화기 등 통신기기를 사용할 경우
7. 시험지에 제시된 글꼴이 응시 프로그램에 없는 경우, 반드시 감독위원에게 해당 내용을 통보한 뒤 조치를 받아야 합니다.
8. 시험의 완료는 작성이 완료된 답안을 저장하고, 답안 전송이 완료된 상태를 확인한 것으로 합니다. 답안 전송 확인 후 문제지는 감독위원에게 제출한 후 퇴실하여야 합니다.
9. 답안전송이 완료된 경우에는 수정 또는 정정이 불가능합니다.
10. 【 】안의 지시사항은 한글 2010 버전용입니다.
11. 시험시행 후 합격자 발표는 홈페이지(www.ihd.or.kr)에서 확인하시기 바랍니다.
    1) 문제 및 정답 공개 : 20XX. XX. XX(X)
    2) 성적 공개 : 20XX. XX. XX(X)

디지털정보활용능력 – 한글   [시험시간 : 40분]

【문제】 첨부된 문제를 다음의 조건을 적용하여 문서를 작성하시오.

① 문서는 A4(210mm×297mm) 크기, 세로 용지방향으로 작성한다.

② 페이지 여백은 아래와 같이 설정한다.

왼쪽	오른쪽	위쪽	아래쪽	머리말	꼬리말	제본
20mm	20mm	20mm	20mm	10mm	10mm	0mm

③ 한글 2016버전은 아래와 같이 "자동 글머리 기호 넣기"와 "자동 번호 매기기" 기능을 해제한다.

> 도구 → 빠른 교정 → 빠른 교정 내용 → 입력 자동 서식 ⇒ 자동 글머리 기호 넣기(해제)
> 자동 번호 매기기(해제)

※ 만약 입력자동서식 메뉴가 없는 경우에는, "자동 글머리 기호 넣기"와 "자동 번호 매기기" 기능이 설정되지 있지 않은 것이므로 별도의 기능 해제 없이 그대로 시험에 응시하시면 됩니다.

④ 글자는 별도의 지시사항이 없는 한 바탕, 10pt, 양쪽정렬, 줄간격 160%로 작성한다.

⑤ 영문, 숫자 등은 별도의 지시가 없는 한 반각(1byte) 문자를 사용한다.

⑥ 특수문자는 문자표(전각 기호)를 이용히어 작성한다.

⑦ 교정부호 및 화살표로 기재된 지시사항대로 처리하되, ⬚⟶ 은 지시사항이므로 작성하지 않는다.

⑧ 1페이지에 [문제1]을 작성하고, 구역을 나누어 2페이지에 [문제2]를 작성한다.

※ 해당 페이지에 작성하지 않거나 의도적으로 텍스트 작성을 하지 않은 경우 0점 처리

⑨ [문제2]는 문제지와 같이 글상자 아랫줄부터 2단으로 다단을 나누어 작성한다.

⑩ '그림 삽입'시에는 반드시 "KAIT 수검프로그램"을 통해 다운로드 한 그림 파일을 사용한다.

⑪ 차트 범례는 기본값으로 작성한다.(선 모양 없음)

⑫ 총점 : 200점

[공통사항1(기본설정, 용지설정)] : 8점, [공통사항2(오탈자)] : 40점

[문제1] : 46점, [문제2] : 106점

⑬ 기타 특별히 지시되어 있지 않은 사항은 문제지에 준하여 작성한다.

/ DIAT

학교폭력예방무료강좌

최근 학교폭력 및 아동성폭력범죄가 빈번하게 발생하고 있어 심각한 사회 문제로 대두되고 있습니다. 학교폭력이란 학생 간에서 일어나는 폭행, 상해, 위협, 강제적인 심부름, 따돌림, 언어폭력 등을 말하며, 학생의 정신적 및 신체적 피해를 주는 폭력 행위로 피해자를 괴롭히는 아주 무서운 범죄입니다. 이러한 ***범죄를 피할 수 있는 방법은 철저한 교육과 예방***밖에 없습니다. 부모님이 피해의 심각성을 인지하고 스스로 위기의식과 자녀에 대한 교육능력을 갖춰 소중한 자녀를 범죄로부터 안전하게 지킬 수 있는 방안을 제시해 드립니다. 꼭 참석하시어 학부모님의 가정에 행복과 화목이 가득하시길 기원합니다.

■ 교육일정 ■

1. 교육일시 : 2026. 07. 10(금) ~ 11(토) 14:00 ~ 15:30
2. 교육장소 : 인천광역시 청소년문화센터 대회의실
3. 교육대상 : *초, 중, 고등학생 학부모(선착순 100명)*
4. 주 최 : 청소년문화센터, 여성가족사랑협회
5. 문의전화 : 032-123-4567

※ 기타사항
- 학교폭력 피해예방 및 아동 성범죄 예방에 관한 교육이 진행될 예정이며, 자세한 교육프로그램은 홈페이지(http://www.diat.or.kr)를 참고해 주시기 바랍니다.
- 참석하시는 모든 분들께 안전예방 호루라기를 증정합니다.
- 교육장소의 주차장이 협소하오니 가급적 대중교통을 이용해 주시기 바랍니다.

2026. 06. 15.

청소년문화센터

- 가 -

CCTV와 EDR

1. CCTV

CCTV(Closed Circuit Television)는 특정한 시설물에서 유선TV를 사용하여 특정인만이 영상을 볼 수 있도록 한 TV를 말하며 방송텔레비전 이외의 산업용, 교육용, 의료용, 교통관제용 감시, 방재용 및 사내의 화상정보 전달용 등으로 그 용도가 다양하다. 최근에는 특히 골목과 같은 우범지대에 CCTV를 설치하는 등 범죄예방을 위한 설치가 늘고 있어 프라이버시(Privacy) 침해 문제가 거론(擧論)되고 있다. CCTV의 설치가 급증하는 것은 그것이 가지는 방죄의 예방 및 억제효과, 범인의 발견 및 체포의 용이성, 시민들이 인식하는 범죄의 두려움 감소(減少), 그리고 주요지역에의 설치로 인한 한정된 경찰인력 보완 등의 효과가 실증적(實證的)으로 증명되었기 때문이다.

2. EDR

차량용 블랙박스는 EDR㉠이라고 부르기도 하는데, 주로 카메라 형식의 제품이 많다. 차량 내부의 룸미러 근처나 대시 보드 위에 설치하며, 차량 전방의 영상을 촬영하여 동영상으로 기록, 교통사고 발생 시 시시비비(是是非非)를 가리는데 주로 사용한다. 카메라 수를 늘려 전면과 측면, 후면을 동시에 촬영할 수 있으며 상시모드, 충격모드, 주차모드, 수동모드 등을 설정할 수 있다. 구체적으로 운전자의 가속 페달, 제동 페달 등의 조작과 엔진 상태, 속도, 전방 상황 등을 실시간으로 기록한다. 또한, 주행뿐만 아니라 주차나 정차 시에도 영상을 기록하며 차량의 속도, 안전벨트 착용 상태까지 점검한다. 요즘엔 블랙박스의 차량용 보급률이 높은 미국과 유럽처럼 아예 자동차 제작 단계서부터 블랙박스를 내장하여 보다 체계적이고 정확한 사고(事故)의 조사가 가능해졌다.

공공기관의 CCTV 설치현황

년도	설치대수(대)
2021	241,415
2022	309,227
2023	364,302
2024	461,746
2025	565,723

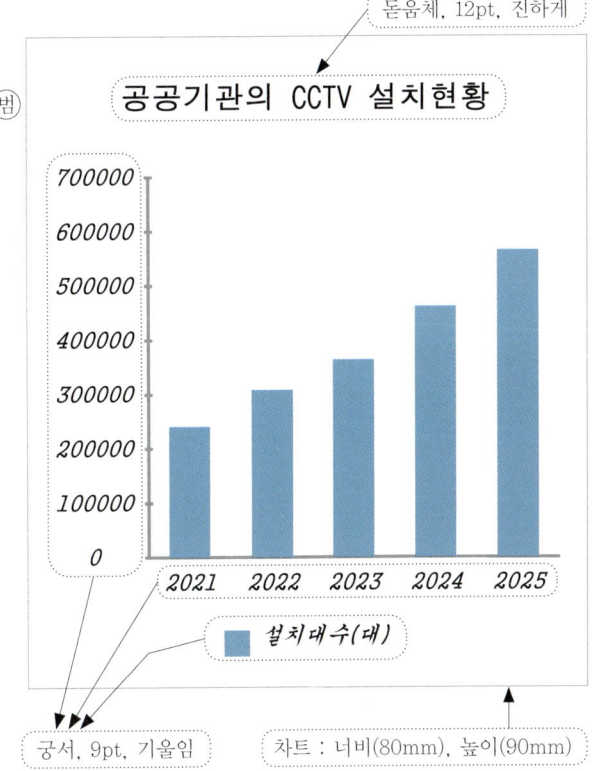

㉠ Event Data Recorder, 사고기록장치

한글 NEO/2010 버전용

제 13 회 실전모의고사

- 시험과목 : 워드프로세서(한글)
- 시험일자 : 20XX. XX. XX(X)
- 응시자 기재사항 및 감독위원 확인

Ⓒ

수 검 번 호	DIW – XXXX –	감독위원 확인
성 명		

응시자 유의사항

1. 응시자는 반드시 신분증을 지참하여야 시험에 응시할 수 있으며, 시험이 종료될 때까지 신분증을 제시하지 못 할 경우 해당 시험은 0점 처리됩니다.
2. 시스템(PC작동여부, 네트워크 상태 등)의 이상여부를 반드시 확인하여야 하며, 시스템 이상이 있을시 감독위원에게 조치를 받으셔야 합니다.
3. 시험 중 부주의 또는 고의로 시스템을 파손한 경우는 응시자 부담으로 합니다.
4. 답안 전송 프로그램을 통해 다운로드 받은 파일을 이용하여 답안파일을 작성하시기 바랍니다.
5. 작성한 답안 파일은 답안 전송 프로그램을 통하여 전송됩니다. 감독위원의 지시에 따라 주시기 바랍니다.
6. 다음사항의 경우 실격(0점) 혹은 부정행위 처리됩니다.
    1) 답안파일을 저장하지 않았거나, 저장한 파일이 손상되었을 경우
    2) 답안파일을 지정된 폴더(바탕 화면 – "KAIT" 폴더)에 저장하지 않았을 경우
        ※ 답안 전송 프로그램 로그인 시 바탕 화면에 자동 생성됨
    3) 답안파일을 다른 보조 기억장치(USB) 혹은 네트워크(메신저, 게시판 등)로 전송할 경우
    4) 휴대용 전화기 등 통신기기를 사용할 경우
7. 시험지에 제시된 글꼴이 응시 프로그램에 없는 경우, 반드시 감독위원에게 해당 내용을 통보한 뒤 조치를 받아야 합니다.
8. 시험의 완료는 작성이 완료된 답안을 저장하고, 답안 전송이 완료된 상태를 확인한 것으로 합니다. 답안 전송 확인 후 문제지는 감독위원에게 제출한 후 퇴실하여야 합니다.
9. 답안전송이 완료된 경우에는 수정 또는 정정이 불가능합니다.
10. 【 】안의 지시사항은 한글 2010 버전용입니다.
11. 시험시행 후 합격자 발표는 홈페이지(www.ihd.or.kr)에서 확인하시기 바랍니다.
    1) 문제 및 정답 공개 : 20XX. XX. XX(X)
    2) 성적 공개 : 20XX. XX. XX(X)

한국정보통신진흥협회 KAIT

디지털정보활용능력 - 한글   [시험시간 : 40분]

【문제】 첨부된 문제를 다음의 조건을 적용하여 문서를 작성하시오.

① 문서는 A4(210mm×297mm) 크기, 세로 용지방향으로 작성한다.

② 페이지 여백은 아래와 같이 설정한다.

왼쪽	오른쪽	위쪽	아래쪽	머리말	꼬리말	제본
20mm	20mm	20mm	20mm	10mm	10mm	0mm

③ 한글 2016버전은 아래와 같이 "자동 글머리 기호 넣기"와 "자동 번호 매기기" 기능을 해제한다.

도구 → 빠른 교정 → 빠른 교정 내용 → 입력 자동 서식 ⇒ 자동 글머리 기호 넣기(해제) / 자동 번호 매기기(해제)

※ 만약 입력자동서식 메뉴가 없는 경우에는, "자동 글머리 기호 넣기"와 "자동 번호 매기기" 기능이 설정되지 있지 않은 것이므로 별도의 기능 해제 없이 그대로 시험에 응시하시면 됩니다.

④ 글자는 별도의 지시사항이 없는 한 바탕, 10pt, 양쪽정렬, 줄간격 160%로 작성한다.

⑤ 영문, 숫자 등은 별도의 지시가 없는 한 반각(1byte) 문자를 사용한다.

⑥ 특수문자는 문자표(전각 기호)를 이용하여 작성한다.

⑦ 교정부호 및 화살표로 기재된 지시사항대로 처리하되, ⬚⟶ 은 지시사항이므로 작성하지 않는다.

⑧ 1페이지에 [문제1]을 작성하고, 구역을 나누어 2페이지에 [문제2]를 작성한다.

※ 해당 페이지에 작성하지 않거나 의도적으로 텍스트 작성을 하지 않은 경우 0점 처리

⑨ [문제2]는 문제지와 같이 글상자 아랫줄부터 2단으로 다단을 나누어 작성한다.

⑩ '그림 삽입'시에는 반드시 "KAIT 수검프로그램"을 통해 다운로드 한 그림 파일을 사용한다.

⑪ 차트 범례는 기본값으로 작성한다.(선 모양 없음)

⑫ 총점 : 200점

[공통사항1(기본설정, 용지설정)] : 8점, [공통사항2(오탈자)] : 40점

[문제1] : 46점, [문제2] : 106점

⑬ 기타 특별히 지시되어 있지 않은 사항은 문제지에 준하여 작성한다.

DIAT

아시아애니메이션페스티벌

애니메이션 산업 육성을 위해 매년 개최되고 있는 아시아 애니메이션 페스티벌은 다양한 콘셉트 및 기획으로 관객들에게 큰 관심과 사랑을 받고 있습니다. 문화는 21세기형 산업이자 창조 경제의 핵심이고, 풍족하고 행복한 삶을 누리는 데에도 큰 역할을 합니다. 이렇게 중요한 문화산업 중에서도 애니메이션은 남녀노소 누구에게나 다가갈 수 있는 친근한 분야이며, 작품에 따라 사회에 지속적으로 큰 영향을 미치는 정신의 역량이 요구되는 예술이기도 합니다. 이번 행사에서는 *'다시 하나 되는 아시아'라는 주제*로 다양한 전시, 이벤트, 영화제 등을 함께 진행할 예정이오니 여러분들의 많은 관심과 참여 바랍니다.

◎ 행사안내 ◎

1. 행 사 명 : 아시아 애니메이션 페스티벌(약칭 AICAF2024)
2. 행사기간 : 2024년 5월 22일 ~ 26일, (5일간)
3. 프로그램 : *기획존, 테마존, 글로벌존, 청춘열전, 공감존, 체험존*
4. 주 최 : 문화체육관광부, 한국관광공사, 한국만화가협회, 한국애니메이션 예술인협회
5. 장 소 : 아시아애니메이션센터

※ 기타사항
- 30명 이상 단체 입장의 경우 입장료의 20%를 할인하여 드립니다.
- 인터넷 예매 시에는 1천 원 할인하여 드리며, 중복 할인은 되지 않습니다.
- 참가 신청은 아시아애니메이션센터 홈페이지(www.diat.or.kr)를 참고하시기 바라며, 자세한 사항은 페스티벌 담당자(02-123-4567)에게 문의하시기 바랍니다.

2024. 05. 18.

아시아애니메이션센터

애니메이션

1. 브랜드 가치

2014년 서울산업통상진흥원은 뽀로로의 브랜드(Brand) 가치를 3,893억 원으로 추산했다. 실제 도서, 공산품, 식음료 등 각종 산업(産業)에서 맹활약을 떨치고 있는 '뽀느님' 뽀로로의 1년 저작권 수입은 120~130억 원 정도 된다. 그야말로 잘 만든 애니메이션(Animation) 하나가 다양(多樣)한 산업에서 부가가치를 창출(創出)하고 있는 것이다. 뽀로로의 상공에 힘입어 미국과 일본 캐릭터(Character)가 주를 이루던 국내 애니메이션 시장에도 토종 캐릭터 바람이 불기 시작했다. 코코몽, 카봇, 또봇, 로보카폴리 등이 바로 그 주인공이다.

2. 교육의 애니메이션

한국 애니메이션의 또 하나 주요한 특징은 어린이를 타깃으로 한 메시지가 스토리 전반에 녹아 있다는 것이다. 예절, 언어, 수학 등 교육적 메시지는 물론 협동(協同), 리더십, 도전 등의 교훈적 메시지까지 애니메이션은 어린이들이 부담 없이 받아들일 수 있는 콘텐츠(Contents) 도구로 널리 활용되고 있다. 특히 초, 중, 고등 교육(敎育)보다 몇 배는 까다롭다는 영유아 교육에 있어 한국 애니메이션은 세계적인 강자다. 애니메이션 캐릭터들은 흥겨운 노래와 신나는 율동을 통해 아이들의 인지 및 정서 발달을 돕는다. 캐릭터들과 노는 사이 아이들은 어느새 쉽고 재미있게 식습관, 인사법, 교통질서 등을 배운다. 단순 교육적인 내용에서 한발 더 나아가, 우정과 용기 등 교훈적인 요소들을 스토리(Story) 곳곳에 녹여 아이들이 애니메이션을 보면서 자연스럽게 이를 습득할 수 있도록 돕기도 한다. 특히 캐릭터① 사업과 가장 밀접한 완구의 경우 사업 적시성 및 수익 극대화를 위해 애니메이션 기획 단계에서부터 업체들이 참여하거나 직접 제작에 나서고 있다.

---

① 소설이나 만화 등의 작품 속에 등장하는 인물

애니메이션 경제적 가치

구분	총매출(단위 : 억 원)
둘리	2,486
뽀로로	8,519
타요	1,900
코코몽	2,000
라바	2,100
로보카폴리	1,850

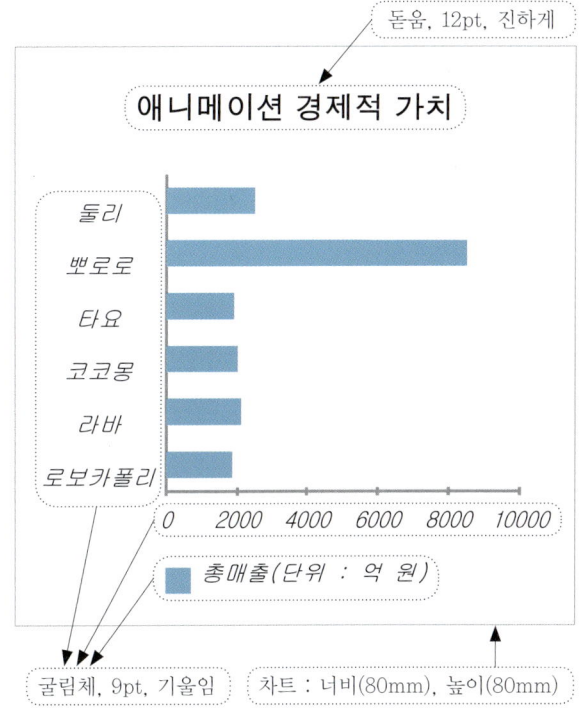

제 14 회 실전모의고사

- 시험과목 : 워드프로세서(한글)
- 시험일자 : 20XX. XX. XX(X)
- 응시자 기재사항 및 감독위원 확인

수 검 번 호	DIW - XXXX -	감독위원 확인
성 명		

응시자 유의사항

1. 응시자는 반드시 신분증을 지참하여야 시험에 응시할 수 있으며, 시험이 종료될 때까지 신분증을 제시하지 못 할 경우 해당 시험은 0점 처리됩니다.
2. 시스템(PC작동여부, 네트워크 상태 등)의 이상여부를 반드시 확인하여야 하며, 시스템 이상이 있을시 감독위원에게 조치를 받으셔야 합니다.
3. 시험 중 부주의 또는 고의로 시스템을 파손한 경우는 응시자 부담으로 합니다.
4. 답안 전송 프로그램을 통해 다운로드 받은 파일을 이용하여 답안파일을 작성하시기 바랍니다.
5. 작성한 답안 파일은 답안 전송 프로그램을 통하여 전송됩니다. 감독위원의 지시에 따라 주시기 바랍니다.
6. 다음사항의 경우 실격(0점) 혹은 부정행위 처리됩니다.
    1) 답안파일을 저장하지 않았거나, 저장한 파일이 손상되었을 경우
    2) 답안파일을 지정된 폴더(바탕 화면 – "KAIT" 폴더)에 저장하지 않았을 경우
       ※ 답안 전송 프로그램 로그인 시 바탕 화면에 자동 생성됨
    3) 답안파일을 다른 보조 기억장치(USB) 혹은 네트워크(메신저, 게시판 등)로 전송할 경우
    4) 휴대용 전화기 등 통신기기를 사용할 경우
7. 시험지에 제시된 글꼴이 응시 프로그램에 없는 경우, 반드시 감독위원에게 해당 내용을 통보한 뒤 조치를 받아야 합니다.
8. 시험의 완료는 작성이 완료된 답안을 저장하고, 답안 전송이 완료된 상태를 확인한 것으로 합니다. 답안 전송 확인 후 문제지는 감독위원에게 제출한 후 퇴실하여야 합니다.
9. 답안전송이 완료된 경우에는 수정 또는 정정이 불가능합니다.
10. 【 】안의 지시사항은 한글 2010 버전용입니다.
11. 시험시행 후 합격자 발표는 홈페이지(www.ihd.or.kr)에서 확인하시기 바랍니다.
    1) 문제 및 정답 공개 : 20XX. XX. XX(X)
    2) 성적 공개 : 20XX. XX. XX(X)

디지털정보활용능력 – 한글 [시험시간 : 40분]

【문제】 첨부된 문제를 다음의 조건을 적용하여 문서를 작성하시오.

① 문서는 A4(210mm×297mm) 크기, 세로 용지방향으로 작성한다.

② 페이지 여백은 아래와 같이 설정한다.

왼쪽	오른쪽	위쪽	아래쪽	머리말	꼬리말	제본
20mm	20mm	20mm	20mm	10mm	10mm	0mm

③ 한글 2016버전은 아래와 같이 "자동 글머리 기호 넣기"와 "자동 번호 매기기" 기능을 해제한다.

도구 → 빠른 교정 → 빠른 교정 내용 → 입력 자동 서식 ⇒ 자동 글머리 기호 넣기(해제)
자동 번호 매기기(해제)

※ 만약 입력자동서식 메뉴가 없는 경우에는, "자동 글머리 기호 넣기"와 "자동 번호 매기기" 기능이 설정되지 있지 않은 것이므로 별도의 기능 해제 없이 그대로 시험에 응시하시면 됩니다.

④ 글자는 별도의 지시사항이 없는 한 바탕, 10pt, 양쪽정렬, 줄간격 160%로 작성한다.

⑤ 영문, 숫자 등은 별도의 지시가 없는 한 반각(1byte) 문자를 사용한다.

⑥ 특수문자는 문자표(전각 기호)를 이용하여 작성한다.

⑦ 교정부호 및 화살표로 기재된 지시사항대로 처리하되, ⬚⟶ 은 지시사항이므로 작성하지 않는다.

⑧ 1페이지에 [문제1]을 작성하고, 구역을 나누어 2페이지에 [문제2]를 작성한다.

  ※ 해당 페이지에 작성하지 않거나 의도적으로 텍스트 작성을 하지 않은 경우 0점 처리

⑨ [문제2]는 문제지와 같이 글상자 아랫줄부터 2단으로 다단을 나누어 작성한다.

⑩ '그림 삽입'시에는 반드시 "KAIT 수검프로그램"을 통해 다운로드 한 그림 파일을 사용한다.

⑪ 차트 범례는 기본값으로 작성한다.(선 모양 없음)

⑫ 총점 : 200점

  [공통사항1(기본설정, 용지설정)] : 8점, [공통사항2(오탈자)] : 40점

  [문제1] : 46점, [문제2] : 106점

⑬ 기타 특별히 지시되어 있지 않은 사항은 문제지에 준하여 작성한다.

뇌졸중시민건강강좌

대한가족병원에서는 지역민에게 뇌졸중에 대한 올바른 의학 지식을 나누어 건강하고 행복한 삶을 유지할 수 있도록 **뇌졸중 시민건강강좌를 개최**하고자 합니다. 오랫동안 치료가 어려운 병으로 알려진 뇌졸중은 진단 및 치료의 발전과 더불어 혈관외과, 신경과, 신경외과, 영상의학과, 재활의학과, 응급의학과 등과의 유기적인 상호 협진으로 점차 치료 가능한 병으로 바뀌고 있습니다. 이번 강좌에서는 뇌졸중에 대한 진단 및 예방법은 물론 뇌졸중 환자의 퇴원 후 재활치료 및 합병증 관리, 뇌졸중 영양관리 등 다양한 주제로 강좌를 진행할 예정입니다. 지역민 여러분들의 많은 관심과 참여 부탁드립니다.

■ 강좌안내 ■

1. 강좌주제 : "뇌졸중 증상을 알면 이길 수 있다"
2. 강좌일시 : 2026년 5월 2일(토), 10시 ~ 17시
3. 강좌장소 : *대한가족병원 뇌졸중센터*
4. 대   상 : 건강에 관심 있는 지역민 누구나
5. 신청방법 : 홈페이지(http://www.diat.or.kr)에서 온라인 접수

※ 기타사항
- 개별 상담 및 검진을 원하시는 분은 선착순으로 진행되오니 미리 전화로 예약하셔서 일정을 조정하시기 바랍니다. (검진을 원하시는 분은 검진 전 6시간 금식)
- 강좌에 참여하신 모든 분께 소책자, 소정의 기념품, 간식 등을 제공해 드립니다.
- 기타 자세한 사항은 뇌졸중센터 담당자(031-123-4567)에게 문의하여 주시기 바랍니다.

2026. 04. 25.

대한가족병원

뇌졸중

1. 뇌졸중이란?

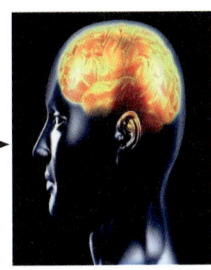

뇌졸중(Stroke)은 뇌 기능의 부분적 또는 전체적으로 급속히 발생한 장애가 상당 기간 이상 지속되는 것으로, 뇌혈관의 병 이외에는 다른 원인을 찾을 수 없는 상태를 일컫는다. 뇌졸중은 일교차가 심할수록 발생률이 높아진다. 한의학계에서는 뇌졸중을 '중풍(中風)' 혹은 이를 줄여서 '풍'이라고 지칭(指稱)하는 경우도 있지만 한의학(Korean Medicine)에서 뜻하는 '중풍'에는 서양의학에서 '뇌졸중'으로 분류하지 않는 질환(疾患)도 포함하고 있다. 뇌졸중은 뇌혈관이 막혀서 발생하는 뇌경색(허혈성 뇌졸중)과 뇌혈관의 파열로 인해 혈액이 유출되어 뇌 조직 내부로 발생하는 뇌출혈(출혈성 뇌졸중)을 통틀어 일컫는 말이다. 따라서 '뇌졸중'과 '중풍'은 서로 구분하여 사용하는 것이 바람직하다.

2. 원인과 증상

뇌졸중(Stroke)은 갑작스러운 신경기능의 장애로 나타난다. 뇌졸중의 일반적인 증상으로 작게는 갑작스러운 두통(頭痛) 및 구토가 있으며, 크게는 반신마비나 신체 일부의 마비, 언어장애, 안면신경장애, 운동실조(Ataxia)Ⓐ, 치매(Dementia) 등이 있다. 뇌경색의 경우 초기에는 이러한 증상들이 경미하고 일시적으로 나타났다가 사라지는 경우가 많으나 이러한 증상들은 더 심한 영구적 장애를 남기는 뇌졸중이 조만간 나타날 가능성(可能性)이 높음을 예고한다. 뇌졸중은 갑자기 나타나게 되지만 뇌혈관의 이상은 갑자기 발생하는 것이 아니다. 혈관의 병이 진행하여 혈관이 견디지 못할 정도가 되면 터지거나 막히게 되어 증상이 나타나게 된다. 한 연구조사에 따르면 뇌졸중이 발병해 병원에 도착한 환자들은 98%가 편측마비, 언어장애, 시각장애, 어지럼증, 심한 두통 등 5개 증상을 겪은 것으로 나타났다.

뇌졸중 전조 증상

전조현상	비율
편측마비	54.8%
의식장애	27.5%
어지럼증	10.5%
시각장애	2.8%
두통	2.3%

뇌졸중 전조 증상

Ⓐ 사지, 신체의 움직임을 원활히 조절할 수 없는 상황

제 15 회 실전모의고사

한글 NEO/2010 버전용

- 시험과목 : 워드프로세서(한글)
- 시험일자 : 20XX. XX. XX(X)
- 응시자 기재사항 및 감독위원 확인

Ⓔ

수 검 번 호	DIW - XXXX -	감독위원 확인
성 명		

응시자 유의사항

1. 응시자는 반드시 신분증을 지참하여야 시험에 응시할 수 있으며, 시험이 종료될 때까지 신분증을 제시하지 못 할 경우 해당 시험은 0점 처리됩니다.
2. 시스템(PC작동여부, 네트워크 상태 등)의 이상여부를 반드시 확인하여야 하며, 시스템 이상이 있을시 감독위원에게 조치를 받으셔야 합니다.
3. 시험 중 부주의 또는 고의로 시스템을 파손한 경우는 응시자 부담으로 합니다.
4. 답안 전송 프로그램을 통해 다운로드 받은 파일을 이용하여 답안파일을 작성하시기 바랍니다.
5. 작성한 답안 파일은 답안 전송 프로그램을 통하여 전송됩니다. 감독위원의 지시에 따라 주시기 바랍니다.
6. 다음사항의 경우 실격(0점) 혹은 부정행위 처리됩니다.
    1) 답안파일을 저장하지 않았거나, 저장한 파일이 손상되었을 경우
    2) 답안파일을 지정된 폴더(바탕 화면 - "KAIT" 폴더)에 저장하지 않았을 경우
       ※ 답안 전송 프로그램 로그인 시 바탕 화면에 자동 생성됨
    3) 답안파일을 다른 보조 기억장치(USB) 혹은 네트워크(메신저, 게시판 등)로 전송할 경우
    4) 휴대용 전화기 등 통신기기를 사용할 경우
7. 시험지에 제시된 글꼴이 응시 프로그램에 없는 경우, 반드시 감독위원에게 해당 내용을 통보한 뒤 조치를 받아야 합니다.
8. 시험의 완료는 작성이 완료된 답안을 저장하고, 답안 전송이 완료된 상태를 확인한 것으로 합니다. 답안 전송 확인 후 문제지는 감독위원에게 제출한 후 퇴실하여야 합니다.
9. 답안전송이 완료된 경우에는 수정 또는 정정이 불가능합니다.
10. 【 】안의 지시사항은 한글 2010 버전용입니다.
11. 시험시행 후 합격자 발표는 홈페이지(www.ihd.or.kr)에서 확인하시기 바랍니다.
    1) 문제 및 정답 공개 : 20XX. XX. XX(X)
    2) 성적 공개 : 20XX. XX. XX(X)

한국정보통신진흥협회 KAIT

디지털정보활용능력 - 한글 [시험시간 : 40분]

【문제】 첨부된 문제를 다음의 조건을 적용하여 문서를 작성하시오.

① 문서는 A4(210mm×297mm) 크기, 세로 용지방향으로 작성한다.

② 페이지 여백은 아래와 같이 설정한다.

왼쪽	오른쪽	위쪽	아래쪽	머리말	꼬리말	제본
20mm	20mm	20mm	20mm	10mm	10mm	0mm

③ 한글 2016버전은 아래와 같이 "자동 글머리 기호 넣기"와 "자동 번호 매기기" 기능을 해제한다.

도구 → 빠른 교정 → 빠른 교정 내용 → 입력 자동 서식 ⇒ 자동 글머리 기호 넣기(해제)
자동 번호 매기기(해제)

※ 만약 입력자동서식 메뉴가 없는 경우에는, "자동 글머리 기호 넣기"와 "자동 번호 매기기" 기능이 설정되지 있지 않은 것이므로 별도의 기능 해제 없이 그대로 시험에 응시하시면 됩니다.

④ 글자는 별도의 지시사항이 없는 한 바탕, 10pt, 양쪽정렬, 줄간격 160%로 작성한다.

⑤ 영문, 숫자 등은 별도의 지시가 없는 한 반각(1byte) 문자를 사용한다.

⑥ 특수문자는 문자표(전각 기호)를 이용하여 작성한다.

⑦ 교정부호 및 화살표로 기재된 지시사항대로 처리하되, ⬚⟶ 은 지시사항이므로 작성하지 않는다.

⑧ 1페이지에 [문제1]을 작성하고, 구역을 나누어 2페이지에 [문제2]를 작성한다.

※ 해당 페이지에 작성하지 않거나 의도적으로 텍스트 작성을 하지 않은 경우 0점 처리

⑨ [문제2]는 문제지와 같이 글상자 아랫줄부터 2단으로 다단을 나누어 작성한다.

⑩ '그림 삽입'시에는 반드시 "KAIT 수검프로그램"을 통해 다운로드 한 그림 파일을 사용한다.

⑪ 차트 범례는 기본값으로 작성한다.(선 모양 없음)

⑫ 총점 : 200점

[공통사항1(기본설정, 용지설정)] : 8점, [공통사항2(오탈자)] : 40점

[문제1] : 46점, [문제2] : 106점

⑬ 기타 특별히 지시되어 있지 않은 사항은 문제지에 준하여 작성한다.

남동하프마라톤대회

2007년부터 매년 개최되고 있는 남동하프마라톤대회는 1,000여 명 정도가 참가하는 남동시민 마라톤대회로, 올해도 남동 시민들의 적극적인 참여를 기대하며 *제19회 남동하프마라톤대회를 개최*하고자 합니다. 남동종합운동장에서 출발 전 참가 선수 대상으로 레크리에이션과 몸 풀기 체조를 실시하며 하프 마라톤 코스와 5km 건강달리기 코스로 진행됩니다. 안전한 대회를 위해 참가자 전원을 대상으로 상해보험에 가입하고 대회 당일 전문 의료전담팀을 배치할 예정입니다. 무엇보다 참가자는 본인이 스스로 건강상태를 고려하여 신청한 코스를 무리 없이 완주할 수 있도록 신중하게 생각하시어 신청해주시기 바랍니다.

◆ 대회안내 ◆

1. 일 시 : 2025년 4월 5일(토) 오전 8시(마라톤 9시 출발)
2. 장 소 : 남동종합운동장
3. 접수기간 : <u>*2025년 3월 24일(월) ~ 25일(화)*</u>
4. 참가부문 : 하프마라톤(2만원), 5km 건강달리기(1만원)
5. 모집인원 : 부문별 500명 정원(선착순)

※ 기타사항
- 참가자 지급품으로 배 번호, 기록증 및 기념품과 완주 시 완주메달을 지급합니다.
- 접수는 홈페이지(http://www.diat.or.kr)에서만 가능하며, 10인 이상 단체 참가 시 단체참가양식을 다운로드 받아 작성 후 단체접수를 해주시면 됩니다.
- 기타 자세한 사항은 남동하프마라톤 사무국(02-123-4567)으로 문의하여 주시기 바랍니다.

2025. 03. 22.

남동하프마라톤 사무국

마라톤(Marathon)

1. 마라톤의 유래

마라톤은 그리스의 아테네에서 북동쪽 약 30km 떨어져 위치한 지역 이름으로 이곳에서 기원전(紀元前) 490년에 페르시아군과 아테네군 사이에 전투가 발생하였는데, 이 전투에서 아테네의 승전보(勝戰譜)를 전하기 위해 페이디피데스라는 병사가 마라톤에서 아테네까지 40km를 쉬지 않고 달린 것에 유래한다. 마라톤은 제1회 근대올림픽인 아테네 대회에서 육상 정식종목으로 채택(採擇)되었으며, 최초로 42.195km의 거리로 경기를 한 대회는 1908년 런던올림픽부터였다.

2. 세계 주요 마라톤 대회

보스턴 마라톤, 런던 마라톤, 로테르담 마라톤, 뉴욕 마라톤은 세계 4대 마라톤 대회로 불린다. 보스턴(Boston) 마라톤은 보스턴에서 매년 4월 셋째 주 월요일 애국자(愛國者)의 날에 열리는 세계적으로 유명한 국제 마라톤 대회이며 우리나라 선수들이 총 세 번의 우승을 차지하였다. 런던(London) 마라톤은 멜버른올림픽㉮ 장애물경기 금메달리스트인 크리스 브래셔(Chris Brasher)의 주도로 창설되었으며, 매년 4월 셋째 토요일에 열린다. 이 대회의 특징은 가지각색의 행사를 펼쳐 축제 분위기를 고조시키고 참가자들로부터 자선 기금을 모금(募金)하는 것이 특징이다. 로테르담(Rotterdam) 마라톤은 네덜란드 로테르담 마라톤 재단이 주관하는 국제마라톤대회로 역사가 짧으나 세계기록을 양산하면서 권위 있는 대회로 발전하였다. 뉴욕(New York) 마라톤은 지난 70년 뉴욕도로달리기클럽(NRRC)의 주도로 탄생하였고 특징으로는 참가자 수를 연령별, 지역별, 국가별로 할당하고 있으며 명목의 다양한 상금이 있다는 것이다. 매년 100여 개국 3만 5,000명 이상이 참가하는 세계 최대 규모의 대회이다.

여가활동별 참여비율(스포츠)

종류	단위(%)
마라톤	18.3
맨손체조	18.5
줄넘기	20.1
헬스	18.9
수영	15.5
요가	8.7

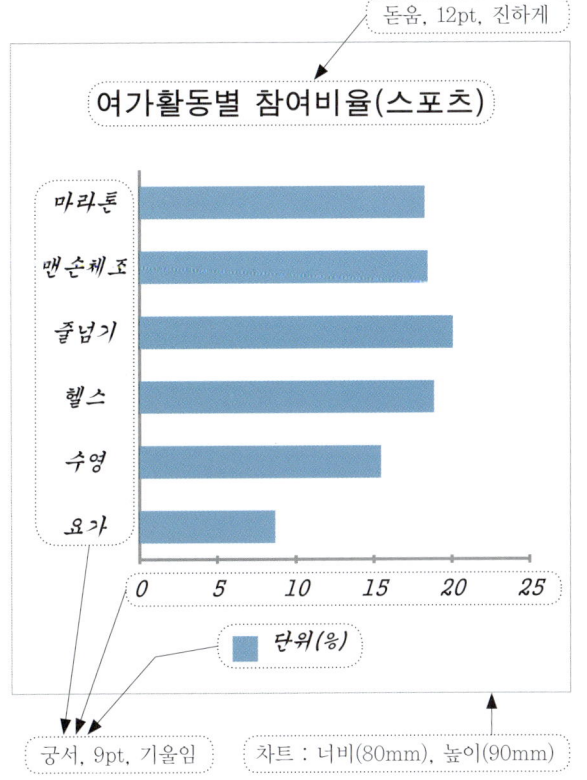

㉮ 오스트레일리아에서 개최된 제16회 하계 올림픽

워드프로세서 2016 체크사항

자동 입력 서식 해제하기

자동으로 입력 서식을 설정해 주는 기능에 의해 입력 형식이 달라짐에 따라 입력 자동 서식을 해제한 후 작성합니다.

※ [자동 글머리 기호 넣기] 및 [자동 번호 매기기]를 선택 해제

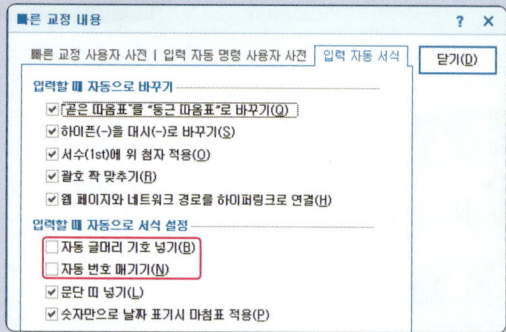

글꼴 변경하기

글꼴에 따른 출력형태(문장 및 문단길이)가 달라짐에 따라 2016버전의 글꼴을 '바탕'으로 변경한 후 작성합니다.

※ 글꼴 변경 : '함초롬바탕' ⇒ '바탕'

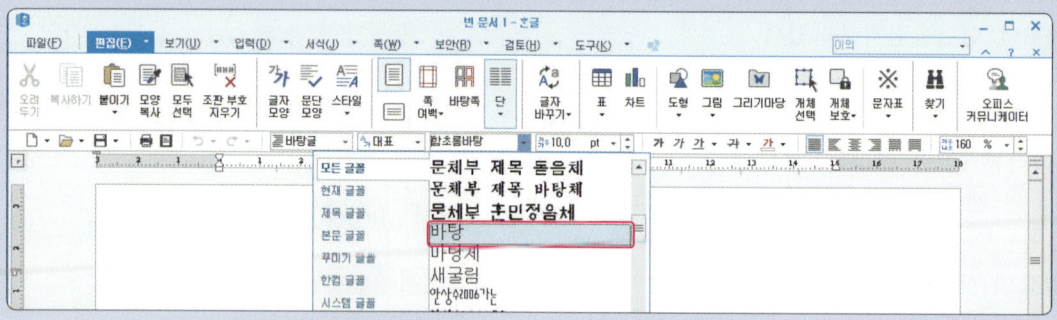

채우기 색(글맵시/글상자/표)

2016버전과 2010버전(【 】)의 기본 색상명과 서로 상이하므로 채우기 색 조건을 각각 별도로 지정합니다.

※ 예) 채우기 : 색상(RGB: 199,82,82) / 【루비색(RGB: 199,82,82)】

> 글맵시 - 견고딕, 채우기 : 색상(RGB: 199,82,82) / 【루비색(RGB: 199,82,82)】
> 크기 : 너비(100mm), 높이(20mm), 위치 : 글자처럼 취급, 가운데 정렬

제17회인정시북페스티벌

차트 범례

한글2016버전의 범례 선 모양은 기본 값인 [선 모양 없음]을 사용합니다.

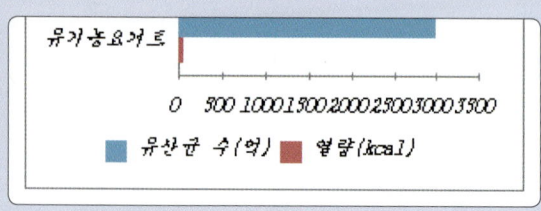

PART 03

 기출예상문제

제 01 회 기출예상문제	제 09 회 기출예상문제
제 02 회 기출예상문제	제 10 회 기출예상문제
제 03 회 기출예상문제	제 11 회 기출예상문제
제 04 회 기출예상문제	제 12 회 기출예상문제
제 05 회 기출예상문제	제 13 회 기출예상문제
제 06 회 기출예상문제	제 14 회 기출예상문제
제 07 회 기출예상문제	제 15 회 기출예상문제
제 08 회 기출예상문제	제 16 회 기출예상문제

한글 NEO/2010 버전용 디지털 정보활용능력

제 01 회 기출예상문제
(DIAT : Digital Information Ability Test)

- ⊙ 시험과목 : 워드프로세서(한글)
- ⊙ 시험일자 : 20XX. XX. XX(X)
- ⊙ 응시자 기재사항 및 감독위원 확인

수 검 번 호	DIW - XXXX -	감독위원 확인
성 명		

응시자 유의사항

1. 응시자는 반드시 신분증을 지참하여야 시험에 응시할 수 있으며, 시험이 종료될 때까지 신분증을 제시하지 못 할 경우 해당 시험은 0점 처리됩니다.
2. 시스템(PC작동여부, 네트워크 상태 등)의 이상여부를 반드시 확인하여야 하며, 시스템 이상이 있을시 감독위원에게 조치를 받으셔야 합니다.
3. 시험 중 부주의 또는 고의로 시스템을 파손한 경우는 응시자 부담으로 합니다.
4. 답안 전송 프로그램을 통해 다운로드 받은 파일을 이용하여 답안파일을 작성하시기 바랍니다.
5. 작성한 답안 파일은 답안 전송 프로그램을 통하여 전송됩니다. 감독위원의 지시에 따라 주시기 바랍니다.
6. 다음사항의 경우 실격(0점) 혹은 부정행위 처리됩니다.
   1) 답안파일을 저장하지 않았거나, 저장한 파일이 손상되었을 경우
   2) 답안파일을 지정된 폴더(바탕 화면 – "KAIT" 폴더)에 저장하지 않았을 경우
      ※ 답안 전송 프로그램 로그인 시 바탕 화면에 자동 생성됨
   3) 답안파일을 다른 보조 기억장치(USB) 혹은 네트워크(메신저, 게시판 등)로 전송할 경우
   4) 휴대용 전화기 등 통신기기를 사용할 경우
7. 시험지에 제시된 글꼴이 응시 프로그램에 없는 경우, 반드시 감독위원에게 해당 내용을 통보한 뒤 조치를 받아야 합니다.
8. 시험의 완료는 작성이 완료된 답안을 저장하고, 답안 전송이 완료된 상태를 확인한 것으로 합니다. 답안 전송 확인 후 문제지는 감독위원에게 제출한 후 퇴실하여야 합니다.
9. 답안전송이 완료된 경우에는 수정 또는 정정이 불가능합니다.
10. 【 】안의 지시사항은 한글 2010 버전용입니다.
11. 시험시행 후 합격자 발표는 홈페이지(www.ihd.or.kr)에서 확인하시기 바랍니다.
    1) 문제 및 정답 공개 : 20XX. XX. XX(X)
    2) 성적 공개 : 20XX. XX. XX(X)

| 디지털정보활용능력 - 한글 | [시험시간 : 40분] | 1/4 |

【문제】 첨부된 문제를 다음의 조건을 적용하여 문서를 작성하시오.

① 문서는 A4(210mm×297mm) 크기, 세로 용지방향으로 작성한다.

② 페이지 여백은 아래와 같이 설정한다.

왼쪽	오른쪽	위쪽	아래쪽	머리말	꼬리말	제본
20mm	20mm	20mm	20mm	10mm	10mm	0mm

③ 한글 2016버전은 아래와 같이 "자동 글머리 기호 넣기"와 "자동 번호 매기기" 기능을 해제한다.

도구 → 빠른 교정 → 빠른 교정 내용 → 입력 자동 서식 ⇒ 자동 글머리 기호 넣기(해제) / 자동 번호 매기기(해제)

※ 만약 입력자동서식 메뉴가 없는 경우에는, "자동 글머리 기호 넣기"와 "자동 번호 매기기" 기능이 설정되지 있지 않은 것이므로 별도의 기능 해제 없이 그대로 시험에 응시하시면 됩니다.

④ 글자는 별도의 지시사항이 없는 한 바탕, 10pt, 양쪽정렬, 줄간격 160%로 작성한다.

⑤ 영문, 숫자 등은 별도의 지시가 없는 한 반각(1byte) 문자를 사용한다.

⑥ 특수문자는 문자표(전각 기호)를 이용하여 작성한다.

⑦ 교정부호 및 화살표로 기재된 지시사항대로 처리하되, ⬚⟶ 은 지시사항이므로 작성하지 않는다.

⑧ 1페이지에 [문제1]을 작성하고, 구역을 나누어 2페이지에 [문제2]를 작성한다.

  ※ 해당 페이지에 작성하지 않거나 의도적으로 텍스트 작성을 하지 않은 경우 0점 처리

⑨ [문제2]는 문제지와 같이 글상자 아랫줄부터 2단으로 다단을 나누어 작성한다.

⑩ '그림 삽입'시에는 반드시 "KAIT 수검프로그램"을 통해 다운로드 한 그림 파일을 사용한다.

⑪ 차트 범례는 기본값으로 작성한다.(선 모양 없음)

⑫ 총점 : 200점

  [공통사항1(기본설정, 용지설정)] : 8점, [공통사항2(오탈자)] : 40점

  [문제1] : 46점, [문제2] : 106점

⑬ 기타 특별히 지시되어 있지 않은 사항은 문제지에 준하여 작성한다.

2021조형미술공모전

국내 조형미술의 발전과 성공적인 지역별 축제를 위하여 노력하는 사회적 기업인 한국조형미술협회에서는 화합을 도모하는 자리로 '2021 조형미술 공모전'을 개최합니다. 이번 공모전에서는 국내 유명 관광지의 대표적인 지역 축제를 더욱 빛나게 할 조형미술 작품을 모집합니다. 전국 각 지역을 대표하는 축제에 대한 정보와 의미를 파악하고, 야외에 설치가 가능한 형태의 작품을 완성하여 포트폴리오와 함께 제출하시면 됩니다. 국내 지역적인 발전과 현대 미술과 조형미술의 대중화를 위하여 창의력 있는 아이디어를 가진 능력 있는 미술작가 여러분들의 많은 참여를 바랍니다.

◎ 모집안내 ◎

1. 기   한 : 2020. 12. 1.(화) ~ 12. 31.(목)
2. 접수처 : 경기도 고양시 대한조형미술협회 기획부
3. 대   상 : *조형미술작가 외 미술관련 종사자(미술 전공 학생 가능)*
4. 주   관 : 한국조형미술협회, 한국미술작가협회, 한국디자인
5. 기   타 : 한국조형미술협회 홈페이지(http://www.ihd.or.kr) 참조

※ 기타사항
- 야외에 설치가 가능한 형태의 설치 미술로써 해당 지역 축제와의 연관성과 작가의 독창성이 뚜렷하게 포함된 포트폴리오와 함께 우편 및 방문 접수하시기 바랍니다.
- 접수는 평일 09:00부터 18:00까지, 토요일 09:00부터 13:00까지 가능합니다.
- 기타문의는 한국조형미술협회 운영부로 문의하시기 바랍니다.

2020. 11. 11.

한국조형미술협회

조형미술의 현재

1. 조형미술의 미

일반 대중에게 공개된 장소에 설치 및 전시되는 작품을 지칭하는 것이 공공미술이며, 지정된 장소의 조형미술이나 장소 자체를 위한 디자인(Design) 등을 포함한다. 여기서 조형미술이란 회화, 조각, 사진 등과 같은 현대 미술의 표현(表現) 방법 장르 중의 하나를 말한다. 조형미술의 특징이라면 작품 속에 녹아든 사회 및 정치에 대한 풍자와 비판(批判)을 꼽을 수 있다. 실내뿐 아니라 야외라는 특수한 공간(空間)에서 작가의 의도에 따라 장소와 작품을 자유롭게 체험하는 예술이다. 감상하는 사람들은 그 전체를 시각(Sight), 청각과 감정으로 체험하게 된다. 세계적인 조형미술 아티스트들이 진행하는 다양한 형태의 조형미술 프로젝트는 관람하는 사람들로 하여금 작품을 통하여 무한한 상상력을 펼치기도 한다.

2. 조형미술의 활용

지난 2012년 서울 덕수궁의 자연을 포함한 궁궐 내부의 모든 것이 빛, 소리, 기타 조형물들을 만나 역사와 예술(藝術)이 결합된 또 다른 공간으로 관람객들을 맞이하였다. 중화전 행각에선 낭랑한 목소리의 궁중 소설이 울려 퍼지고, 연못가 숲속에는 그림자(Shadow)를 활용한 빛의 형태로 조형미술이 전시되었다. 2014년 10월에는 석촌호수의 러버덕①을 통하여 조형미술의 대중화를 실현(實現)시키고 있다. 이 외에도 국내 조형미술의 작가들과 지역적 협력을 통해 보다 창의적인 조형예술 프로젝트(Project)를 진행하고 있다. 이는 관객들에게 높은 만족도와 조형미술이 아름답고 친숙한 예술 작품이라는 것을 경험하는 계기가 되었다. 더불어 관객들에게는 생활 속에 들어온 조형미술이 주는 공공성 있는 메시지를 기억하며 관람하는 자세가 필요할 것이다.

조형미술 프로젝트 현황(건)

년도	국내작가	해외작가
2008년	30	22
2010년	62	70
2012년	88	101
2016년	210	321

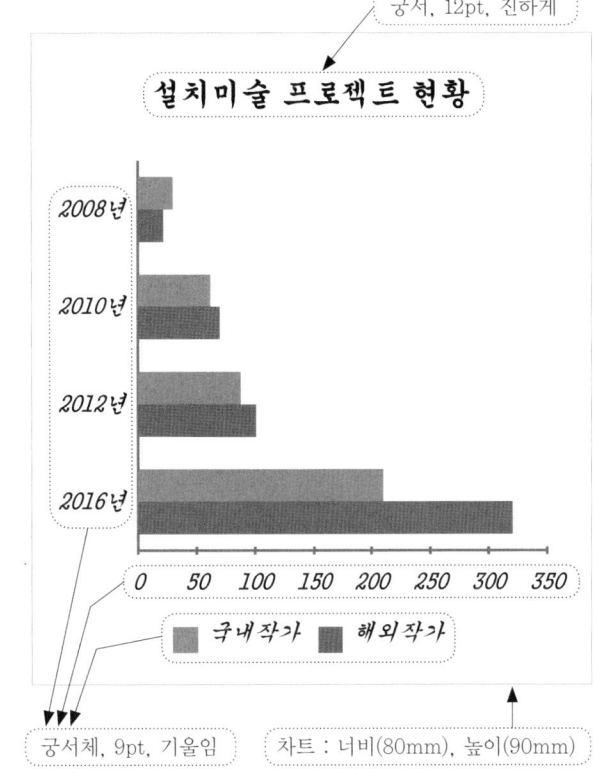

---

① 플로렌타인 호프만의 조형미술로 16개국을 세계일주

한글 NEO/2010 버전용 디지털정보활용능력

제 02 회 기출예상문제
(DIAT : Digital Information Ability Test)

⊙ 시험과목 : 워드프로세서(한글)
⊙ 시험일자 : 20XX. XX. XX(X)
⊙ 응시자 기재사항 및 감독위원 확인

수 검 번 호	DIW – XXXX –	감독위원 확인
성 명		

응시자 유의사항

1. 응시자는 반드시 신분증을 지참하여야 시험에 응시할 수 있으며, 시험이 종료될 때까지 신분증을 제시하지 못 할 경우 해당 시험은 0점 처리됩니다.
2. 시스템(PC작동여부, 네트워크 상태 등)의 이상여부를 반드시 확인하여야 하며, 시스템 이상이 있을시 감독위원에게 조치를 받으셔야 합니다.
3. 시험 중 부주의 또는 고의로 시스템을 파손한 경우는 응시자 부담으로 합니다.
4. 답안 전송 프로그램을 통해 다운로드 받은 파일을 이용하여 답안파일을 작성하시기 바랍니다.
5. 작성한 답안 파일은 답안 전송 프로그램을 통하여 전송됩니다. 감독위원의 지시에 따라 주시기 바랍니다.
6. 다음사항의 경우 실격(0점) 혹은 부정행위 처리됩니다.
    1) 답안파일을 저장하지 않았거나, 저장한 파일이 손상되었을 경우
    2) 답안파일을 지정된 폴더(바탕 화면 – "KAIT"폴더)에 저장하지 않았을 경우
        ※ 답안 전송 프로그램 로그인 시 바탕 화면에 자동 생성됨
    3) 답안파일을 다른 보조 기억장치(USB) 혹은 네트워크(메신저, 게시판 등)로 전송할 경우
    4) 휴대용 전화기 등 통신기기를 사용할 경우
7. 시험지에 제시된 글꼴이 응시 프로그램에 없는 경우, 반드시 감독위원에게 해당 내용을 통보한 뒤 조치를 받아야 합니다.
8. 시험의 완료는 작성이 완료된 답안을 저장하고, 답안 전송이 완료된 상태를 확인한 것으로 합니다. 답안 전송 확인 후 문제지는 감독위원에게 제출한 후 퇴실하여야 합니다.
9. 답안전송이 완료된 경우에는 수정 또는 정정이 불가능합니다.
10. 【 】안의 지시사항은 한글 2010 버전용입니다.
11. 시험시행 후 합격자 발표는 홈페이지(www.ihd.or.kr)에서 확인하시기 바랍니다.
    1) 문제 및 정답 공개 : 20XX. XX. XX(X)
    2) 성적 공개 : 20XX. XX. XX(X)

디지털정보활용능력 - 한글 [시험시간 : 40분]

【문제】 첨부된 문제를 다음의 조건을 적용하여 문서를 작성하시오.

① 문서는 A4(210mm×297mm) 크기, 세로 용지방향으로 작성한다.

② 페이지 여백은 아래와 같이 설정한다.

왼쪽	오른쪽	위쪽	아래쪽	머리말	꼬리말	제본
20mm	20mm	20mm	20mm	10mm	10mm	0mm

③ 한글 2016버전은 아래와 같이 "자동 글머리 기호 넣기"와 "자동 번호 매기기" 기능을 해제한다.

도구 → 빠른 교정 → 빠른 교정 내용 → 입력 자동 서식 ⇒ 자동 글머리 기호 넣기(해제)
자동 번호 매기기(해제)

※ 만약 입력자동서식 메뉴가 없는 경우에는, "자동 글머리 기호 넣기"와 "자동 번호 매기기" 기능이 설정되지 있지 않은 것이므로 별도의 기능 해제 없이 그대로 시험에 응시하시면 됩니다.

④ 글자는 별도의 지시사항이 없는 한 바탕, 10pt, 양쪽정렬, 줄간격 160%로 작성한다.

⑤ 영문, 숫자 등은 별도의 지시가 없는 한 반각(1byte) 문자를 사용한다.

⑥ 특수문자는 문자표(전각 기호)를 이용하여 작성한다.

⑦ 교정부호 및 화살표로 기재된 지시사항대로 처리하되, ◯─▶ 은 지시사항이므로 작성하지 않는다.

⑧ 1페이지에 [문제1]을 작성하고, 구역을 나누어 2페이지에 [문제2]를 작성한다.

※ 해당 페이지에 작성하지 않거나 의도적으로 텍스트 작성을 하지 않은 경우 0점 처리

⑨ [문제2]는 문제지와 같이 글상자 아랫줄부터 2단으로 다단을 나누어 작성한다.

⑩ '그림 삽입'시에는 반드시 "KAIT 수검프로그램"을 통해 다운로드 한 그림 파일을 사용한다.

⑪ 차트 범례는 기본값으로 작성한다.(선 모양 없음)

⑫ 총점 : 200점

[공통사항1(기본설정, 용지설정)] : 8점, [공통사항2(오탈자)] : 40점

[문제1] : 46점, [문제2] : 106점

⑬ 기타 특별히 지시되어 있지 않은 사항은 문제지에 준하여 작성한다.

직장인을 위한 요가 강습회

저희 서울시립생활체육센터에서는 매월 직장인들에게 건강한 삶의 방식을 되찾아드리기 위한 여러 강습회를 개최하고 있습니다. 지난 테니스 강습회에 이어서 이번 달에는 요가 강습회가 개최됩니다. 매주 하루, 총 4주에 걸쳐 진행될 이번 요가 강습회에서는 현대 직장인들이 놓치기 쉬운 허리와 복부 건강을 쉽고 재미있게 챙길 수 있도록 요가를 접목한 다양한 형태의 운동 프로그램을 기획하였습니다. 친구와 함께 즐길 수 있는 커플 프로그램 및 4인으로 구성된 소규모 팀 운동, 10명 이상이 함께 즐길 수 있는 대단위 프로그램까지 마련되어 있습니다. 건강에 관심이 있는 직장인 여러분의 많은 참여 바랍니다.

☆ 강습 개요 ☆

1. 기   간 : 2023년 05월 01일(월) ~ 2023년 05월 26일(금) 4주간
2. 장   소 : 서울시립생활체육센터
3. 대   상 : 건강에 관심이 있는 직장인 누구나
4. 사전등록 : ***서울시립생활체육센터 홈페이지(http://www.ihd.or.kr)에서 신청***
5. 주   최 : 서울특별시 건강복지과, 한국대학교 생활체육학과

※ 기타사항
- 자세한 사항은 서울시립생활체육관 홈페이지 내 공지를 참고해 주시기 바랍니다.
- 사전등록은 4월 24일 (월) 09:00부터 선착순으로 진행됩니다.
- 강습비는 무료이나, 높은 출석률을 위해 소정의 보증금(5만 원)을 받고 있습니다. 모든 강습을 결석 없이 참여하실 경우 마지막 강습일에 보증금을 환급해 드립니다.

2023. 04. 22.

서울시립생활체육센터 총무팀

요가에 대하여

1. 요가란?

요가란 명상(冥想)과 호흡, 스트레칭(stretching)이 결합된 복합적인 심신 수련 방법을 말한다. '요가'라는 말은 '결합하다'라는 의미를 지닌 산스크리트어에서 비롯되었는데, 그 의미를 분석하면 마음을 조절해서 인간 본래의 고요한 마음으로 돌아간 상태를 만들기 위한 운동이라고 할 수 있다. 요가의 체조(體操)법은 다양한데, 대표적으로는 물고기 자세, 호미 자세, 활 자세, 코브라 자세, 메뚜기 자세, 공작 자세, 고양이 자세 등 여러 사물과 동물의 형상에서 영감(inspiration)을 받아 만든 자세들이 있다. 이러한 요가에는 단순하고 쉬운 자세부터 고도의 유연성(柔軟性)을 요구하는 자세까지 있어 최근 남녀노소를 망라하고 큰 인기를 끌고 있다.

2. 요가의 인기

원래 인도에서 비롯된 요가는 서양에 먼저 전파된 후 큰 열풍(fever)이 불었으나, 우리나라에서도 몇몇 연예인들이 방송에서 요가의 효과에 대해 언급하면서 큰 인기를 끌게 되었고, 이제 어느 곳에서든 요가 학원이나 강습소(講習所)를 찾아볼 수 있게 되었다. 이에 따라 기존에는 인지도(awareness)가 낮거나 존재하지 않았던 다양한 요가도 볼 수 있다. 땀을 흘리며 함으로써 다이어트에도 도움을 주는 핫 요가, 자세 교정(矯正)에 도움을 주는 아난다 요가, 기구를 사용해 공중에 떠서 새로운 기분을 만끽할 수 있는 플라잉 요가 등ⓐ이 그것이다. 요가의 정적인(static) 움직임 때문에 우리나라에서는 초기에 대부분 여성이 요가를 배웠으나, 요가의 효과와 장점이 많이 알려지면서 이제는 남자 수강생도 많이 볼 수 있게 되었다. 접근성이 높아져 인터넷 동영상 강좌로도 손쉽게 요가를 배울 수 있다.

ⓐ 비공식적인 요가법도 포함된다.

연도별 요가 선호도 (%)

연도	남성	여성
2018년	9	39
2019년	11	47
2020년	13	55
2021년	31	78
2022년	43	83

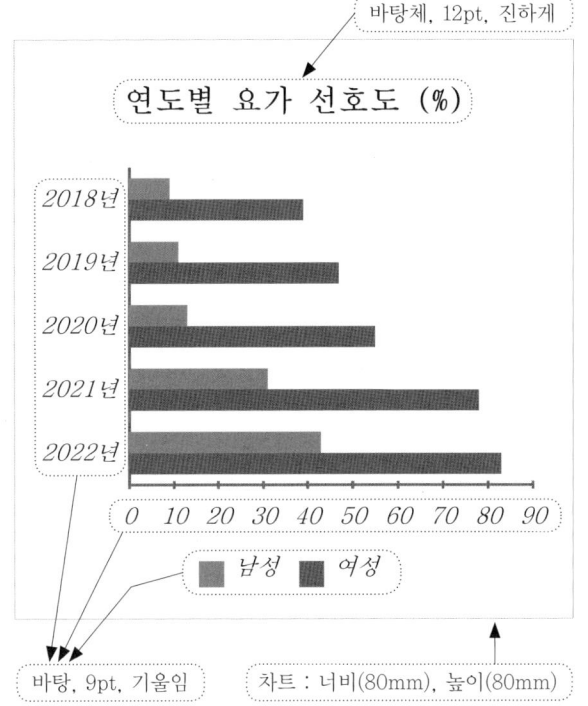

한글 NEO/2010 버전용   디지털정보활용능력

제 03 회 기출예상문제
(DIAT : Digital Information Ability Test)

- ⊙ 시험과목 : 워드프로세서(한글)
- ⊙ 시험일자 : 20XX. XX. XX(X)
- ⊙ 응시자 기재사항 및 감독위원 확인

수 검 번 호	DIW - XXXX -	감독위원 확인
성 명		

응시자 유의사항

1. 응시자는 반드시 신분증을 지참하여야 시험에 응시할 수 있으며, 시험이 종료될 때까지 신분증을 제시하지 못 할 경우 해당 시험은 0점 처리됩니다.
2. 시스템(PC작동여부, 네트워크 상태 등)의 이상여부를 반드시 확인하여야 하며, 시스템 이상이 있을시 감독위원에게 조치를 받으셔야 합니다.
3. 시험 중 부주의 또는 고의로 시스템을 파손한 경우는 응시자 부담으로 합니다.
4. 답안 전송 프로그램을 통해 다운로드 받은 파일을 이용하여 답안파일을 작성하시기 바랍니다.
5. 작성한 답안 파일은 답안 전송 프로그램을 통하여 전송됩니다. 감독위원의 지시에 따라 주시기 바랍니다.
6. 다음사항의 경우 실격(0점) 혹은 부정행위 처리됩니다.
    1) 답안파일을 저장하지 않았거나, 저장한 파일이 손상되었을 경우
    2) 답안파일을 지정된 폴더(바탕 화면 – "KAIT" 폴더)에 저장하지 않았을 경우
       ※ 답안 전송 프로그램 로그인 시 바탕 화면에 자동 생성됨
    3) 답안파일을 다른 보조 기억장치(USB) 혹은 네트워크(메신저, 게시판 등)로 전송할 경우
    4) 휴대용 전화기 등 통신기기를 사용할 경우
7. 시험지에 제시된 글꼴이 응시 프로그램에 없는 경우, 반드시 감독위원에게 해당 내용을 통보한 뒤 조치를 받아야 합니다.
8. 시험의 완료는 작성이 완료된 답안을 저장하고, 답안 전송이 완료된 상태를 확인한 것으로 합니다. 답안 전송 확인 후 문제지는 감독위원에게 제출한 후 퇴실하여야 합니다.
9. 답안전송이 완료된 경우에는 수정 또는 정정이 불가능합니다.
10. 【 】안의 지시사항은 한글 2010 버전용입니다.
11. 시험시행 후 합격자 발표는 홈페이지(www.ihd.or.kr)에서 확인하시기 바랍니다.
    1) 문제 및 정답 공개 : 20XX. XX. XX(X)
    2) 성적 공개 : 20XX. XX. XX(X)

디지털정보활용능력 – 한글   [시험시간 : 40분]

【문제】 첨부된 문제를 다음의 조건을 적용하여 문서를 작성하시오.

① 문서는 A4(210mm×297mm) 크기, 세로 용지방향으로 작성한다.

② 페이지 여백은 아래와 같이 설정한다.

왼쪽	오른쪽	위쪽	아래쪽	머리말	꼬리말	제본
20mm	20mm	20mm	20mm	10mm	10mm	0mm

③ 한글 2016버전은 아래와 같이 "자동 글머리 기호 넣기"와 "자동 번호 매기기" 기능을 해제한다.

도구 → 빠른 교정 → 빠른 교정 내용 → 입력 자동 서식 ⇒ 자동 글머리 기호 넣기(해제)
자동 번호 매기기(해제)

※ 만약 입력자동서식 메뉴가 없는 경우에는, "자동 글머리 기호 넣기"와 "자동 번호 매기기" 기능이 설정되지 있지 않은 것이므로 별도의 기능 해제 없이 그대로 시험에 응시하시면 됩니다.

④ 글자는 별도의 지시사항이 없는 한 바탕, 10pt, 양쪽정렬, 줄간격 160%로 작성한다.

⑤ 영문, 숫자 등은 별도의 지시가 없는 한 반각(1byte) 문자를 사용한다.

⑥ 특수문자는 문자표(전각 기호)를 이용하여 작성한다.

⑦ 교정부호 및 화살표로 기재된 지시사항대로 처리하되, ⬚⟶ 은 지시사항이므로 작성하지 않는다.

⑧ 1페이지에 [문제1]을 작성하고, 구역을 나누어 2페이지에 [문제2]를 작성한다.

※ 해당 페이지에 작성하지 않거나 의도적으로 텍스트 작성을 하지 않은 경우 0점 처리

⑨ [문제2]는 문제지와 같이 글상자 아랫줄부터 2단으로 다단을 나누어 작성한다.

⑩ '그림 삽입'시에는 반드시 "KAIT 수검프로그램"을 통해 다운로드 한 그림 파일을 사용한다.

⑪ 차트 범례는 기본값으로 작성한다.(선 모양 없음)

⑫ 총점 : 200점

[공통사항1(기본설정, 용지설정)] : 8점, [공통사항2(오탈자)] : 40점

[문제1] : 46점, [문제2] : 106점

⑬ 기타 특별히 지시되어 있지 않은 사항은 문제지에 준하여 작성한다.

인터넷&스마트폰 과의존 예방교육

전국스마트쉼센터에서는 과도한 스마트폰 이용으로 스마트폰에 대한 현저성이 증가하고, 이용 조절력이 감소하여 문제적 결과를 경험하고 있거나 위험군에 속하는 청소년들을 위해서 과의존 문제를 해소할 수 있는 교육을 실시할 예정입니다. 이번 교육에서는 인터넷과 스마트폰 과의존 전문강사들이 '인터넷과 스마트폰 과의존 척도 조사'를 실시하여 결과에 따라 고위험, 잠재적 위험, 일반 사용자군으로 분류하여 예방 교육을 실시할 예정입니다. 평소 인터넷과 스마트폰 사용으로 갈등을 겪고 있는 학부모님과 청소년 여러분의 많은 관심과 적극적인 참여 부탁드립니다.

◎ 교육안내 ◎

1. 교육기간 : 2024. 4. 26(금) ~ 4. 28(일), 10:00~18:00
2. 교육장소 : 18개 지역별 스마트쉼센터 교육장
3. 교육대상 : 초등 고학년, 중학생, 고등학생
4. 교육신청 : 스마트쉼센터 홈페이지(https://www.ihd.or.kr) 예방교육신청 메뉴
5. 교육문의 : 전국 어디서나 1599-0075로 상담 가능(평일 9시~22시, 토요일 9시~18시)

※ 기타사항
- 신청이 많을 경우 지역별 선착순 마감합니다.
- 인터넷과 스마트폰 과의존 이해, 예방, 탈출법 등 1시간 내외의 집단교육과 개인 상담이 있습니다.
- 상기 일정은 지역별 상황에 따라 교육 시간과 장소는 변경될 수도 있으며 변경이 있을 경우 사전 안내를 드릴 예정인 점 참고 바랍니다.

2024. 4. 20.

전국스마트쉼센터

과의존 예방 교육

1. 과의존 정의

인터넷(Internet)과 스마트폰(Smart phone) 사용에 대한 금단(禁斷)과 내성(耐性)을 지니고 있어 일상적 생활(生活)에 장애가 유발(誘發)되는 상태를 인터넷/스마트폰 과의존이라고 정의할 수 있다. 과의존 위험은 '조절 실패', '현저성', '문제적 결과'의 3가지 요인으로 구성된다. 유아동기 과의존 위험군은 현저성을 가장 많이 경험하였고, 청소년, 성인 60대 이상의 과의존 위험군은 조절 실패를 가장 많이 경험한 것으로 나타나고 있다. 이와 같이 우리 사회의 스마트폰 이용자 중 78.7%[1]가 인터넷과 스마트폰 과의존 문제에 직면해 있으면 스스로도 심각하다고 생각하고 있는 것으로 조사 되었다. 인터넷과 스마트폰 과의존을 사전에 예방하기 위해서는 아동기나 청소년들에게 조기에 건강한 습관(習慣)을 들일 수 있는 교육이 무엇보다 중요한 과제라 할 수 있다.

2. 예방 교육의 필요성

2019년 우리나라의 인터넷과 스마트폰 이용자 5명 중 1명은 인터넷과 스마트폰 과의존 위험군으로 조사 되었다. 특히 유아동기나 청소년의 증가폭 비율이 상승하고 있고, 상승폭은 점점 확대되고 있는 추세에 있다. 반면 인터넷과 스마트폰 이용자 중 18.7%만이 과의존 예방교육의 경험이 있다고 응답하여 과의존 위험군 증가 비율에 비해 예방 교육은 저조한 실정이다. 이런 추세라면 미디어 사용이 점차 증가하는 속도에 비해 잠재적 과의존 위험군은 가파르게 증가될 것으로 예상되고 있다. 그러므로 유아동기나 청소년 대상으로 지속적이고 체계적인 인터넷과 스마트폰 사용 예방 교육을 통해 건전한 사용 문화(Culture)를 형성해 갈 수 있도록 돕는 노력이 필요할 것이다.

연도별 과의존 위험군 비율(%)

년도	과의존 위험군	고위험군
2019	16.2	2.4
2020	17.8	2.5
2021	18.6	2.7
2022	19.1	2.7
2023	20.0	2.9

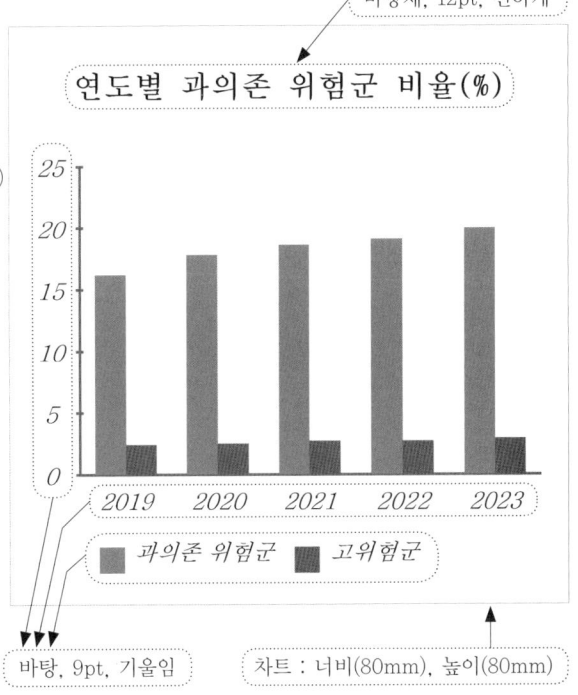

---

[1] 2019년 한국정보화진흥원 발표 자료 참조

한글 NEO/2010 버전용　　　　　　　　　　　　　　　　디지털정보활용능력

제 04 회 기출예상문제
(DIAT : Digital Information Ability Test)

- 시험과목 : 워드프로세서(한글)
- 시험일자 : 20XX. XX. XX(X)
- 응시자 기재사항 및 감독위원 확인

수 검 번 호	DIW - XXXX -	감독위원 확인
성　　　명		

응시자 유의사항

1. 응시자는 반드시 신분증을 지참하여야 시험에 응시할 수 있으며, 시험이 종료될 때까지 신분증을 제시하지 못 할 경우 해당 시험은 0점 처리됩니다.
2. 시스템(PC작동여부, 네트워크 상태 등)의 이상여부를 반드시 확인하여야 하며, 시스템 이상이 있을시 감독위원에게 조치를 받으셔야 합니다.
3. 시험 중 부주의 또는 고의로 시스템을 파손한 경우는 응시자 부담으로 합니다.
4. 답안 전송 프로그램을 통해 다운로드 받은 파일을 이용하여 답안파일을 작성하시기 바랍니다.
5. 작성한 답안 파일은 답안 전송 프로그램을 통하여 전송됩니다. 감독위원의 지시에 따라 주시기 바랍니다.
6. 다음사항의 경우 실격(0점) 혹은 부정행위 처리됩니다.
    1) 답안파일을 저장하지 않았거나, 저장한 파일이 손상되었을 경우
    2) 답안파일을 지정된 폴더(바탕 화면 – "KAIT" 폴더)에 저장하지 않았을 경우
       ※ 답안 전송 프로그램 로그인 시 바탕 화면에 자동 생성됨
    3) 답안파일을 다른 보조 기억장치(USB) 혹은 네트워크(메신저, 게시판 등)로 전송할 경우
    4) 휴대용 전화기 등 통신기기를 사용할 경우
7. 시험지에 제시된 글꼴이 응시 프로그램에 없는 경우, 반드시 감독위원에게 해당 내용을 통보한 뒤 조치를 받아야 합니다.
8. 시험의 완료는 작성이 완료된 답안을 저장하고, 답안 전송이 완료된 상태를 확인한 것으로 합니다. 답안 전송 확인 후 문제지는 감독위원에게 제출한 후 퇴실하여야 합니다.
9. 답안전송이 완료된 경우에는 수정 또는 정정이 불가능합니다.
10. 【 】안의 지시사항은 한글 2010 버전용입니다.
11. 시험시행 후 합격자 발표는 홈페이지(www.ihd.or.kr)에서 확인하시기 바랍니다.
    1) 문제 및 정답 공개 : 20XX. XX. XX(X)
    2) 성적 공개 : 20XX. XX. XX(X)

| 디지털정보활용능력 – 한글 | [시험시간 : 40분] |

【문제】 첨부된 문제를 다음의 조건을 적용하여 문서를 작성하시오.

① 문서는 A4(210mm×297mm) 크기, 세로 용지방향으로 작성한다.

② 페이지 여백은 아래와 같이 설정한다.

왼쪽	오른쪽	위쪽	아래쪽	머리말	꼬리말	제본
20mm	20mm	20mm	20mm	10mm	10mm	0mm

③ 한글 2016버전은 아래와 같이 "자동 글머리 기호 넣기"와 "자동 번호 매기기" 기능을 해제한다.

| 도구 → 빠른 교정 → 빠른 교정 내용 → 입력 자동 서식 ⇒ | 자동 글머리 기호 넣기(해제) 자동 번호 매기기(해제) |

※ 만약 입력자동서식 메뉴가 없는 경우에는, "자동 글머리 기호 넣기"와 "자동 번호 매기기" 기능이 설정되지 있지 않은 것이므로 별도의 기능 해제 없이 그대로 시험에 응시하시면 됩니다.

④ 글자는 별도의 지시사항이 없는 한 바탕, 10pt, 양쪽정렬, 줄간격 160%로 작성한다.

⑤ 영문, 숫자 등은 별도의 지시가 없는 한 반각(1byte) 문자를 사용한다.

⑥ 특수문자는 문자표(전각 기호)를 이용하여 작성한다.

⑦ 교정부호 및 화살표로 기재된 지시사항대로 처리하되, ⬚⟶ 은 지시사항이므로 작성하지 않는다.

⑧ 1페이지에 [문제1]을 작성하고, 구역을 나누어 2페이지에 [문제2]를 작성한다.

   ※ 해당 페이지에 작성하지 않거나 의도적으로 텍스트 작성을 하지 않은 경우 0점 처리

⑨ [문제2]는 문제지와 같이 글상자 아랫줄부터 2단으로 다단을 나누어 작성한다.

⑩ '그림 삽입'시에는 반드시 "KAIT 수검프로그램"을 통해 다운로드 한 그림 파일을 사용한다.

⑪ 차트 범례는 기본값으로 작성한다.(선 모양 없음)

⑫ 총점 : 200점

   [공통사항1(기본설정, 용지설정)] : 8점, [공통사항2(오탈자)] : 40점

   [문제1] : 46점, [문제2] : 106점

⑬ 기타 특별히 지시되어 있지 않은 사항은 문제지에 준하여 작성한다.

노인학대신고의무자교육

보건복지부에서는 가족이나 타인에 의해 노인에게 신체적, 정신적, 정서적으로 폭력이나 경제적인 착취 또는 가혹행위를 하거나 유기, 방임을 하는 노인 학대를 조기 발견 및 예방을 위해 끊임없는 노력을 지속해 왔습니다. 그 일환으로 2021년에도 노인 학대 신고의무자(노인복지법 제39조의 6 제2항)를 대상으로 의무 교육을 실시할 예정입니다. 노인 학대를 발견하거나 학대가 의심되는 경우에 적절한 조치 및 자원 연계가 이루어질 수 있도록 **노인보호전문기관(노인 복지시설, 요양 병원, 종합 병원, 장기요양기관)**에서 종사하시는 분들의 많은 관심과 참여를 부탁드립니다.

◆ 교육안내 ◆

1. 교육기간 : 2021. 04. 26(월) ~ 4. 28(수)
2. 교육방법 : 집합교육, 시청각 교육, 인터넷 강의 등 기관 여건에 따른 교육 실시
3. 교육대상 : *교육의무기관에 소속된 '노인 학대 신고의무자'*
4. 교육신청 : 4월까지 전화접수(평일 9시~5시) 및 홈페이지(https://www.ihd.or.kr) 접수
5. 교육문의 : 한국노인학대예방센터 교육팀 박주희 팀장(02-1234-5678)

※ 기타사항
- 교육을 실시하고 그 결과를 보건복지부 장관에게 제출하여야 합니다.
- 기관에서는 노인 학대 예방을 위해서 정기적으로 교육을 실시하여야 합니다.
- 교육을 이수하지 않을 경우 법적인 과태료 규정은 없으나, 신고의무자가 노인 학대 발생시 신고하지 않을 경우 500만원 이하의 과태료가 부과 되는 점 참고바랍니다.

2021. 04. 24.

한국노인학대예방센터

노인 학대 이해

1. 노인 학대 정의

'노인 학대'를 정의하는 기준은 국가의 사회적, 문화적 차이에 따라 다양하게 정의(定義)되고 있으며, 학대자와 피학대자의 주관적 요인(要因)도 고려하면 일률적(一律的)으로 정의하기는 어려울 수 있다. 그래서 일부 학자들은 노인 학대라는 용어 대신 방임(neglect) 또는 방치(neglect)나 부적절한 처우(maltreatment)라는 용어를 사용하기도 한다. 우리나라는 '노인복지법'(제1조의 2 제4호)㉠에서 노인 학대를 노인에 대하여 신체적, 정신적, 정서적, 성적 폭력 및 경제적 착취 또는 가혹 행위를 했거나 유기 또는 방임을 하는 것을 '노인 학대'로 규정(規定)해 두고 있다. 광의적인 개념으로는 심리적, 정서적 학대나 언어적 학대, 의료적 학대, 성적 학대 등으로 나뉠 수 있고, 협의적 개념으로는 신체적인 증거가 명백한 신체적인 학대만을 노인 학대로 간주하고 있다.

2. 노인 학대 실태 및 대책

급속한 인구 노령화와 핵가족화 등에 따라 가족 간 갈등 및 노인부양부담 증대 등으로 노인 학대는 매년 늘어나고 있으며 학대 행위가 반복되는 재학대 사례도 500건 이상으로 전년보다 2.5% 증가하는 추세이다. 가해자로는 80% 이상이 자녀 혹은 배우자로 '부양자'이면서 '가해자'로 지목되고 있으며, 노인복지시설 종사자도 극히 일부이지만 가해자로 지목되기도 한다. 공경(恭敬)의 대상이 아닌 학대의 대상으로 몰락한 노인 학대 문제에 대한 실질적인 대안이 필요한 실정이다. 이를 해결하기 위해서 가장 좋은 방법은 학대가 발생하기 전 사전에 인지하여 예방하는 것이다. 그러므로 노인 학대 예방센터를 중심으로, 지역 내의 사회복지 기관과 의료기관, 경찰, 시민단체 등이 상호 관계를 맺어 유기적 협력이 필요해 보인다.

노인 학대 실태 비율(%)

구분	학대 비율(%)
아들	31.2
배우자	30.3
딸	7.6
노인복지종사자	18.5

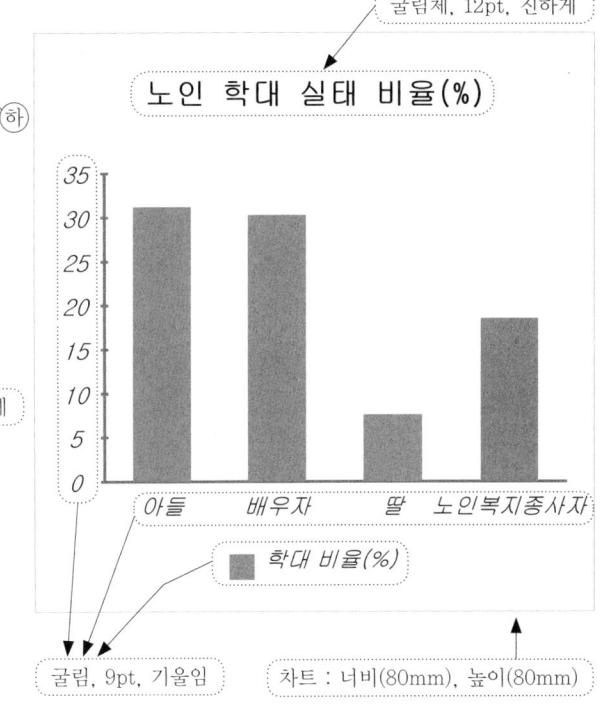

㉠ 노인의 보건복지증진에 기여함을 목적으로 한다.

한글 NEO/2010 버전용　　　　　　　　　　　　　　　디 지 털 정 보 활 용 능 력

제 05 회 기출예상문제
(DIAT : Digital Information Ability Test)

- 시험과목 : 워드프로세서(한글)
- 시험일자 : 20XX. XX. XX(X)
- 응시자 기재사항 및 감독위원 확인

수 검 번 호	DIW – XXXX –	감독위원 확인
성 명		

응시자 유의사항

1. 응시자는 반드시 신분증을 지참하여야 시험에 응시할 수 있으며, 시험이 종료될 때까지 신분증을 제시하지 못 할 경우 해당 시험은 0점 처리됩니다.
2. 시스템(PC작동여부, 네트워크 상태 등)의 이상여부를 반드시 확인하여야 하며, 시스템 이상이 있을시 감독위원에게 조치를 받으셔야 합니다.
3. 시험 중 부주의 또는 고의로 시스템을 파손한 경우는 응시자 부담으로 합니다.
4. 답안 전송 프로그램을 통해 다운로드 받은 파일을 이용하여 답안파일을 작성하시기 바랍니다.
5. 작성한 답안 파일은 답안 전송 프로그램을 통하여 전송됩니다. 감독위원의 지시에 따라 주시기 바랍니다.
6. 다음사항의 경우 실격(0점) 혹은 부정행위 처리됩니다.
    1) 답안파일을 저장하지 않았거나, 저장한 파일이 손상되었을 경우
    2) 답안파일을 지정된 폴더(바탕 화면 – "KAIT" 폴더)에 저장하지 않았을 경우
       ※ 답안 전송 프로그램 로그인 시 바탕 화면에 자동 생성됨
    3) 답안파일을 다른 보조 기억장치(USB) 혹은 네트워크(메신저, 게시판 등)로 전송할 경우
    4) 휴대용 전화기 등 통신기기를 사용할 경우
7. 시험지에 제시된 글꼴이 응시 프로그램에 없는 경우, 반드시 감독위원에게 해당 내용을 통보한 뒤 조치를 받아야 합니다.
8. 시험의 완료는 작성이 완료된 답안을 저장하고, 답안 전송이 완료된 상태를 확인한 것으로 합니다. 답안 전송 확인 후 문제지는 감독위원에게 제출한 후 퇴실하여야 합니다.
9. 답안전송이 완료된 경우에는 수정 또는 정정이 불가능합니다.
10. 【 】안의 지시사항은 한글 2010 버전용입니다.
11. 시험시행 후 합격자 발표는 홈페이지(www.ihd.or.kr)에서 확인하시기 바랍니다.
    1) 문제 및 정답 공개 : 20XX. XX. XX(X)
    2) 성적 공개 : 20XX. XX. XX(X)

디지털정보활용능력 – 한글　　　　[시험시간 : 40분]

【문제】 첨부된 문제를 다음의 조건을 적용하여 문서를 작성하시오.

① 문서는 A4(210mm×297mm) 크기, 세로 용지방향으로 작성한다.

② 페이지 여백은 아래와 같이 설정한다.

왼쪽	오른쪽	위쪽	아래쪽	머리말	꼬리말	제본
20mm	20mm	20mm	20mm	10mm	10mm	0mm

③ 한글 2016버전은 아래와 같이 "자동 글머리 기호 넣기"와 "자동 번호 매기기" 기능을 해제한다.

> 도구 → 빠른 교정 → 빠른 교정 내용 → 입력 자동 서식 ⇒ 자동 글머리 기호 넣기(해제) / 자동 번호 매기기(해제)

※ 만약 입력자동서식 메뉴가 없는 경우에는, "자동 글머리 기호 넣기"와 "자동 번호 매기기" 기능이 설정되지 있지 않은 것이므로 별도의 기능 해제 없이 그대로 시험에 응시하시면 됩니다.

④ 글자는 별도의 지시사항이 없는 한 바탕, 10pt, 양쪽정렬, 줄간격 160%로 작성한다.

⑤ 영문, 숫자 등은 별도의 지시가 없는 한 반각(1byte) 문자를 사용한다.

⑥ 특수문자는 문자표(전각 기호)를 이용하여 작성한다.

⑦ 교정부호 및 화살표로 기재된 지시사항대로 처리하되, ⬚⟶ 은 지시사항이므로 작성하지 않는다.

⑧ 1페이지에 [문제1]을 작성하고, 구역을 나누어 2페이지에 [문제2]를 작성한다.

※ 해당 페이지에 작성하지 않거나 의도적으로 텍스트 작성을 하지 않은 경우 0점 처리

⑨ [문제2]는 문제지와 같이 글상자 아랫줄부터 2단으로 다단을 나누어 작성한다.

⑩ '그림 삽입'시에는 반드시 "KAIT 수검프로그램"을 통해 다운로드 한 그림 파일을 사용한다.

⑪ 차트 범례는 기본값으로 작성한다.(선 모양 없음)

⑫ 총점 : 200점

　　[공통사항1(기본설정, 용지설정)] : 8점, [공통사항2(오탈자)] : 40점

　　[문제1] : 46점, [문제2] : 106점

⑬ 기타 특별히 지시되어 있지 않은 사항은 문제지에 준하여 작성한다.

빅데이터분석아이디어공모전

한국빅데이터협회에서는 공공 데이터 및 비정형 데이터를 활용한 새로운 혁신 서비스 발굴 및 사회적 환경 변화에 대응하고, 도시의 문제나 시민 체감형 정책 발굴에 빅데이터를 활용하여 자율 참여형 문제 해결 정책을 좀 더 활성화시키기 위해서 *2025 빅데이터 분석 아이디어 공모전*을 개최합니다. 공모 분야는 도시문제, 기업문제, 환경문제, 스마트서비스 등 우리 생활 전반의 문제점을 개선하고 정책 개선 방향을 도출할 수 있는 주제라면 어떤 분야의 내용이라도 제한이 없습니다. 이번 아이디어 공모전을 통해 빅데이터의 분석과 활용에 관심 있는 시민 여러분들의 많은 관심과 적극적인 참여를 부탁드립니다.

◆ 행사일정 ◆

1. 참가대상 : 전국민 누구나 참여 가능(개인 및 팀별, 인원제한 없음)
2. 접수마감 : 2025. 04. 28(월) ~ 05. 09(금), 18:00까지 이메일 도착분에 한함
3. 참가방법 : **제안서 형식 및 PPT 형식으로 제출**
4. 제출방법 : 한국빅데이터협회 홈페이지(https://www.ihd.or.kr) 공모전 페이지에 업로드
5. 주   최 : 한국빅데이터협회, VEU soft

※ 기타사항
- 제출된 응모작과 관련한 서류는 일체 반환하지 않습니다.
- 당선작에 대한 지적재산권 등 일체의 권리는 한국빅데이터협회가 소유합니다.
- 기타 자세한 사항은 한국빅데이터협회 홈페이지를 참고하시거나, 공모전 담당자(02-123-4567)에게 문의하시기 바랍니다.

2025. 04. 26.

한국빅데이터협회

빅데이터

1. 빅데이터의 정의

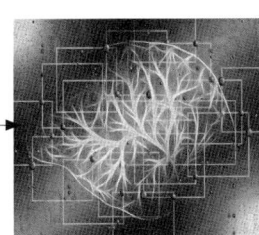

빅데이터프로세싱(Big Data Processing, 이하 빅데이터)란 기존 데이터베이스 관리 도구의 능력(能力)을 넘어서는 대량의 데이터로부터 가치를 추출하고 결과를 분석하는 기술이다. 기존의 데이터베이스(database)로는 처리하기 어려울 정도로 방대한 양의 데이터를 의미한다. 다양한 종류의 대규모(大規模) 데이터에 대한 생성, 수집, 분석, 표현의 특징으로 하는 빅데이터 기술의 발전은 다변화된 현대 사회를 더욱 정확하게 예측하여 효율적으로 작동케 하고 개인화된 현대 사회 구성원마다 맞춤형 정보를 제공, 관리, 분석 가능하게 하며 과거에는 불가능했던 기술을 실현 시키고 있다. 정치, 사회, 경제, 문화, 과학 기술 등 전 영역에 걸쳐서 사회와 인류에게 가치 있는 정보를 제공할 수 있는 가능성(可能性)을 제시하면서 그 중요성이 점점 부각되고 있는 상황이다.

2. 빅데이터의 문제점

수많은 정보의 바다에서 데이터를 수집해 새로운 가치를 창출해내는 빅데이터가 각광받고 있지만 그만큼 부정적인 면도 없지 않다. 빅데이터의 문제점(問題點)은 바로 사생활 침해(侵害)와 보안 측면에 자리하고 있다. 빅데이터는 수많은 개인들의 수많은 정보의 집합이다. 빅데이터를 수집, 분석할 때에 개인들의 사적인 정보까지 수집하여 관리하게 되니 모은 데이터가 보안 문제로 유출된다면 큰 문제가 될 수 있다. 대표적인 피해 사례로 페이스북 정보 유출 사건㉠을 들 수 있다. 2018년 페이스북 가입자의 프로필을 동의 없이 수거해서 정치적 선전을 하려는 목적으로 사용했다는 사실이 밝혀지면서 개인 정보에 대한 이해와 인식이 높아졌고, 기업들의 데이터 사용에 대해 엄격한 규제를 요청하는 분위기가 생겼다.

빅데이터 시장 전망 추이(%)

년도	성장률(%)
2024	13.0
2025	17.2
2026	20.6
2027	23.5

㉠ 케임브리지 애널리티카(Analytica)의 정보 유출 사건

한글 NEO/2010 버전용   디지털정보활용능력

제 06 회 기출예상문제
(DIAT : Digital Information Ability Test)

- ⊙ 시험과목 : 워드프로세서(한글)
- ⊙ 시험일자 : 20XX. XX. XX(X)
- ⊙ 응시자 기재사항 및 감독위원 확인

수 검 번 호	DIW - XXXX -	감독위원 확인
성 명		

응시자 유의사항

1. 응시자는 반드시 신분증을 지참하여야 시험에 응시할 수 있으며, 시험이 종료될 때까지 신분증을 제시하지 못 할 경우 해당 시험은 0점 처리됩니다.
2. 시스템(PC작동여부, 네트워크 상태 등)의 이상여부를 반드시 확인하여야 하며, 시스템 이상이 있을시 감독위원에게 조치를 받으셔야 합니다.
3. 시험 중 부주의 또는 고의로 시스템을 파손한 경우는 응시자 부담으로 합니다.
4. 답안 전송 프로그램을 통해 다운로드 받은 파일을 이용하여 답안파일을 작성하시기 바랍니다.
5. 작성한 답안 파일은 답안 전송 프로그램을 통하여 전송됩니다. 감독위원의 지시에 따라 주시기 바랍니다.
6. 다음사항의 경우 실격(0점) 혹은 부정행위 처리됩니다.
    1) 답안파일을 저장하지 않았거나, 저장한 파일이 손상되었을 경우
    2) 답안파일을 지정된 폴더(바탕 화면 - "KAIT" 폴더)에 저장하지 않았을 경우
       ※ 답안 전송 프로그램 로그인 시 바탕 화면에 자동 생성됨
    3) 답안파일을 다른 보조 기억장치(USB) 혹은 네트워크(메신저, 게시판 등)로 전송할 경우
    4) 휴대용 전화기 등 통신기기를 사용할 경우
7. 시험지에 제시된 글꼴이 응시 프로그램에 없는 경우, 반드시 감독위원에게 해당 내용을 통보한 뒤 조치를 받아야 합니다.
8. 시험의 완료는 작성이 완료된 답안을 저장하고, 답안 전송이 완료된 상태를 확인한 것으로 합니다. 답안 전송 확인 후 문제지는 감독위원에게 제출한 후 퇴실하여야 합니다.
9. 답안전송이 완료된 경우에는 수정 또는 정정이 불가능합니다.
10. 【 】안의 지시사항은 한글 2010 버전용입니다.
11. 시험시행 후 합격자 발표는 홈페이지(www.ihd.or.kr)에서 확인하시기 바랍니다.
    1) 문제 및 정답 공개 : 20XX. XX. XX(X)
    2) 성적 공개 : 20XX. XX. XX(X)

디지털정보활용능력 – 한글 [시험시간 : 40분]

【문제】 첨부된 문제를 다음의 조건을 적용하여 문서를 작성하시오.

① 문서는 A4(210mm×297mm) 크기, 세로 용지방향으로 작성한다.

② 페이지 여백은 아래와 같이 설정한다.

왼쪽	오른쪽	위쪽	아래쪽	머리말	꼬리말	제본
20mm	20mm	20mm	20mm	10mm	10mm	0mm

③ 한글 2016버전은 아래와 같이 "자동 글머리 기호 넣기"와 "자동 번호 매기기" 기능을 해제한다.

도구 → 빠른 교정 → 빠른 교정 내용 → 입력 자동 서식 ⇒ 자동 글머리 기호 넣기(해제) / 자동 번호 매기기(해제)

※ 만약 입력자동서식 메뉴가 없는 경우에는, "자동 글머리 기호 넣기"와 "자동 번호 매기기" 기능이 설정되지 있지 않은 것이므로 별도의 기능 해제 없이 그대로 시험에 응시하시면 됩니다.

④ 글자는 별도의 지시사항이 없는 한 바탕, 10pt, 양쪽정렬, 줄간격 160%로 작성한다.

⑤ 영문, 숫자 등은 별도의 지시가 없는 한 반각(1byte) 문자를 사용한다.

⑥ 특수문자는 문자표(전각 기호)를 이용하여 작성한다.

⑦ 교정부호 및 화살표로 기재된 지시사항대로 처리하되, ⃝⟶ 은 지시사항이므로 작성하지 않는다.

⑧ 1페이지에 [문제1]을 작성하고, 구역을 나누어 2페이지에 [문제2]를 작성한다.

※ 해당 페이지에 작성하지 않거나 의도적으로 텍스트 작성을 하지 않은 경우 0점 처리

⑨ [문제2]는 문제지와 같이 글상자 아랫줄부터 2단으로 다단을 나누어 작성한다.

⑩ '그림 삽입'시에는 반드시 "KAIT 수검프로그램"을 통해 다운로드 한 그림 파일을 사용한다.

⑪ 차트 범례는 기본값으로 작성한다.(선 모양 없음)

⑫ 총점 : 200점

[공통사항1(기본설정, 용지설정)] : 8점, [공통사항2(오탈자)] : 40점

[문제1] : 46점, [문제2] : 106점

⑬ 기타 특별히 지시되어 있지 않은 사항은 문제지에 준하여 작성한다.

컴퓨터과학경시대회안내

컴퓨터과학에서 비롯된 인공지능과 빅데이터는 공학, 과학, 사회과학, 예술, 교육, 경영, 경제, 의학, 법학 등의 모든 분야에 적용이 가능한 보편적 학문의 성격을 띠고 있습니다. 또한 *영화에서나 등장하던 로봇, 자율주행, 유전자 신기술은 컴퓨터과학을 통해 현실로* 다가오고 있습니다. 컴퓨터과학경시대회는 컴퓨팅사고력, 프로그래밍, 알고리즘을 개별적으로 평가하던 기존의 방식과 달리 컴퓨터과학에 대한 개념과 지식을 바탕으로 컴퓨팅사고력과 프로그래밍 능력을 종합적으로 평가하는 대회입니다. 컴퓨터과학은 미래의 우리에게 더 많은 기회를 보여줄 것입니다. 관심 있는 학생들의 많은 참여 바랍니다.

◆ 대회안내 ◆

1. 대 회 명 : 컴퓨터과학경시대회
2. 참가자격 : *컴퓨터과학에 관심 있는 만 7세 ~ 18세의 대한민국 거주 청소년*
3. 경기부문 : 참가 연령에 따라 초등부, 중등부, 고등부로 구분
4. 지원부문 : 이론부문 또는 실기부문을 선택하여 지원할 수 있음
5. 자세한 내용은 누리집(http://www.ihd.or.kr) 공지사항을 참고하시기 바랍니다.

※ 기타사항
 - 공통 응시과목은 컴퓨터과학에 대한 기초지식 및 중요개념을 묻는 문제가 출제됩니다.
 - 이론부문 응시과목 컴퓨팅사고력(지필) 문제를 풀기 위해서는 수학적 사고력과 언어능력을 필요로 하며, 컴퓨팅사고력의 하위요소인 추상화, 분할, 자동화, 알고리즘 등의 능력도 함께 평가됩니다.
 - 실기부문은 C언어를 이용하여 자료구조와 알고리즘을 적용하는 프로그래밍 문제가 출제됩니다.

2023. 02. 27.

국립소프트웨어영재교육원

컴퓨팅 사고력과 알고리즘

1. 컴퓨팅 사고력

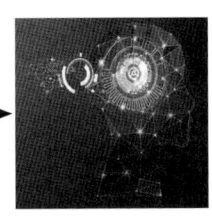

오늘날 컴퓨팅 사고는 새로운 창의적(創意的) 사고의 방법으로 주목받고 있다. 많은 나라들이 소프트웨어(software) 교육을 실시하는 것은 단지 국민을 컴퓨터 코딩을 능숙하게 다루는 프로그래머로 만들자는 것이 아니라, 국민들이 모든 분야의 문제를 새로운 방향으로 생각하여 수월하게 해결할 수 있는 능력을 키워주기 위해서 이다. 따라서 컴퓨팅 사고력은 컴퓨터가 문제를 해결하는 방식처럼 복잡한 문제를 단순화하고 이를 논리적, 효율적으로 해결하는 능력뿐만 아니라 컴퓨터가 여러 일들을 묶어서 처리하거나, 우선순위를 정하여 순서대로 처리하는 원리를 배워서 자신이 실생활에서 해야 할 일들을 효율적으로 처리하는 능력을 기를 수 있다. 그러므로 빠르게 변하고 복잡해지는 미래(未來) 사회에서 모든 사람들이 갖추어야 할 능력으로 꼽히고 있다.

2. 알고리즘(algorithm)

우리는 해결해야 할 문제에 접하면, 대부분의 문제들은 순간적인 판단으로 해결한다. 하지만 여러 가지 조건과 상황을 고려하여 최적의 판단을 해야 하는 복잡한 문제가 발생할 때는 컴퓨터를 이용하기도 한다. 알고리즘㉮은 주어진 문제를 논리적으로 해결하기 위해 필요한 절차(節次), 방법, 명령어들을 모아놓은 것이라 정의할 수 있으며 넓게는 사람 손으로 해결하는 것, 컴퓨터로 해결하는 것, 수학적인 것, 비수학적인 것을 모두 포함한다. 그리고 알고리즘에서 가장 중요한 것은 효율성이라고 할 수 있는데 똑같은 문제(問題) 해결에 있어 결과는 같아도 해결방법에 따라 실행 속도나 오차(誤差) 또는 오류(error) 등에 차이가 있을 수 있기 때문이다. 또한, 알고리즘은 명확해야 하는데 이를 위해 프로그래머들은 주로 순서도나 의사코드(pseudocode) 등을 이용하고 있다.

대회 참가 현황

구분	이론부문	실기부문
초등부	25	31
중등부	19	22
고등부	22	18

대회 참가 현황

㉮ 수학자 알고리즈미(Al-Khowarizmi) 이름에서 유래

한글 NEO/2010 버전용   디 지 털 정 보 활 용 능 력

제 07 회 기출예상문제
(DIAT : Digital Information Ability Test)

- 시험과목 : 워드프로세서(한글)
- 시험일자 : 20XX. XX. XX(X)
- 응시자 기재사항 및 감독위원 확인

수 검 번 호	DIW – XXXX –	감독위원 확인
성 명		

응시자 유의사항

1. 응시자는 반드시 신분증을 지참하여야 시험에 응시할 수 있으며, 시험이 종료될 때까지 신분증을 제시하지 못 할 경우 해당 시험은 0점 처리됩니다.
2. 시스템(PC작동여부, 네트워크 상태 등)의 이상여부를 반드시 확인하여야 하며, 시스템 이상이 있을시 감독위원에게 조치를 받으셔야 합니다.
3. 시험 중 부주의 또는 고의로 시스템을 파손한 경우는 응시자 부담으로 합니다.
4. 답안 전송 프로그램을 통해 다운로드 받은 파일을 이용하여 답안파일을 작성하시기 바랍니다.
5. 작성한 답안 파일은 답안 전송 프로그램을 통하여 전송됩니다. 감독위원의 지시에 따라 주시기 바랍니다.
6. 다음사항의 경우 실격(0점) 혹은 부정행위 처리됩니다.
    1) 답안파일을 저장하지 않았거나, 저장한 파일이 손상되었을 경우
    2) 답안파일을 지정된 폴더(바탕 화면 – "KAIT" 폴더)에 저장하지 않았을 경우
        ※ 답안 전송 프로그램 로그인 시 바탕 화면에 자동 생성됨
    3) 답안파일을 다른 보조 기억장치(USB) 혹은 네트워크(메신저, 게시판 등)로 전송할 경우
    4) 휴대용 전화기 등 통신기기를 사용할 경우
7. 시험지에 제시된 글꼴이 응시 프로그램에 없는 경우, 반드시 감독위원에게 해당 내용을 통보한 뒤 조치를 받아야 합니다.
8. 시험의 완료는 작성이 완료된 답안을 저장하고, 답안 전송이 완료된 상태를 확인한 것으로 합니다. 답안 전송 확인 후 문제지는 감독위원에게 제출한 후 퇴실하여야 합니다.
9. 답안전송이 완료된 경우에는 수정 또는 정정이 불가능합니다.
10. 【 】안의 지시사항은 한글 2010 버전용입니다.
11. 시험시행 후 합격자 발표는 홈페이지(www.ihd.or.kr)에서 확인하시기 바랍니다.
    1) 문제 및 정답 공개 : 20XX. XX. XX(X)
    2) 성적 공개 : 20XX. XX. XX(X)

디지털정보활용능력 - 한글　　[시험시간 : 40분]

【문제】 첨부된 문제를 다음의 조건을 적용하여 문서를 작성하시오.

① 문서는 A4(210mm×297mm) 크기, 세로 용지방향으로 작성한다.

② 페이지 여백은 아래와 같이 설정한다.

왼쪽	오른쪽	위쪽	아래쪽	머리말	꼬리말	제본
20mm	20mm	20mm	20mm	10mm	10mm	0mm

③ 한글 2016버전은 아래와 같이 "자동 글머리 기호 넣기"와 "자동 번호 매기기" 기능을 해제한다.

> 도구 → 빠른 교정 → 빠른 교정 내용 → 입력 자동 서식 ⇒ 자동 글머리 기호 넣기(해제)
> 자동 번호 매기기(해제)

※ 만약 입력자동서식 메뉴가 없는 경우에는, "자동 글머리 기호 넣기"와 "자동 번호 매기기" 기능이 설정되지 있지 않은 것이므로 별도의 기능 해제 없이 그대로 시험에 응시하시면 됩니다.

④ 글자는 별도의 지시사항이 없는 한 바탕, 10pt, 양쪽정렬, 줄간격 160%로 작성한다.

⑤ 영문, 숫자 등은 별도의 지시가 없는 한 반각(1byte) 문자를 사용한다.

⑥ 특수문자는 문자표(전각 기호)를 이용하여 작성한다.

⑦ 교정부호 및 화살표로 기재된 지시사항대로 처리하되, ⬚⟶ 은 지시사항이므로 작성하지 않는다.

⑧ 1페이지에 [문제1]을 작성하고, 구역을 나누어 2페이지에 [문제2]를 작성한다.

※ 해당 페이지에 작성하지 않거나 의도적으로 텍스트 작성을 하지 않은 경우 0점 처리

⑨ [문제2]는 문제지와 같이 글상자 아랫줄부터 2단으로 다단을 나누어 작성한다.

⑩ '그림 삽입'시에는 반드시 "KAIT 수검프로그램"을 통해 다운로드 한 그림 파일을 사용한다.

⑪ 차트 범례는 기본값으로 작성한다.(선 모양 없음)

⑫ 총점 : 200점

[공통사항1(기본설정, 용지설정)] : 8점, [공통사항2(오탈자)] : 40점

[문제1] : 46점, [문제2] : 106점

⑬ 기타 특별히 지시되어 있지 않은 사항은 문제지에 준하여 작성한다.

고인돌의 세계로 여러분을 초대합니다!

고인돌은 먼 옛날 청동기시대에 경제력이 있거나 권력을 가진 지배계층의 무덤으로 사용된 돌무덤입니다. 고인돌은 그 특색 있는 모습과 거대한 크기로 인해 보는 사람으로 하여금 신비로운 감정을 자아내는 유적이기도 합니다. *전 세계 고인돌의 40퍼센트 이상이 우리나라에 있다는 것을 아십니까?* 강화도는 이 중에서도 한국을 대표하는 고인돌 유적으로 오랜 시간 많은 관심과 사랑을 받아왔습니다. 강화 고인돌 축제는 올해로 24주년을 맞는 유서 깊은 강화군 특유의 지역 축제로, 이곳에 방문하셔서 고인돌과 더불어 강화도만의 전통 풍습과 문화체험까지 알차게 즐겨 주시기를 바랍니다.

◎ 축제 안내 ◎

1. 축 제 명 : 제24회 강화 고인돌 축제
2. 일   시 : 2022. 3. 5. (토) ~ 2022. 3. 17. (목) (13일간)
3. 장   소 : 인천광역시 강화군 강화고인돌유적 일대
4. 주   관 : 강화군청, 강화자연사박물관, 한국대학교 역사학과
5. 세부행사 : *고인돌 만들기 체험, 전통 민속놀이 체험 등*

※ 기타사항
- 참가 신청은 현장 접수로 가능하며, 단체 관람은 강화고인돌축제 홈페이지에서 신청 가능합니다.
- 고인돌 만들기 체험과 전통 민속놀이 체험 등은 일자별로 조기 마감될 수 있습니다.
- 기타 자세한 사항은 강화고인돌축제 홈페이지(http://www.ihd.or.kr) 또는 강화고인돌축제 운영지원팀 대표번호(032-123-4567)로 문의하시기 바랍니다.

2022. 02. 26.

강화고인돌축제 운영지원팀

고인돌에 대하여

1. 고인돌이란?

고인돌(dolmen)이란 청동기시대의 대표적인 무덤 형식으로, 말 그대로 '돌을 고였다'라고 하여 붙여진 이름이다. 기원전(紀元前) 1000년 무렵, 원시 농업 경제 사회를 이룬 청동기시대가 시작되고, 농경의 발달로 인해 잉여 생산물(product)이 생기면서 사회집단 내부에는 다스림을 받는 자와 다스리는 자가 생겨나기 시작해 청동기(靑銅器)를 사용하는 우세한 지위를 가진 권력자가 나타났다. 고인돌은 바로 이러한 권력자의 무덤으로 만들어졌으며, 이 안에 주검만을 묻는 것이 아니라 그 안에 토기나 석기, 청동기 등의 다양한 유물(relic)을 넣기도 하였다. 이 때문에 고인돌은 청동기시대의 사회상을 파악하는 데 매우 중요한 유적이 되었다.

2. 우리나라의 고인돌

고인돌은 전 세계에서 발견되나, 특히 우리나라, 일본, 중국 등 동북아시아 지역에서 많이 발견(發見)된다. 우리나라는 '고인돌 왕국'이라 할 정도로 많은 수의 고인돌 유적이 발견되었는데, 지금까지 남한에서는 약 3만, 북한에서는 약 1만 5천기에 달하는 고인돌이 존재하며 이는 전 세계 고인돌의 40퍼센트 이상에 해당하는 수치(figure)ⓐ이다. 우리나라의 고인돌은 주로 서해안 지역, 그중에서도 호남지방에 집중적으로 밀집(密集)되어 있다. 이 가운데 세계유산으로 등재된 고창, 화순, 강화 고인돌 유적은 보존 상태가 좋고 밀집도나 형식의 다양성 측면에서 고인돌의 형성과 발전 과정을 규명하는 중요한 단서(clue)가 되고 있다. 고인돌은 기본적으로 지상이나 지하의 무덤방 위에 거대한 덮개돌을 얹어 만든 형태(形態)이나, 덮개돌의 모양에 따라 크게 탁자식과 바둑판식, 개석식, 위석식으로 나뉜다.

ⓐ 우리나라에서 고인돌은 워낙 흔해 농부들이 논밭을 갈다가 거추장스러워 부수어 버리는 경우도 많았다.

지역별 고인돌 분포 (개)

지역	1980년	2015년
경기도	98	121
강원도	314	388
충청남도	521	572
전라남도	18154	19058
경상북도	2119	2890

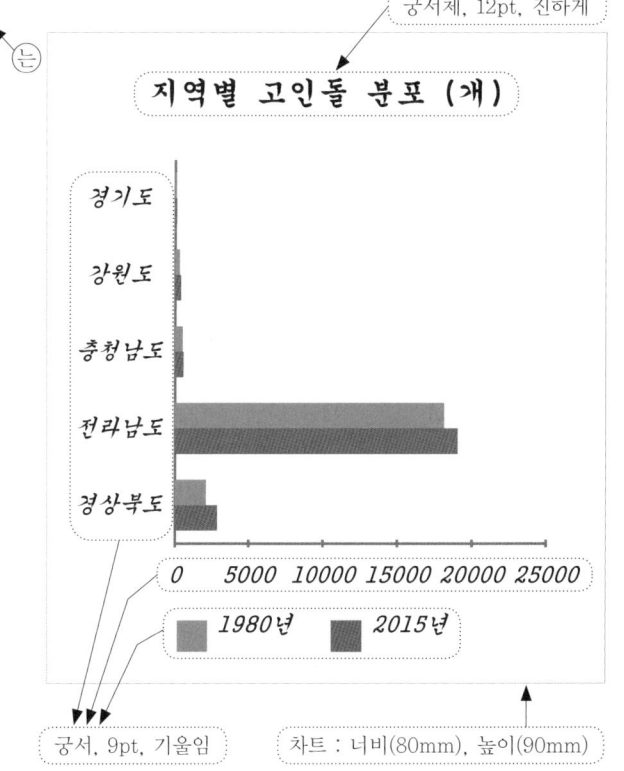

한글 NEO/2010 버전용   디지털정보활용능력

제 08 회 기출예상문제
(DIAT : Digital Information Ability Test)

- ⊙ 시험과목 : 워드프로세서(한글)
- ⊙ 시험일자 : 20XX. XX. XX(X)
- ⊙ 응시자 기재사항 및 감독위원 확인

수 검 번 호	DIW – XXXX –	감독위원 확인
성 명		

응시자 유의사항

1. 응시자는 반드시 신분증을 지참하여야 시험에 응시할 수 있으며, 시험이 종료될 때까지 신분증을 제시하지 못 할 경우 해당 시험은 0점 처리됩니다.
2. 시스템(PC작동여부, 네트워크 상태 등)의 이상여부를 반드시 확인하여야 하며, 시스템 이상이 있을시 감독위원에게 조치를 받으셔야 합니다.
3. 시험 중 부주의 또는 고의로 시스템을 파손한 경우는 응시자 부담으로 합니다.
4. 답안 전송 프로그램을 통해 다운로드 받은 파일을 이용하여 답안파일을 작성하시기 바랍니다.
5. 작성한 답안 파일은 답안 전송 프로그램을 통하여 전송됩니다. 감독위원의 지시에 따라 주시기 바랍니다.
6. 다음사항의 경우 실격(0점) 혹은 부정행위 처리됩니다.
    1) 답안파일을 저장하지 않았거나, 저장한 파일이 손상되었을 경우
    2) 답안파일을 지정된 폴더(바탕 화면 – "KAIT"폴더)에 저장하지 않았을 경우
       ※ 답안 전송 프로그램 로그인 시 바탕 화면에 자동 생성됨
    3) 답안파일을 다른 보조 기억장치(USB) 혹은 네트워크(메신저, 게시판 등)로 전송할 경우
    4) 휴대용 전화기 등 통신기기를 사용할 경우
7. 시험지에 제시된 글꼴이 응시 프로그램에 없는 경우, 반드시 감독위원에게 해당 내용을 통보한 뒤 조치를 받아야 합니다.
8. 시험의 완료는 작성이 완료된 답안을 저장하고, 답안 전송이 완료된 상태를 확인한 것으로 합니다. 답안 전송 확인 후 문제지는 감독위원에게 제출한 후 퇴실하여야 합니다.
9. 답안전송이 완료된 경우에는 수정 또는 정정이 불가능합니다.
10. 【 】안의 지시사항은 한글 2010 버전용입니다.
11. 시험시행 후 합격자 발표는 홈페이지(www.ihd.or.kr)에서 확인하시기 바랍니다.
    1) 문제 및 정답 공개 : 20XX. XX. XX(X)
    2) 성적 공개 : 20XX. XX. XX(X)

디지털정보활용능력 – 한글　　[시험시간 : 40분]

【문제】 첨부된 문제를 다음의 조건을 적용하여 문서를 작성하시오.

① 문서는 A4(210mm×297mm) 크기, 세로 용지방향으로 작성한다.

② 페이지 여백은 아래와 같이 설정한다.

왼쪽	오른쪽	위쪽	아래쪽	머리말	꼬리말	제본
20mm	20mm	20mm	20mm	10mm	10mm	0mm

③ 한글 2016버전은 아래와 같이 "자동 글머리 기호 넣기"와 "자동 번호 매기기" 기능을 해제한다.

> 도구 → 빠른 교정 → 빠른 교정 내용 → 입력 자동 서식 ⇒ 자동 글머리 기호 넣기(해제)
> 자동 번호 매기기(해제)

※ 만약 입력자동서식 메뉴가 없는 경우에는, "자동 글머리 기호 넣기"와 "자동 번호 매기기" 기능이 설정되지 있지 않은 것이므로 별도의 기능 해제 없이 그대로 시험에 응시하시면 됩니다.

④ 글자는 별도의 지시사항이 없는 한 바탕, 10pt, 양쪽정렬, 줄간격 160%로 작성한다.

⑤ 영문, 숫자 등은 별도의 지시가 없는 한 반각(1byte) 문자를 사용한다.

⑥ 특수문자는 문자표(전각 기호)를 이용하여 작성한다.

⑦ 교정부호 및 화살표로 기재된 지시사항대로 처리하되, ⟶ 은 지시사항이므로 작성하지 않는다.

⑧ 1페이지에 [문제1]을 작성하고, 구역을 나누어 2페이지에 [문제2]를 작성한다.

※ 해당 페이지에 작성하지 않거나 의도적으로 텍스트 작성을 하지 않은 경우 0점 처리

⑨ [문제2]는 문제지와 같이 글상자 아랫줄부터 2단으로 다단을 나누어 작성한다.

⑩ '그림 삽입'시에는 반드시 "KAIT 수검프로그램"을 통해 다운로드 한 그림 파일을 사용한다.

⑪ 차트 범례는 기본값으로 작성한다.(선 모양 없음)

⑫ 총점 : 200점

[공통사항1(기본설정, 용지설정)] : 8점, [공통사항2(오탈자)] : 40점

[문제1] : 46점, [문제2] : 106점

⑬ 기타 특별히 지시되어 있지 않은 사항은 문제지에 준하여 작성한다.

각양각색 반려동물의 세계로 여러분을 초대합니다!

지난해 농촌경제연구원에서 발표한 우리나라 반려동물 보유 가구 조사 현황에 따르면 현대사회에 접어들고 1인 가구가 많아지면서 점차 반려동물을 키우는 가구가 많아지고 있다고 합니다. 여러분은 어떤 반려동물을 키우고 계십니까? 오늘날은 강아지나 고양이뿐만 아니라 도마뱀, 거미, 앵무새 등 일상에서 자주 접할 수 없는 반려동물을 키우고자 발품을 팔며 정보를 구하는 사람들이 많아지고 있습니다. 이처럼 색다른 반려동물에 관심을 가지며 정보를 구하는 여러분께 제5회 희귀 반려동물 박람회를 소개합니다. 이곳에서 각양각색의 반려동물을 접하며 새로운 경험을 해 보십시오.

◇ 행사 일정 ◇

1. 박람회명 : 제7회 희귀 반려동물 박람회
2. 일   시 : 2023. 3. 8.(수) 09:00 ~ 2023. 3. 10.(금) 18:00
3. 장   소 : 한국대학교 대운동장
4. 대   상 : **각양각색의 반려동물에 관심이 있는 분 누구나**
5. 참여기관 : 서울동물원, 서울반려동물전문학교, 한국대학교 동물사육과

※ 기타사항
- 참여를 원하는 경우, 홈페이지 내 박람회 신청 양식을 작성 후 표기된 이메일로 접수 바랍니다.
- 박람회 당일의 세부일정 및 실습 내용은 홈페이지(http://www.ihd.or.kr)의 공지사항을 통해 확인하실 수 있습니다.
- 기타 궁금하신 사항은 서울동물원 희귀 반려동물 박람회 홍보처(02-123-4567)로 문의 바랍니다.

2023. 02. 25.

서울 동물원

멸종위기생물

1. 멸종위기생물이란?

멸종위기생물이란 멸종위기에 처했거나 머지않은 장래(將來)에 멸종위기에 처할 우려(concern)가 있는 생물을 말한다. 우리나라에서는 호랑이, 황새, 미호종개 등 총 246종의 생물이 멸종위기생물로 지정되어 있다. 멸종위기 야생생물은 1급과 2급으로 나뉘어 지정된다. 한편 희귀생물이란 특수한 지역(area)에 서식하거나 관상적으로 특이한 동식물을 칭하는 용어로, 반드시 희귀생물이 멸종위기생물인 것은 아니다. 희귀생물과는 다르게 멸종위기생물을 개인적(個人的)으로 사육할 목적으로 포획, 유통(distribution)하면 법령에 따라 강력하게 처벌을 받을 수 있으므로 각별히 주의해야 한다.

2. 멸종위기생물의 관리방법

우리나라는 정부 산하의 환경부에서 멸종위기생물을 지정, 감독(監督)한다. 멸종위기 야생생물 1급은 자연적 또는 인위적 위협요인으로 개체수가 현저하게 감소(減少)되어 멸종위기에 처한 야생생물을 말한다. 또한 멸종위기 야생생물 2급은 자연적 또는 인위적 위협요인으로 개체수가 현저하게 감소되고 있어 현재의 위협요인이 제거되거나 완화되지 아니할 경우 장래에 가까운 멸종위기에 처할 우려가 있는 야생생물을 일컫는다. 지정된 동식물은 불법포획, 채취, 유통 및 보관(storage) 등의 행위가 엄격히 금지되며, 3년 주기로 '멸종위기 야생생물 전국 분포조사'를 실시하는 등 정부의 관리(supervision)를 받게 된다. 역사적(歷史的)으로 멸종위기 야생생물은 1989년부터 2017년까지 총 일곱 차례에 걸쳐 지정되었으며, 2022년에 새롭게 개정될 예정이다. 국가기관의 철저한 관리감독에도 불구하고 지구온난화㉠ 등으로 인해 멸종위기 야생생물은 설 곳을 잃어가고 있다.

㉠ 이산화탄소 등 온실기체로 인해 지구의 평균 기온이 상승하는 현상

멸종위기 야생생물 지정 현황

생물군	식물	조류	포유류
2007년	57	55	21
2012년	64	61	22
2017년	77	61	20
2022년	88	63	20

한글 NEO/2010 버전용　　　　　　　　　　　　　　　디 지 털 정 보 활 용 능 력

제 09 회 기출예상문제
(DIAT : Digital Information Ability Test)

- 시험과목 : 워드프로세서(한글)
- 시험일자 : 20XX. XX. XX(X)
- 응시자 기재사항 및 감독위원 확인

수 검 번 호	DIW – XXXX –	감독위원 확인
성　　　명		

응시자 유의사항

1. 응시자는 반드시 신분증을 지참하여야 시험에 응시할 수 있으며, 시험이 종료될 때까지 신분증을 제시하지 못 할 경우 해당 시험은 0점 처리됩니다.
2. 시스템(PC작동여부, 네트워크 상태 등)의 이상여부를 반드시 확인하여야 하며, 시스템 이상이 있을시 감독위원에게 조치를 받으셔야 합니다.
3. 시험 중 부주의 또는 고의로 시스템을 파손한 경우는 응시자 부담으로 합니다.
4. 답안 전송 프로그램을 통해 다운로드 받은 파일을 이용하여 답안파일을 작성하시기 바랍니다.
5. 작성한 답안 파일은 답안 전송 프로그램을 통하여 전송됩니다. 감독위원의 지시에 따라 주시기 바랍니다.
6. 다음사항의 경우 실격(0점) 혹은 부정행위 처리됩니다.
    1) 답안파일을 저장하지 않았거나, 저장한 파일이 손상되었을 경우
    2) 답안파일을 지정된 폴더(바탕 화면 – "KAIT" 폴더)에 저장하지 않았을 경우
        ※ 답안 전송 프로그램 로그인 시 바탕 화면에 자동 생성됨
    3) 답안파일을 다른 보조 기억장치(USB) 혹은 네트워크(메신저, 게시판 등)로 전송할 경우
    4) 휴대용 전화기 등 통신기기를 사용할 경우
7. 시험지에 제시된 글꼴이 응시 프로그램에 없는 경우, 반드시 감독위원에게 해당 내용을 통보한 뒤 조치를 받아야 합니다.
8. 시험의 완료는 작성이 완료된 답안을 저장하고, 답안 전송이 완료된 상태를 확인한 것으로 합니다. 답안 전송 확인 후 문제지는 감독위원에게 제출한 후 퇴실하여야 합니다.
9. 답안전송이 완료된 경우에는 수정 또는 정정이 불가능합니다.
10. 【 】안의 지시사항은 한글 2010 버전용입니다.
11. 시험시행 후 합격자 발표는 홈페이지(www.ihd.or.kr)에서 확인하시기 바랍니다.
    1) 문제 및 정답 공개 : 20XX. XX. XX(X)
    2) 성적 공개 : 20XX. XX. XX(X)

디지털정보활용능력 - 한글   [시험시간 : 40분]

【문제】 첨부된 문제를 다음의 조건을 적용하여 문서를 작성하시오.

① 문서는 A4(210mm×297mm) 크기, 세로 용지방향으로 작성한다.

② 페이지 여백은 아래와 같이 설정한다.

왼쪽	오른쪽	위쪽	아래쪽	머리말	꼬리말	제본
20mm	20mm	20mm	20mm	10mm	10mm	0mm

③ 한글 2016버전은 아래와 같이 "자동 글머리 기호 넣기"와 "자동 번호 매기기" 기능을 해제한다.

도구 → 빠른 교정 → 빠른 교정 내용 → 입력 자동 서식 ⇒ 자동 글머리 기호 넣기(해제)
자동 번호 매기기(해제)

※ 만약 입력자동서식 메뉴가 없는 경우에는, "자동 글머리 기호 넣기"와 "자동 번호 매기기" 기능이 설정되지 있지 않은 것이므로 별도의 기능 해제 없이 그대로 시험에 응시하시면 됩니다.

④ 글자는 별도의 지시사항이 없는 한 바탕, 10pt, 양쪽정렬, 줄간격 160%로 작성한다.

⑤ 영문, 숫자 등은 별도의 지시가 없는 한 반각(1byte) 문자를 사용한다.

⑥ 특수문자는 문자표(전각 기호)를 이용하여 작성한다.

⑦ 교정부호 및 화살표로 기재된 지시사항대로 처리하되, ⬭━▶ 은 지시사항이므로 작성하지 않는다.

⑧ 1페이지에 [문제1]을 작성하고, 구역을 나누어 2페이지에 [문제2]를 작성한다.

※ 해당 페이지에 작성하지 않거나 의도적으로 텍스트 작성을 하지 않은 경우 0점 처리

⑨ [문제2]는 문제지와 같이 글상자 아랫줄부터 2단으로 다단을 나누어 작성한다.

⑩ '그림 삽입'시에는 반드시 "KAIT 수검프로그램"을 통해 다운로드 한 그림 파일을 사용한다.

⑪ 차트 범례는 기본값으로 작성한다.(선 모양 없음)

⑫ 총점 : 200점

[공통사항1(기본설정, 용지설정)] : 8점, [공통사항2(오탈자)] : 40점

[문제1] : 46점, [문제2] : 106점

⑬ 기타 특별히 지시되어 있지 않은 사항은 문제지에 준하여 작성한다.

대한민국의지구온난화대응방안공청회

지구온난화로 인해 우리나라의 생태계가 파괴됨과 더불어 잦은 기상이변도 이어지는 나날입니다. 지구온난화의 심각성에 대해 느끼지 못했던 사람들도 이제는 지구온난화에 의해 우리 삶의 터전이 위협받고 있음을 피부로 체감하고 있습니다. 이럴 때일수록 각자가 할 수 있는 일들을 찾아 작은 것부터 행동에 옮겨야 할 때일 것입니다. 이에 우리 '미래나라 환경단체'에서는, 지구온난화의 대응책에 대해 환경과학, 법학, 정책학 등의 분야를 아우르는 연사분들과 함께 시민들을 초청해 사회 각기 각층의 의견을 수렴하고, 지구온난화 문제를 해소하기 위해 지금부터 실천 가능한 방안을 모색하고자 공청회를 개최하오니 여러분들의 많은 참여 바랍니다.

◎ 행사안내 ◎

1. 개최일자 : 2024. 3. 4. (월)
2. 개최시간 : 10:30 ~ 18:00
3. 장   소 : 서울특별시 성동로 47 미래나라 환경단체 대회의장
4. 주   관 : 미래나라 환경단체, 한국대학교 자연과학대학, 환경부
5. 신청방법 : <u>*미래나라 환경단체 홈페이지에서 온라인 접수, 인원 제한 100명*</u>

※ 기타사항
- 당일 접수는 행사 시작 30분 전부터 가능하며, 사전 접수는 인터넷 접수로만 가능합니다.
- 사전 접수한 개인 및 단체에게는 소정의 기념품 및 중식과 간식이 제공됩니다.
- 프로그램에 대한 자세한 사항은 우리 단체 홈페이지(http://www.ihd.or.kr) 또는 우리 단체 홍보팀 (02-333-0001)으로 문의하시기 바랍니다.

2024. 02. 27.

미래나라 환경단체 홍보팀

DIAT

온실효과와 지구온난화

1. 온실효과란?

지구를 둘러싼 대기는 뜨거운 태양 광선이나 운석(meteorite)으로부터 지구를 보호하고, 생명체가 살아가는 데 필요한 산소를 공급한다. 또한 대기는 지구 표면의 열이 우주로 빠져나가는 것을 막아 지표면의 온도를 비교적 높게 유지시켜 주기도 하는데, 이런 현상을 온실효과(溫室效果)라고 한다. 따라서 지구의 대기가 지표면에 도달한 태양 에너지(solar energy)가 바로 우주 공간으로 빠져나가지 못하게끔 잡아 두어 지금처럼 생물이 살 수 있는 온도를 유지(維持)시키는 것이다. 이렇게 대기(atmosphere) 중에서 온실효과를 일으키는 기체를 온실가스[1]라고 한다. 온실효과를 일으키는 온실가스에는 이산화탄소, 메탄, 수증기, 프레온가스, 오존 등이 있다.

2. 지구온난화에 대해서

지구온난화란 지구를 구성하는 대기에 온실가스(greenhouse gases)가 매우 많아져서 지구의 평균 기온이 빠르게 상승하는 현상을 말한다. 지구온난화가 인간의 활동으로 인해 초래된 현상인지에 대해 오랜 시간 많은 논쟁(論爭)이 있었으나, 산업혁명이 시작된 즈음인 1850년 이후로 전 지구의 평균 지표면 기온이 1도 이상 상승한 것으로 보아 현대의 지구온난화가 인간 활동에 의해 발생했을 것이 거의 확실한 것으로 평가되고 있다. 지구온난화는 자연적 요인과 인위적(人爲的) 요인에 의해 발생할 수 있다. 자연적 요인으로서는 태양과 지구 사이의 상대적인 위치 변화, 화산 폭발에 의한 대기 중 에어로졸(aerosol) 증가 등을 들 수 있으며, 인위적 요인으로는 인간 활동에 의한 온실가스의 증가 및 토지 이용의 변화를 들 수 있다. 산업혁명(産業革命)이 시작되던 1850년대 대기 중 이산화탄소 농도는 280ppm이었으나, 2020년 5월에는 약 417ppm까지 증가했다.

주요국의 온실가스 배출량 비율

국가	비율 (%)
중국	23.3
미국	18.1
인도	5.7
러시아	5.6
한국	1.69

주요국의 온실가스 배출량 비율

---

[1] 온실가스라는 말과 동시에 온실기체라고도 칭한다.

한글 NEO/2010 버전용   디지털정보활용능력

제 10 회 기출예상문제
(DIAT : Digital Information Ability Test)

- 시험과목 : 워드프로세서(한글)
- 시험일자 : 20XX. XX. XX(X)
- 응시자 기재사항 및 감독위원 확인

수 검 번 호	DIW - XXXX -	감독위원 확인
성 명		

응시자 유의사항

1. 응시자는 반드시 신분증을 지참하여야 시험에 응시할 수 있으며, 시험이 종료될 때까지 신분증을 제시하지 못 할 경우 해당 시험은 0점 처리됩니다.
2. 시스템(PC작동여부, 네트워크 상태 등)의 이상여부를 반드시 확인하여야 하며, 시스템 이상이 있을시 감독위원에게 조치를 받으셔야 합니다.
3. 시험 중 부주의 또는 고의로 시스템을 파손한 경우는 응시자 부담으로 합니다.
4. 답안 전송 프로그램을 통해 다운로드 받은 파일을 이용하여 답안파일을 작성하시기 바랍니다.
5. 작성한 답안 파일은 답안 전송 프로그램을 통하여 전송됩니다. 감독위원의 지시에 따라 주시기 바랍니다.
6. 다음사항의 경우 실격(0점) 혹은 부정행위 처리됩니다.
    1) 답안파일을 저장하지 않았거나, 저장한 파일이 손상되었을 경우
    2) 답안파일을 지정된 폴더(바탕 화면 – "KAIT"폴더)에 저장하지 않았을 경우
        ※ 답안 전송 프로그램 로그인 시 바탕 화면에 자동 생성됨
    3) 답안파일을 다른 보조 기억장치(USB) 혹은 네트워크(메신저, 게시판 등)로 전송할 경우
    4) 휴대용 전화기 등 통신기기를 사용할 경우
7. 시험지에 제시된 글꼴이 응시 프로그램에 없는 경우, 반드시 감독위원에게 해당 내용을 통보한 뒤 조치를 받아야 합니다.
8. 시험의 완료는 작성이 완료된 답안을 저장하고, 답안 전송이 완료된 상태를 확인한 것으로 합니다. 답안 전송 확인 후 문제지는 감독위원에게 제출한 후 퇴실하여야 합니다.
9. 답안전송이 완료된 경우에는 수정 또는 정정이 불가능합니다.
10. 【 】안의 지시사항은 한글 2010 버전용입니다.
11. 시험시행 후 합격자 발표는 홈페이지(www.ihd.or.kr)에서 확인하시기 바랍니다.
    1) 문제 및 정답 공개 : 20XX. XX. XX(X)
    2) 성적 공개 : 20XX. XX. XX(X)

디지털정보활용능력 – 한글   [시험시간 : 40분]

【문제】 첨부된 문제를 다음의 조건을 적용하여 문서를 작성하시오.

① 문서는 A4(210mm×297mm) 크기, 세로 용지방향으로 작성한다.

② 페이지 여백은 아래와 같이 설정한다.

왼쪽	오른쪽	위쪽	아래쪽	머리말	꼬리말	제본
20mm	20mm	20mm	20mm	10mm	10mm	0mm

③ 한글 2016버전은 아래와 같이 "자동 글머리 기호 넣기"와 "자동 번호 매기기" 기능을 해제한다.

> 도구 → 빠른 교정 → 빠른 교정 내용 → 입력 자동 서식 ⇒ 자동 글머리 기호 넣기(해제)
> 자동 번호 매기기(해제)

※ 만약 입력자동서식 메뉴가 없는 경우에는, "자동 글머리 기호 넣기"와 "자동 번호 매기기" 기능이 설정되지 있지 않은 것이므로 별도의 기능 해제 없이 그대로 시험에 응시하시면 됩니다.

④ 글자는 별도의 지시사항이 없는 한 바탕, 10pt, 양쪽정렬, 줄간격 160%로 작성한다.

⑤ 영문, 숫자 등은 별도의 지시가 없는 한 반각(1byte) 문자를 사용한다.

⑥ 특수문자는 문자표(전각 기호)를 이용하여 작성한다.

⑦ 교정부호 및 화살표로 기재된 지시사항대로 처리하되, ⬚⟶ 은 지시사항이므로 작성하지 않는다.

⑧ 1페이지에 [문제1]을 작성하고, 구역을 나누어 2페이지에 [문제2]를 작성한다.

 ※ 해당 페이지에 작성하지 않거나 의도적으로 텍스트 작성을 하지 않은 경우 0점 처리

⑨ [문제2]는 문제지와 같이 글상자 아랫줄부터 2단으로 다단을 나누어 작성한다.

⑩ '그림 삽입'시에는 반드시 "KAIT 수검프로그램"을 통해 다운로드 한 그림 파일을 사용한다.

⑪ 차트 범례는 기본값으로 작성한다.(선 모양 없음)

⑫ 총점 : 200점

 [공통사항1(기본설정, 용지설정)] : 8점, [공통사항2(오탈자)] : 40점

 [문제1] : 46점, [문제2] : 106점

⑬ 기타 특별히 지시되어 있지 않은 사항은 문제지에 준하여 작성한다.

국제문화탐방참가자모집

서울시립청소년센터에서는 *청소년들이 자신의 소질을 찾고 미래를 탐색할 수 있도록* 다양하고 유익한 청소년 활동들을 운영하는 청소년시설입니다. 이번에 청소년센터에서는 동계국제문화탐방으로 '요즘 애들 호주에 가다!'라는 프로그램을 계획하였습니다. 청소년들이 다양한 해외문화체험을 통한 세계시민의식 함양과 외국 청소년 교류 활동을 통한 글로벌리더십 향상을 목적으로 하고 있습니다. 호주 멜버른에서 세인트 패트릭 성당, 대학교 탐방, 시드니의 블루마운틴, 농가체험, 오페라하우스 등을 중심으로 8박 10일간의 프로그램을 진행합니다. 다음과 같이 참가자를 모집하오니 많은 관심과 홍보 부탁드립니다.

◇ 행사안내 ◇

1. 행 사 명 : 요즘 애들 호주에 가자!
2. 활동내용 : *호주 멜버른과 시드니 문화탐방 및 체험활동 중 다양한 현지 미션 프로그램*
3. 참가자격 : 10세 ~ 20세까지의 대한민국 청소년 30명
4. 신청방법 : 신청서 작성 후 이메일(gaja@ihd.or.kr) 또는 팩스(02-1234-5678)로 제출
5. 세부내용 : 서울시립청소년센터 홈페이지 동계국제문화탐방 참조(http://www.ihd.or.kr)

※ 기타사항
- 일정은 현지 도로 및 기후 등 기타 제반 사항에 의해 다소 변경될 수 있습니다.
- 개인이 부주의로 인한 부상, 분실, 또는 천재지변, 불가항력으로 인한 일정의 변경 및 취소에 따른 손해에 대해서는 관례에 따라 면책됨을 알려드립니다.
- 조식은 호텔식으로 제공되며, 중식과 석식은 현지식 또는 자유식으로 진행됩니다.

2023. 12. 01.

서울시립청소년센터

호주의 세계유산

1. 오페라하우스

하버브리지의 남동쪽에 위치하며, 공연(公演) 예술의 중심지로서 극장과 녹음실, 음악당, 전시장을 갖추고 있는 시드니 오페라하우스는 호주를 대표하는 하나의 아이콘(Icon)이다. 1960년대 이 독특한 건축의 등장은 오스트레일리아(호주)의 현대적이고 활기와 젊음이 넘치는 분위기를 상징적으로 보여주고 있다. 시드니 오페라하우스는 예정된 기간보다 6년이나 늦어져 총 16년간 건설되었으며 처음에 예상한 비용보다 10배를 초과했다. 1973년 10월 20일 시드니 오페라하우스 개관식에는 영국(英國) 여왕 엘리자베스 2세가 참석하여 테이프를 끊었다. 시드니 항구에 정박되어 있는 요트들의 돛 모양을 되살린 조가비모양의 지붕이 바다와 묘한 조화를 이루며 세계의 가장 아름다운 건축물 중 하나로 2007년 유네스코Ⓐ 선정 세계문화유산으로 지정되었다.

2. 블루마운틴

블루마운틴은 오스트레일리아(Australia) 시드니에서 서쪽으로 약 60km 떨어진 곳에 위치한 산악 국립공원(國立公園)으로 유칼립투스나무로 뒤덮인 해발 1100m의 사암(砂巖) 고원이다. 특유의 푸른빛과 가파른 계곡, 폭포, 기암(奇巖) 등이 빚어내는 아름다운 경관을 갖추고 있어 그 가치를 인정받아 2000년에 유네스코(UNESCO) 세계자연유산으로 등록되었다. 바다도 아닌 산에 블루(Blue)라는 색을 가져다가 이름을 붙인 이유는 이 산이 멀리에서 보면 파랗게 보이기 때문이다. 이 푸른빛은 유칼립투스나무에서 유액들이 증발되는 태양광선과 만나 푸른빛의 파장을 만들어 내기 때문이다. 그러므로 서울의 4배 정도의 면적에 91종이나 되는 다양한 유칼립투스나무들이 주종을 이루는 숲의 특징에서 블루마운틴이란 이름이 연유되었다고 할 수 있다.

참가자 현황

구분	15세 이하	16세 이상
8기	13	17
9기	15	15
10기	18	12
11기	20	10

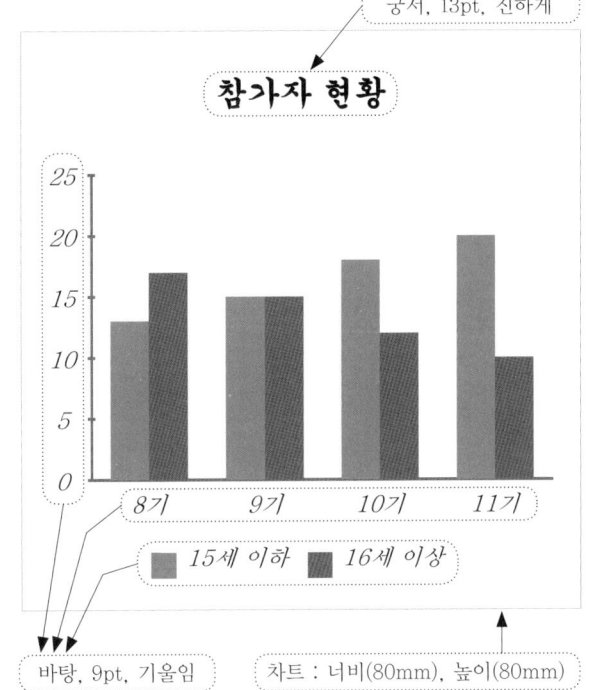

Ⓐ 유엔교육과학문화기구로 지적 활동 분야의 국제협력 촉진

한글 NEO/2010 버전용 디지털정보활용능력

제11회 기출예상문제
(DIAT : Digital Information Ability Test)

- ⊙ 시험과목 : 워드프로세서(한글)
- ⊙ 시험일자 : 20XX. XX. XX(X)
- ⊙ 응시자 기재사항 및 감독위원 확인

수 검 번 호	DIW – XXXX –	감독위원 확인
성 명		

응시자 유의사항

1. 응시자는 반드시 신분증을 지참하여야 시험에 응시할 수 있으며, 시험이 종료될 때까지 신분증을 제시하지 못 할 경우 해당 시험은 0점 처리됩니다.
2. 시스템(PC작동여부, 네트워크 상태 등)의 이상여부를 반드시 확인하여야 하며, 시스템 이상이 있을시 감독위원에게 조치를 받으셔야 합니다.
3. 시험 중 부주의 또는 고의로 시스템을 파손한 경우는 응시자 부담으로 합니다.
4. 답안 전송 프로그램을 통해 다운로드 받은 파일을 이용하여 답안파일을 작성하시기 바랍니다.
5. 작성한 답안 파일은 답안 전송 프로그램을 통하여 전송됩니다. 감독위원의 지시에 따라 주시기 바랍니다.
6. 다음사항의 경우 실격(0점) 혹은 부정행위 처리됩니다.
    1) 답안파일을 저장하지 않았거나, 저장한 파일이 손상되었을 경우
    2) 답안파일을 지정된 폴더(바탕 화면 – "KAIT" 폴더)에 저장하지 않았을 경우
        ※ 답안 전송 프로그램 로그인 시 바탕 화면에 자동 생성됨
    3) 답안파일을 다른 보조 기억장치(USB) 혹은 네트워크(메신저, 게시판 등)로 전송할 경우
    4) 휴대용 전화기 등 통신기기를 사용할 경우
7. 시험지에 제시된 글꼴이 응시 프로그램에 없는 경우, 반드시 감독위원에게 해당 내용을 통보한 뒤 조치를 받아야 합니다.
8. 시험의 완료는 작성이 완료된 답안을 저장하고, 답안 전송이 완료된 상태를 확인한 것으로 합니다. 답안 전송 확인 후 문제지는 감독위원에게 제출한 후 퇴실하여야 합니다.
9. 답안전송이 완료된 경우에는 수정 또는 정정이 불가능합니다.
10. 【】안의 지시사항은 한글 2010 버전용입니다.
11. 시험시행 후 합격자 발표는 홈페이지(www.ihd.or.kr)에서 확인하시기 바랍니다.
    1) 문제 및 정답 공개 : 20XX. XX. XX(X)
    2) 성적 공개 : 20XX. XX. XX(X)

디지털정보활용능력 – 한글   [시험시간 : 40분]

【문제】 첨부된 문제를 다음의 조건을 적용하여 문서를 작성하시오.

① 문서는 A4(210mm×297mm) 크기, 세로 용지방향으로 작성한다.

② 페이지 여백은 아래와 같이 설정한다.

왼쪽	오른쪽	위쪽	아래쪽	머리말	꼬리말	제본
20mm	20mm	20mm	20mm	10mm	10mm	0mm

③ 한글 2016버전은 아래와 같이 "자동 글머리 기호 넣기"와 "자동 번호 매기기" 기능을 해제한다.

도구 → 빠른 교정 → 빠른 교정 내용 → 입력 자동 서식 ⇒ 자동 글머리 기호 넣기(해제) / 자동 번호 매기기(해제)

※ 만약 입력자동서식 메뉴가 없는 경우에는, "자동 글머리 기호 넣기"와 "자동 번호 매기기" 기능이 설정되지 있지 않은 것이므로 별도의 기능 해제 없이 그대로 시험에 응시하시면 됩니다.

④ 글자는 별도의 지시사항이 없는 한 바탕, 10pt, 양쪽정렬, 줄간격 160%로 작성한다.

⑤ 영문, 숫자 등은 별도의 지시가 없는 한 반각(1byte) 문자를 사용한다.

⑥ 특수문자는 문자표(전각 기호)를 이용하여 작성한다.

⑦ 교정부호 및 화살표로 기재된 지시사항대로 처리하되, ⬚⟶ 은 지시사항이므로 작성하지 않는다.

⑧ 1페이지에 [문제1]을 작성하고, 구역을 나누어 2페이지에 [문제2]를 작성한다.

※ 해당 페이지에 작성하지 않거나 의도적으로 텍스트 작성을 하지 않은 경우 0점 처리

⑨ [문제2]는 문제지와 같이 글상자 아랫줄부터 2단으로 다단을 나누어 작성한다.

⑩ '그림 삽입'시에는 반드시 "KAIT 수검프로그램"을 통해 다운로드 한 그림 파일을 사용한다.

⑪ 차트 범례는 기본값으로 작성한다.(선 모양 없음)

⑫ 총점 : 200점

[공통사항1(기본설정, 용지설정)] : 8점, [공통사항2(오탈자)] : 40점

[문제1] : 46점, [문제2] : 106점

⑬ 기타 특별히 지시되어 있지 않은 사항은 문제지에 준하여 작성한다.

메이커교육전시회안내

4차 산업혁명 시대의 미래인재 양성을 위하여 *기존의 강의식, 주입식 수업 방식에서 과감히 탈피하여 학습자 중심, 활동 중심의 교육이 실시*되어야 합니다. 창업진흥원에서는 모든 학습자가 창작자가 되는 '메이커 교육' 프로젝트 교육실현을 위한 환경 조성과 교육과정을 개발 적용하여 4차 산업혁명 시대를 대비하는 교육체계 구축에 노력하고 있습니다. 그동안 얻어진 경험으로 메이커 교육에 대한 교류의 장을 마련하고자 전시회를 개최합니다. 전시회에서는 메이커 문화 확산 우수사례 발표, 결과물 전시 및 체험활동을 위한 공간 등이 마련되어 있습니다. 학생들이 참여할 수 있도록 안내하여 주시기 바랍니다.

■ 행사안내 ■

1. 행 사 명 : 그랜드 오픈 메이커 데이(Grand Open Maker Day)
2. 부   제 : *Of the maker, By the maker, For the maker*
3. 행사장소 : 인천컨벤션센터(ICC) 2 ~ 3 전시장
4. 참가방법 : 사전 신청 없이 누구나 참관 및 체험 가능
5. 행사주관 : 창업진흥원

※ 기타사항
 - 메이커교육의 기본정신은 문제를 스스로 해결하겠다는 적극성, 참여성, 자발성, 공동체 성신이다.
 - 메이기 교육의 3요소는 창작활동(making), 창작자(maker), 창작 공간(maker space)이다.
 - 창작 공간은 다양한 창작활동과 실험실습을 가능하게 해주는 각종 교구 및 창작도구 등이 구비된 안전한 물리적 공간을 의미한다.

2023. 06. 05.

창업진흥원장

메이커교육의 출현과 개념

1. 메이커교육의 출현

인공지능(AI), 사물인터넷, 빅데이터 등 4차 산업혁명의 물결이 전 세계를 뒤덮고 있는 지금 세계의 각 나라들은 창의적 인재(人材) 양성이라는 교육목표를 실현할 수 있는 혁신적 수업방법으로 메이커 교육에 관심을 갖고 이를 실현하기 위한 다양한 노력을 기울이고 있다. 메이커 교육은 DIY(Do It Yourself) 운동의 영향을 받아 미국에서 확산되고 있는 메이커 운동에서 파생되었다. 이 운동을 주도하고 있는 단체는 영국의 'MakerEd'라는 비영리단체로 이 단체는 '모든 아동은 창작자(Every Child a Maker)'라는 비전을 갖고 교사와 교육기관에 교육훈련, 교육자료, 지원(支援) 공동체를 제공함으로써 보다 참여적이고 자발적인 동기가 유발되는 메이커 교육을 많은 학생들이 경험할 수 있도록 하고 있다.

2. 메이커교육의 개념

메이커 교육이란, 학생이 직접 물건을 만들거나 컴퓨터로 전자기기를 다루는 등의 작업을 하면서 창의력을 발휘해 문제를 해결하고, 새로운 것을 만들거나 발견을 촉진①하게 하는 것을 말한다. 즉, 메이커 교육의 핵심은 학습자가 창조과정에서 학습하도록 하는 것으로 수업에서 교사의 역할은 최소화되고, 창작(創作) 공동체 안에서 창작자의 자발적인 호기심과 동기에 의해 창작 활동이 진행된다는 점이 특징이다. 메이커 교육은 과학에 기초를 두고 정보화 기술을 활용한다는 점에서 STEAM 교육과 밀접한 관계에 있다. 다만 메이커 교육은 STEAM보다 기초지식의 풍부한 활용(活用), 소프트웨어의 활용, 실천 활동, 창의적 아이디어의 실물(實物) 전환 등을 강조하고 있다. 메이커 교육은 다양한 학문적 지식을 다루는 종합적이고 복잡한 과정으로 일련의 과목을 통합할 필요성도 제기되고 있다.

메이커교육 현황

구분	학생	교사
1분기	49	52
2분기	38	34
3분기	28	31
4분기	36	46

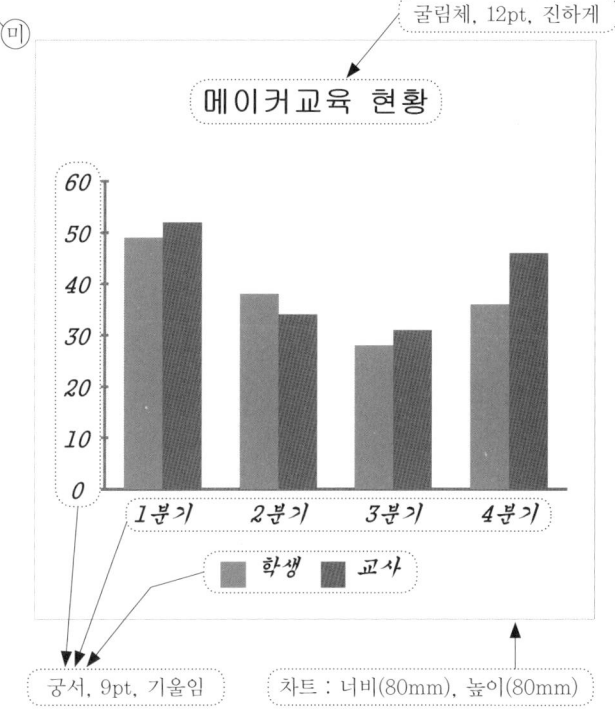

---

① 어떤 일을 재촉해 더 잘 진행되도록 함

한글 NEO/2010 버전용   디지털정보활용능력

제 12 회 기출예상문제
(DIAT : Digital Information Ability Test)

- 시험과목 : 워드프로세서(한글)
- 시험일자 : 20XX. XX. XX(X)
- 응시자 기재사항 및 감독위원 확인

수검번호	DIW - XXXX -	감독위원 확인
성 명		

응시자 유의사항

1. 응시자는 반드시 신분증을 지참하여야 시험에 응시할 수 있으며, 시험이 종료될 때까지 신분증을 제시하지 못 할 경우 해당 시험은 0점 처리됩니다.
2. 시스템(PC작동여부, 네트워크 상태 등)의 이상여부를 반드시 확인하여야 하며, 시스템 이상이 있을시 감독위원에게 조치를 받으셔야 합니다.
3. 시험 중 부주의 또는 고의로 시스템을 파손한 경우는 응시자 부담으로 합니다.
4. 답안 전송 프로그램을 통해 다운로드 받은 파일을 이용하여 답안파일을 작성하시기 바랍니다.
5. 작성한 답안 파일은 답안 전송 프로그램을 통하여 전송됩니다. 감독위원의 지시에 따라 주시기 바랍니다.
6. 다음사항의 경우 실격(0점) 혹은 부정행위 처리됩니다.
   1) 답안파일을 저장하지 않았거나, 저장한 파일이 손상되었을 경우
   2) 답안파일을 지정된 폴더(바탕 화면 - "KAIT" 폴더)에 저장하지 않았을 경우
      ※ 답안 전송 프로그램 로그인 시 바탕 화면에 자동 생성됨
   3) 답안파일을 다른 보조 기억장치(USB) 혹은 네트워크(메신저, 게시판 등)로 전송할 경우
   4) 휴대용 전화기 등 통신기기를 사용할 경우
7. 시험지에 제시된 글꼴이 응시 프로그램에 없는 경우, 반드시 감독위원에게 해당 내용을 통보한 뒤 조치를 받아야 합니다.
8. 시험의 완료는 작성이 완료된 답안을 저장하고, 답안 전송이 완료된 상태를 확인한 것으로 합니다. 답안 전송 확인 후 문제지는 감독위원에게 제출한 후 퇴실하여야 합니다.
9. 답안전송이 완료된 경우에는 수정 또는 정정이 불가능합니다.
10. 【 】안의 지시사항은 한글 2010 버전용입니다.
11. 시험시행 후 합격자 발표는 홈페이지(www.ihd.or.kr)에서 확인하시기 바랍니다.
    1) 문제 및 정답 공개 : 20XX. XX. XX(X)
    2) 성적 공개 : 20XX. XX. XX(X)

디지털정보활용능력 – 한글　　[시험시간 : 40분]

【문제】첨부된 문제를 다음의 조건을 적용하여 문서를 작성하시오.

① 문서는 A4(210mm×297mm) 크기, 세로 용지방향으로 작성한다.

② 페이지 여백은 아래와 같이 설정한다.

왼쪽	오른쪽	위쪽	아래쪽	머리말	꼬리말	제본
20mm	20mm	20mm	20mm	10mm	10mm	0mm

③ 한글 2016버전은 아래와 같이 "자동 글머리 기호 넣기"와 "자동 번호 매기기" 기능을 해제한다.

도구 → 빠른 교정 → 빠른 교정 내용 → 입력 자동 서식 ⇒ 자동 글머리 기호 넣기(해제) / 자동 번호 매기기(해제)

※ 만약 입력자동서식 메뉴가 없는 경우에는, "자동 글머리 기호 넣기"와 "자동 번호 매기기" 기능이 설정되지 있지 않은 것이므로 별도의 기능 해제 없이 그대로 시험에 응시하시면 됩니다.

④ 글자는 별도의 지시사항이 없는 한 바탕, 10pt, 양쪽정렬, 줄간격 160%로 작성한다.

⑤ 영문, 숫자 등은 별도의 지시가 없는 한 반각(1byte) 문자를 사용한다.

⑥ 특수문자는 문자표(전각 기호)를 이용하여 작성한다.

⑦ 교정부호 및 화살표로 기재된 지시사항대로 처리하되, ⬚ ⟶ 은 지시사항이므로 작성하지 않는다.

⑧ 1페이지에 [문제1]을 작성하고, 구역을 나누어 2페이지에 [문제2]를 작성한다.

※ 해당 페이지에 작성하지 않거나 의도적으로 텍스트 작성을 하지 않은 경우 0점 처리

⑨ [문제2]는 문제지와 같이 글상자 아랫줄부터 2단으로 다단을 나누어 작성한다.

⑩ '그림 삽입'시에는 반드시 "KAIT 수검프로그램"을 통해 다운로드 한 그림 파일을 사용한다.

⑪ 차트 범례는 기본값으로 작성한다.(선 모양 없음)

⑫ 총점 : 200점

[공통사항1(기본설정, 용지설정)] : 8점, [공통사항2(오탈자)] : 40점

[문제1] : 46점, [문제2] : 106점

⑬ 기타 특별히 지시되어 있지 않은 사항은 문제지에 준하여 작성한다.

고성공룡엑스포안내

올해 여덟 번째로 개최되는 고성공룡엑스포는 "사라진 공룡, 그들의 귀환"이라는 주제로 초등학교 교과서에 수록된 공룡, 지층과 화석, 식물 등의 내용을 *최첨단 디지털 기술인 증강현실과 가상현실, 최신 디스플레이 기술을 통해 다양한 볼거리가 제공될 것입니다.* 특히, 공룡엑스포의 주전시관인 다이노토피아관에는 XR라이브파크, 사파리영상관, 4D영상관 등에서 '사라진 공룡, 그들의 귀환'에 걸맞게 사라진 공룡들을 부활시켜 살아있는 듯 생생한 공룡들을 만나보실 수 있습니다. 국내 최고의 자연사엑스포를 체험할 수 있는 고성공룡엑스포에 많은 학생과 학부모가 참여할 수 있도록 협조 부탁드립니다.

● 행사안내 ●

1. 행사명 : 제8회 고성공룡엑스포
2. 주　제 : 사라진 공룡, 그들의 귀환
3. 기　간 : 4월 첫 주부터 2개월간(매주 금요일과 토요일은 야간 개장(22:00까지)
4. 장　소 : 당항포 일원 및 상족암군립공원
5. 예　매 : *교육기관의 단체 입장권 예매는 누리집(http://www.ihd.or.kr)에서 신청*

※ 기타사항
- 공룡스튜디오에서 체험자가 손이나 얼굴을 흔들면 공룡들이 다양하게 반응해 흥미로운 경험을 할 수 있으며 가족, 친구들과 함께 공룡사진을 찍어 실시간 모바일 사진 전송이 가능합니다.
- 공룡화석탐험대에서는 고품질의 그래픽으로 제작된 교육용 증강현실 콘텐츠로 학습할 수 있습니다.
- 공룡인사이드에서는 가상현실을 통해 티라노사우르스와 트리케라톱스에 대해 학습할 수 있습니다.

2023. 03. 20.

고성공룡엑스포조직위원회

가상현실과 증강현실

1. 가상현실

가상현실(Virtual Reality)은 인간의 상상에 따른 공간과 사물을 컴퓨터에 가상으로 만들어, 시각, 청각(聽覺), 촉각을 비롯한 인간 오감을 활용한 작용으로 현실(現實) 세계에서는 직접 경험하지 못하는 상황을 간접으로 체험할 수 있도록 하는 기술을 말한다. 이런 가상현실 기술을 가장 유용하고 활발하게 이용할 수 있는 분야 중 하나는 엔터테인먼트(entertainment) 산업으로서, 인간의 오감을 자극하면서 사실같은 게임을 즐길 수 있기 때문이다. 놀이공원에서는 어린이들이 시뮬레이션 놀이기구에 타고서 실감(實感) 있는 시각효과 및 음향효과, 그리고 거기에 일치하는 의자의 흔들림과 진동 등을 느끼면서 현실에 가까운 가상현실을 체험할 수 있다. 지금은 게임형 시스템뿐만 아니라 항공기나 지하철 운행훈련 등 다양한 분야에서 가상현실 기법을 활용하고 있다.

2. 증강현실

오감Ⓐ을 통해 실제와 유사한 체험을 제공하는 기술인 가상현실이 실제 환경을 볼 수 없는 반면 실제 환경에 가상 정보를 섞는 증강현실은 더욱 심화된 현실감과 부가정보를 제공하는 기술이다. 컴퓨터 게임으로 예를 들면, 가상현실 격투게임은 '나를 대신하는 캐릭터'가 '가상의 공간'에서 '가상의 적'과 대결하지만 증강현실 격투게임은 '현실의 내'가 '현실의 공간'에서 '가상의 적'과 대결을 벌이는 형태가 된다. 최근(最近) 공개된 '식스센스(Six-sense)'라는 기기는 스마트폰 정도의 크기에 빔프로젝터 기능이 있어 영상을 공간에 투사하거나, 주변의 사진(寫眞) 또는 영상을 받아 들여 그에 해당하는 상세 정보를 보여준다. 이후 양손가락으로 화면을 제어할 수 있어 허공에서 마치 터치스크린을 조작하듯 움직임이 가능한 고도의 증강현실(Augmented Reality) 기술이 발표되었다.

Ⓐ 시각, 청각, 후각, 미각, 촉각의 다섯 감각을 말함

공룡엑스포 관람자

횟수	학생(만명)	일반인(만명)
1회	47	50
3회	78	90
5회	70	75
7회	54	42

공룡엑스포 관람자

한글 NEO/2010 버전용   디지털정보활용능력

제 13 회 기출예상문제
(DIAT : Digital Information Ability Test)

- 시험과목 : 워드프로세서(한글)
- 시험일자 : 20XX. XX. XX(X)
- 응시자 기재사항 및 감독위원 확인

수 검 번 호	DIW – XXXX –	감독위원 확인
성 명		

응시자 유의사항

1. 응시자는 반드시 신분증을 지참하여야 시험에 응시할 수 있으며, 시험이 종료될 때까지 신분증을 제시하지 못 할 경우 해당 시험은 0점 처리됩니다.
2. 시스템(PC작동여부, 네트워크 상태 등)의 이상여부를 반드시 확인하여야 하며, 시스템 이상이 있을시 감독위원에게 조치를 받으셔야 합니다.
3. 시험 중 부주의 또는 고의로 시스템을 파손한 경우는 응시자 부담으로 합니다.
4. 답안 전송 프로그램을 통해 다운로드 받은 파일을 이용하여 답안파일을 작성하시기 바랍니다.
5. 작성한 답안 파일은 답안 전송 프로그램을 통하여 전송됩니다. 감독위원의 지시에 따라 주시기 바랍니다.
6. 다음사항의 경우 실격(0점) 혹은 부정행위 처리됩니다.
    1) 답안파일을 저장하지 않았거나, 저장한 파일이 손상되었을 경우
    2) 답안파일을 지정된 폴더(바탕 화면 – "KAIT" 폴더)에 저장하지 않았을 경우
        ※ 답안 전송 프로그램 로그인 시 바탕 화면에 자동 생성됨
    3) 답안파일을 다른 보조 기억장치(USB) 혹은 네트워크(메신저, 게시판 등)로 전송할 경우
    4) 휴대용 전화기 등 통신기기를 사용할 경우
7. 시험지에 제시된 글꼴이 응시 프로그램에 없는 경우, 반드시 감독위원에게 해당 내용을 통보한 뒤 조치를 받아야 합니다.
8. 시험의 완료는 작성이 완료된 답안을 저장하고, 답안 전송이 완료된 상태를 확인한 것으로 합니다. 답안 전송 확인 후 문제지는 감독위원에게 제출한 후 퇴실하여야 합니다.
9. 답안전송이 완료된 경우에는 수정 또는 정정이 불가능합니다.
10. 【 】안의 지시사항은 한글 2010 버전용입니다.
11. 시험시행 후 합격자 발표는 홈페이지(www.ihd.or.kr)에서 확인하시기 바랍니다.
    1) 문제 및 정답 공개 : 20XX. XX. XX(X)
    2) 성적 공개 : 20XX. XX. XX(X)

디지털정보활용능력 – 한글   [시험시간 : 40분]

【문제】 첨부된 문제를 다음의 조건을 적용하여 문서를 작성하시오.

① 문서는 A4(210mm×297mm) 크기, 세로 용지방향으로 작성한다.

② 페이지 여백은 아래와 같이 설정한다.

왼쪽	오른쪽	위쪽	아래쪽	머리말	꼬리말	제본
20mm	20mm	20mm	20mm	10mm	10mm	0mm

③ 한글 2016버전은 아래와 같이 "자동 글머리 기호 넣기"와 "자동 번호 매기기" 기능을 해제한다.

도구 → 빠른 교정 → 빠른 교정 내용 → 입력 자동 서식 ⇒ 자동 글머리 기호 넣기(해제) / 자동 번호 매기기(해제)

※ 만약 입력자동서식 메뉴가 없는 경우에는, "자동 글머리 기호 넣기"와 "자동 번호 매기기" 기능이 설정되지 있지 않은 것이므로 별도의 기능 해제 없이 그대로 시험에 응시하시면 됩니다.

④ 글자는 별도의 지시사항이 없는 한 바탕, 10pt, 양쪽정렬, 줄간격 160%로 작성한다.

⑤ 영문, 숫자 등은 별도의 지시가 없는 한 반각(1byte) 문자를 사용한다.

⑥ 특수문자는 문자표(전각 기호)를 이용하여 작성한다.

⑦ 교정부호 및 화살표로 기재된 지시사항대로 처리하되, ⬚⟶ 은 지시사항이므로 작성하지 않는다.

⑧ 1페이지에 [문제1]을 작성하고, 구역을 나누어 2페이지에 [문제2]를 작성한다.

※ 해당 페이지에 작성하지 않거나 의도적으로 텍스트 작성을 하지 않은 경우 0점 처리

⑨ [문제2]는 문제지와 같이 글상자 아랫줄부터 2단으로 다단을 나누어 작성한다.

⑩ '그림 삽입'시에는 반드시 "KAIT 수검프로그램"을 통해 다운로드 한 그림 파일을 사용한다.

⑪ 차트 범례는 기본값으로 작성한다.(선 모양 없음)

⑫ 총점 : 200점

[공통사항1(기본설정, 용지설정)] : 8점, [공통사항2(오탈자)] : 40점

[문제1] : 46점, [문제2] : 106점

⑬ 기타 특별히 지시되어 있지 않은 사항은 문제지에 준하여 작성한다.

개성만월대순회전시회안내

남과 북은 *남북역사교류사업의 일환으로 2006년부터 고려 황궁 개성 만월대를 남북공동으로* 발굴을 진행하고 있으며 2차에 걸쳐 전시회를 개최한 바 있습니다. 올해 고려 창궁 1,100년을 맞이하여 지난 16년간의 발굴 성과를 모아 3차 전시회를 덕수궁 선원전 터에서 개최하여 13만 여명의 관람객이 방문하는 등 성황리에 종료하였습니다. 이에 개성 만월대에 대한 높은 국민적 관심을 고려하여 멀리서 참여하지 못한 국민들에게 관람 기회 제공을 위하여 "개성 만월대 열두 해의 발굴" 순회 전시를 실시합니다. 뛰어난 고려 문화를 확인할 수 있는 전시회에 많은 관람이 이루어질 수 있도록 적극적인 홍보바랍니다.

■ 전시안내 ■

1. 전 시 명 : 개성 만월대 열두 해의 발굴
2. 전시장소 : 광역시(도)에서 지정한 장소
3. 전시기간 : *광역시(도)별 전시기간이 달라 누리집(http://www.ihd.or.kr)에서 일정 참조*
4. 특별행사 : 고려사학회가 주최하는 '고려 도성 개경 궁성 만월대'를 주제로 학술회의 개최
5. 기타문의 : 남북역사학자협의회(전화 044-1234-5678)

※ 기타사항
- 왕실의 주요 행사가 있었던 경령전 발굴 현장을 축소 모형으로 만들어 직접 체험하실 수 있습니다.
- 만월대에서 출토된 기와, 잡상, 청자 접시 등을 입체적으로 감상할 수 있으며 발굴과정과 복원된 만월대 모습도 영상을 통해 보실 수 있습니다.
- 2021년에 출토된 금속활자 1점과 2023년에 출토된 금속활자 5점이 공개되고 있습니다.

2024. 11. 15.

국립문화재연구소

고려와 조선의 왕궁

1. 고려 왕궁

만월대(滿月臺)는 고려의 궁궐터로 개성시 송악동 송악산 남쪽 기슭에 있다. 만월대를 궁궐의 이름으로 잘못 알고 있는 사람도 있지만 만월대란 이름은 조선 건국 이후 폐허가 된 고려 궁궐터의 산세와 땅 모양이 보름달 같다고 해서 붙여진 것으로 알려져 있다. 만월대 유적은 919년(태조 2년) 태조(太祖) 왕건이 개성에 도읍을 정하고 궁궐을 창건할 때부터 1361년(공민왕 10년) 홍건적의 침입으로 소실될 때까지 고려왕이 정무를 보며 주된 거처로 삼았던 곳이다. 고려 왕궁은 자연지형을 잘 고려한 계단식 건물 배치가 특징이며 고려 궁궐의 웅장함과 건축술이 높은 수준임을 확인할 수 있는 유적으로 평가받고 있다. 현재 북한(北韓) 국보 제122호로 지정돼 있으며, 2013년 개성역사유적지구에 포함돼 유네스코(UNESCO) 세계문화유산에 등재되어 있다.

2. 조선 왕궁

경복궁은 조선 왕조 제일의 궁궐로 1395년 태조 이성계가 창건하였고, 1592년 임진(壬辰) 왜란(倭亂)으로 불타 없어졌다가, 고종 때인 1867년 흥선대원군㉠ 주도로 중건된 경복궁은 500여 동의 건물들이 미로같이 빼곡히 들어선 웅장한 모습이었다. 궁궐 안에는 왕(king)과 관리들의 정무 시설, 왕족(royal family)들의 생활공간, 휴식을 위한 후원 공간이 조성되었다. 또한 왕비(queen)의 중궁, 세자의 동궁, 고종이 만든 건청궁 등 궁궐 안에 다시 작은 여러 궁들이 복잡하게 모인 곳이기도 하다. 그러나 일제 강점기에 거의 대부분의 건물들을 철거하여 근정전 등 극히 일부 중심 건물만 남았다. 다행히 1990년부터 복원 사업이 추진되어 총독부 건물을 철거하고 흥례문 일원을 복원하였으며, 왕과 왕비의 침전, 동궁, 건청궁, 태원전 일원의 모습을 되찾고 있다.

㉠ 이름 이하응, 조선왕조 제26대 고종의 아버지

순회전시 관람객(단위:천명)

구분	내국인	외국인
서울	252	231
인천	193	222
경기북부	221	187
경기남부	243	202

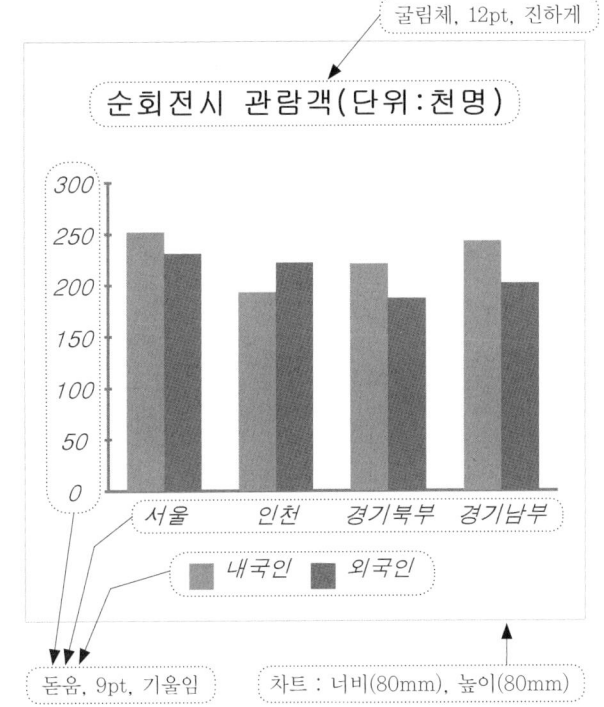

한글 NEO/2010 버전용   디 지 털 정 보 활 용 능 력

제 14 회 기출예상문제
(DIAT : Digital Information Ability Test)

- 시험과목 : 워드프로세서(한글)
- 시험일자 : 20XX. XX. XX(X)
- 응시자 기재사항 및 감독위원 확인

수 검 번 호	DIW - XXXX -	감독위원 확인
성 명		

응시자 유의사항

1. 응시자는 반드시 신분증을 지참하여야 시험에 응시할 수 있으며, 시험이 종료될 때까지 신분증을 제시하지 못 할 경우 해당 시험은 0점 처리됩니다.
2. 시스템(PC작동여부, 네트워크 상태 등)의 이상여부를 반드시 확인하여야 하며, 시스템 이상이 있을시 감독위원에게 조치를 받으셔야 합니다.
3. 시험 중 부주의 또는 고의로 시스템을 파손한 경우는 응시자 부담으로 합니다.
4. 답안 전송 프로그램을 통해 다운로드 받은 파일을 이용하여 답안파일을 작성하시기 바랍니다.
5. 작성한 답안 파일은 답안 전송 프로그램을 통하여 전송됩니다. 감독위원의 지시에 따라 주시기 바랍니다.
6. 다음사항의 경우 실격(0점) 혹은 부정행위 처리됩니다.
   1) 답안파일을 저장하지 않았거나, 저장한 파일이 손상되었을 경우
   2) 답안파일을 지정된 폴더(바탕 화면 - "KAIT" 폴더)에 저장하지 않았을 경우
      ※ 답안 전송 프로그램 로그인 시 바탕 화면에 자동 생성됨
   3) 답안파일을 다른 보조 기억장치(USB) 혹은 네트워크(메신저, 게시판 등)로 전송할 경우
   4) 휴대용 전화기 등 통신기기를 사용할 경우
7. 시험지에 제시된 글꼴이 응시 프로그램에 없는 경우, 반드시 감독위원에게 해당 내용을 통보한 뒤 조치를 받아야 합니다.
8. 시험의 완료는 작성이 완료된 답안을 저장하고, 답안 전송이 완료된 상태를 확인한 것으로 합니다. 답안 전송 확인 후 문제지는 감독위원에게 제출한 후 퇴실하여야 합니다.
9. 답안전송이 완료된 경우에는 수정 또는 정정이 불가능합니다.
10. 【 】안의 지시사항은 한글 2010 버전용입니다.
11. 시험시행 후 합격자 발표는 홈페이지(www.ihd.or.kr)에서 확인하시기 바랍니다.
    1) 문제 및 정답 공개 : 20XX. XX. XX(X)
    2) 성적 공개 : 20XX. XX. XX(X)

디지털정보활용능력 – 한글　　[시험시간 : 40분]

【문제】 첨부된 문제를 다음의 조건을 적용하여 문서를 작성하시오.

① 문서는 A4(210mm×297mm) 크기, 세로 용지방향으로 작성한다.

② 페이지 여백은 아래와 같이 설정한다.

왼쪽	오른쪽	위쪽	아래쪽	머리말	꼬리말	제본
20mm	20mm	20mm	20mm	10mm	10mm	0mm

③ 한글 2016버전은 아래와 같이 "자동 글머리 기호 넣기"와 "자동 번호 매기기" 기능을 해제한다.

> 도구 → 빠른 교정 → 빠른 교정 내용 → 입력 자동 서식 ⇒ 자동 글머리 기호 넣기(해제)
> 자동 번호 매기기(해제)

※ 만약 입력자동서식 메뉴가 없는 경우에는, "자동 글머리 기호 넣기"와 "자동 번호 매기기" 기능이 설정되지 있지 않은 것이므로 별도의 기능 해제 없이 그대로 시험에 응시하시면 됩니다.

④ 글자는 별도의 지시사항이 없는 한 바탕, 10pt, 양쪽정렬, 줄간격 160%로 작성한다.

⑤ 영문, 숫자 등은 별도의 지시가 없는 한 반각(1byte) 문자를 사용한다.

⑥ 특수문자는 문자표(전각 기호)를 이용하여 작성한다.

⑦ 교정부호 및 화살표로 기재된 지시사항대로 처리하되, ⟶ 은 지시사항이므로 작성하지 않는다.

⑧ 1페이지에 [문제1]을 작성하고, 구역을 나누어 2페이지에 [문제2]를 작성한다.

※ 해당 페이지에 작성하지 않거나 의도적으로 텍스트 작성을 하지 않은 경우 0점 처리

⑨ [문제2]는 문제지와 같이 글상자 아랫줄부터 2단으로 다단을 나누어 작성한다.

⑩ '그림 삽입'시에는 반드시 "KAIT 수검프로그램"을 통해 다운로드 한 그림 파일을 사용한다.

⑪ 차트 범례는 기본값으로 작성한다.(선 모양 없음)

⑫ 총점 : 200점

[공통사항1(기본설정, 용지설정)] : 8점, [공통사항2(오탈자)] : 40점

[문제1] : 46점, [문제2] : 106점

⑬ 기타 특별히 지시되어 있지 않은 사항은 문제지에 준하여 작성한다.

DIAT

대한민국꽃시장안내

꽃을 사랑하는 대한민국의 모든 분을 초대합니다. 15년 전 개장 이후 첫 리모델링이 완료되어 한달간 무료개방을 하고 있습니다. 각 교육기관의 무료교육안내도 진행하고 있으니 저희 홈페이지를 방문하시어 자세한 내용을 확인하시고 신청해주시면 되겠습니다. 수많은 멸종위기의 꽃을 보유하고 관리하고 있는 저희 꽃시장에서는 도소매 판매사업도 진행하고 있으니 많은 분들의 관심을 부탁드립니다. 이제는 <u>**건강하고 깨끗한 자연환경**</u> 우리 손으로 지켜야 합니다. 아이들에게 스스로 식물에 대해 공부하는 시간, 자연에 대해 알아보는 시간을 부담 없이 자연스럽게 접촉할 수 있는 기회를 적극 추천 드립니다.

▶▶ 안내사항 ◀◀

1. 개방시간 : 10:00~18:00(매주 월요일 및 공휴일은 휴관)
2. 개방장소 : 꽃시장 건물 본관 전체
3. 교육안내 : 꽃 해설 가이드의 동행으로 꽃에 대한 역사, 키우는 방법 등을 설명
4. 관람비용 : 한달간 누구나 무료
5. 신청안내 : ***꽃시장 홈페이지 (http://www.ihd.or.kr)***

※ 기타사항

- 교육 신청시 최소 인원은 따로 없지만, 최대 인원은 신청자에게 정확한 내용을 전달하고자 해당시간외 15명까지 인원제한이 있습니다.
- 모든 교육은 1일 3회로 오후 1시부터 매시간 진행됩니다.
- 단체 교육 신청시 꽃시장 안내실로 문의 주시기 바랍니다. (02-123-4567)

2025. 09. 26.

대한민국꽃시장

- A -

친환경 식용꽃

1. 식용꽃이란?

우리나라의 조상(祖上)들은 화전과 같은 음식을 통하여 꽃을 식용으로 사용하는 경우가 많다. 특히 최근에 각광받는 직업으로는 꽃티(Flower tea) 소믈리에로 많은 분들의 관심을 받고 있다. 꽃은 보기에도 예쁘지만 좋은 향기로 심신의 안정을 찾을 수 있다. 간단한 차(tea)부터 디저트, 메인음식까지 다양한 분야에 널리 활용되고 있는 식용꽃이 있다. 농촌진흥청 도시농업연구팀의 성분에 대한 연구결과에 따르면, 식용꽃 속에는 사람 신체(身體)의 유해산소를 줄여주는 폴리페놀과 플라노보이드(Flavonoids) 함량이 채소 및 과일에 비해 최대 10배 이상 포함되어 있다고 한다. 폴리페놀(Polyphenol)은 치매와 뇌질환을 예방하고 플라노보이드(Flavonoids)는 노화, 심혈관Ⓐ 질환을 방지하는 큰 효과가 있다고 한다. 식용꽃은 구매 후 밀폐용기에 담아 저온에서 보관하고 직접 채취 시 꽃받침과 암술, 수술을 제거한 후 섭취하시면 된다. 판매용 식용꽃은 따로 약물처리를 하지 않고 이미 세척(洗滌)이 되어 있는 꽃이므로 씻지 않고 바로 먹어도 무방하다.

2. 식용꽃의 종류

식약처에서 발표된 우리나라의 식용꽃 종류로는 민들레꽃, 국화꽃, 달맞이꽃, 아카시아꽃, 살구꽃, 복숭아꽃, 호박꽃, 하얀들찔레꽃 등으로 볼 수 있으며 서양꽃으로는 팬지, 장미, 제라늄, 자스민, 금어초등으로 살펴볼 수 있다. 반면 절대(絶對) 먹을 수 없는 꽃도 있다. 바로 동의나물꽃, 애기똥풀꽃, 철쭉꽃, 은방울꽃 등으로 이것들은 독성이 있는 꽃이므로 직접 채취 시 각별한 주의가 필요하다. 직접 채취 시에는 정확한 정보(情報)가 필요하오니 전문가의 도움으로 구매 또는 재취하시면 된다. 이밖에도 전 세계적으로 다양한 종류의 식용꽃이 있음을 알 수 있다.

Ⓐ 신체의 노폐물을 수용하는 계통의 조직

식용꽃의 판매수량

종류	상반기	하반기
국화꽃	45	55
진달래꽃	30	65
동백꽃	27	85
아카시아꽃	50	32
살구꽃	22	74

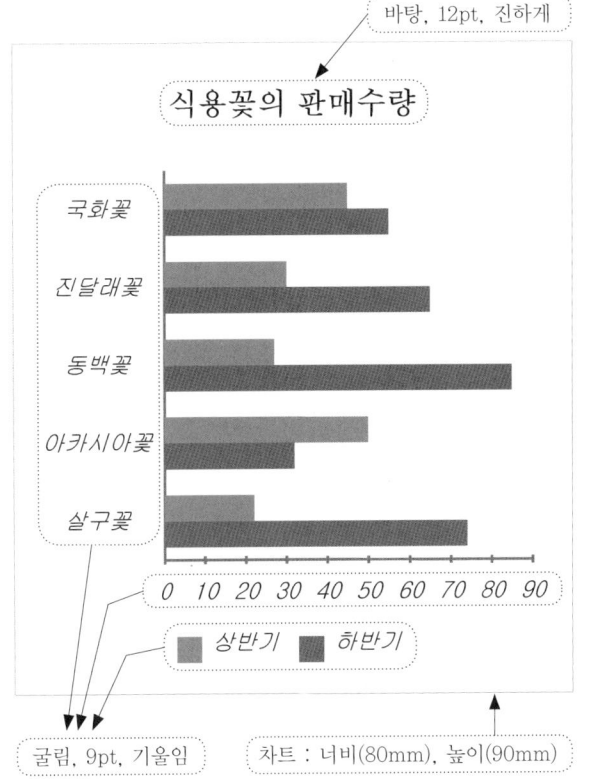

한글 NEO/2010 버전용 디지털정보활용능력

제 15 회 기출예상문제
(DIAT : Digital Information Ability Test)

- 시험과목 : 워드프로세서(한글)
- 시험일자 : 20XX. XX. XX(X)
- 응시자 기재사항 및 감독위원 확인

수 검 번 호	DIW – XXXX –	감독위원 확인
성 명		

응시자 유의사항

1. 응시자는 반드시 신분증을 지참하여야 시험에 응시할 수 있으며, 시험이 종료될 때까지 신분증을 제시하지 못 할 경우 해당 시험은 0점 처리됩니다.
2. 시스템(PC작동여부, 네트워크 상태 등)의 이상여부를 반드시 확인하여야 하며, 시스템 이상이 있을시 감독위원에게 조치를 받으셔야 합니다.
3. 시험 중 부주의 또는 고의로 시스템을 파손한 경우는 응시자 부담으로 합니다.
4. 답안 전송 프로그램을 통해 다운로드 받은 파일을 이용하여 답안파일을 작성하시기 바랍니다.
5. 작성한 답안 파일은 답안 전송 프로그램을 통하여 전송됩니다. 감독위원의 지시에 따라 주시기 바랍니다.
6. 다음사항의 경우 실격(0점) 혹은 부정행위 처리됩니다.
    1) 답안파일을 저장하지 않았거나, 저장한 파일이 손상되었을 경우
    2) 답안파일을 지정된 폴더(바탕 화면 – "KAIT"폴더)에 저장하지 않았을 경우
        ※ 답안 전송 프로그램 로그인 시 바탕 화면에 자동 생성됨
    3) 답안파일을 다른 보조 기억장치(USB) 혹은 네트워크(메신저, 게시판 등)로 전송할 경우
    4) 휴대용 전화기 등 통신기기를 사용할 경우
7. 시험지에 제시된 글꼴이 응시 프로그램에 없는 경우, 반드시 감독위원에게 해당 내용을 통보한 뒤 조치를 받아야 합니다.
8. 시험의 완료는 작성이 완료된 답안을 저장하고, 답안 전송이 완료된 상태를 확인한 것으로 합니다. 답안 전송 확인 후 문제지는 감독위원에게 제출한 후 퇴실하여야 합니다.
9. 답안전송이 완료된 경우에는 수정 또는 정정이 불가능합니다.
10. 【 】안의 지시사항은 한글 2010 버전용입니다.
11. 시험시행 후 합격자 발표는 홈페이지(www.ihd.or.kr)에서 확인하시기 바랍니다.
    1) 문제 및 정답 공개 : 20XX. XX. XX(X)
    2) 성적 공개 : 20XX. XX. XX(X)

디지털정보활용능력 - 한글   [시험시간 : 40분]

【문제】첨부된 문제를 다음의 조건을 적용하여 문서를 작성하시오.

① 문서는 A4(210mm×297mm) 크기, 세로 용지방향으로 작성한다.

② 페이지 여백은 아래와 같이 설정한다.

왼쪽	오른쪽	위쪽	아래쪽	머리말	꼬리말	제본
20mm	20mm	20mm	20mm	10mm	10mm	0mm

③ 한글 2016버전은 아래와 같이 "자동 글머리 기호 넣기"와 "자동 번호 매기기" 기능을 해제한다.

도구 → 빠른 교정 → 빠른 교정 내용 → 입력 자동 서식 ⇒ 자동 글머리 기호 넣기(해제)
자동 번호 매기기(해제)

※ 만약 입력자동서식 메뉴가 없는 경우에는, "자동 글머리 기호 넣기"와 "자동 번호 매기기" 기능이 설정되지 있지 않은 것이므로 별도의 기능 해제 없이 그대로 시험에 응시하시면 됩니다.

④ 글자는 별도의 지시사항이 없는 한 바탕, 10pt, 양쪽정렬, 줄간격 160%로 작성한다.

⑤ 영문, 숫자 등은 별도의 지시가 없는 한 반각(1byte) 문자를 사용한다.

⑥ 특수문자는 문자표(전각 기호)를 이용하여 작성한다.

⑦ 교정부호 및 화살표로 기재된 지시사항대로 처리하되, ⌒⌒⌒→ 은 지시사항이므로 작성하지 않는다.

⑧ 1페이지에 [문제1]을 작성하고, 구역을 나누어 2페이지에 [문제2]를 작성한다.

※ 해당 페이지에 작성하지 않거나 의도적으로 텍스트 작성을 하지 않은 경우 0점 처리

⑨ [문제2]는 문제지와 같이 글상자 아랫줄부터 2단으로 다단을 나누어 작성한다.

⑩ '그림 삽입'시에는 반드시 "KAIT 수검프로그램"을 통해 다운로드 한 그림 파일을 사용한다.

⑪ 차트 범례는 기본값으로 작성한다.(선 모양 없음)

⑫ 총점 : 200점

[공통사항1(기본설정, 용지설정)] : 8점, [공통사항2(오탈자)] : 40점

[문제1] : 46점, [문제2] : 106점

⑬ 기타 특별히 지시되어 있지 않은 사항은 문제지에 준하여 작성한다.

나라사랑국제마라톤대회

"달림이들의 계절 아름다운 9월"에 시원한 봄바람을 맞으며 자연과 함께 호흡하면서 달릴 기회를 마련하고자 합니다. 이번 마라톤 대회는 하프와 10킬로, 5킬로, 건강달리기 종목으로 치러지며 하프코스 중간지점에서는 코스의 지루함을 해결하기 위해 생활체육 승마연합회가 준비한 승마 시연 행사를 준비하였습니다. 이 밖에 풍물패 공연과 봉사요원들의 박수 세례도 달림이들에게 힘을 더해 줄 예정입니다. 또한, 코스 완주자를 위해 먹거리 마당을 펼쳐 돼지고기, 잔치국수, 안동 국화차 등 다양한 무료시식 행사를 진행합니다. 구경하시는 시민 분들을 위한 이벤트도 마련되어 있으니 많은 참여와 관심 바랍니다.

◐ 참가안내 ◑

1. 참가일시 : 2023. 09. 23(토), 10:00
2. 접수기간 : 2023. 09. 04(월) ~ 22(금), 18:00까지
3. 참가접수 : *나라사랑마라톤추진위원회 홈페이지(http://www.ihd.or.kr)*
4. 참가대상 : 마라톤 동호인 및 일반시민 누구나
5. 참 가 비 : 종목별 3만원, 건강달리기 2만원(단 초등학생 이하 무료)

※ 기타사항
 - 참가종목 : 하프마라톤, 10km 로드 레이스, 5km 로드 레이스, 건강달리기
 - 시상내용 : 개인별(하프 마라톤, 10km 로드 레이스 - 남녀 3위까지 트로피 및 상금), 연령별(하프 마라톤, 10km 로드 레이스 - 학생부(만20세 미만), 청년부(만20~39세), 중년부(만40~59세), 장년부(만60세 이상) 남녀 1위 상패 수여)

2023. 09. 22.

나라사랑마라톤추진위원회

마라톤 이야기

1. 마라톤(Marathon)

마라톤 대회는 기원전 490년 그리스와 페르시아의 전쟁에서 그리스의 병사가 마라톤에서 아테네까지 달려가 아테네의 승전보를 알리고 절명하였는데 이를 기념하기 위해 열리게 되었다. 마라톤은 42.195km의 장거리를 달리는 경기로 우수한 심폐기능과 강인한 각근력@이 필요하며, 체온의 상승 및 심리적 피로(疲勞) 등에 적절히 대처할 수 있는 능력이 고도로 요구된다. 따라서 지구력과 더불어 페이스(Pace)의 배분, 피치(Pitch)주법의 터득이 경기 성공의 관건이 된다. 이러한 마라톤경주는 올림픽대회 가운데 최고의 인기종목으로 올림픽경기의 꽃이라 불린다. 마라톤 경주는 교통량, 경사로, 노면 상태 등 여러 가지 여건을 고려하여 공인된 경주 도로에서 실행된다.

2. 경기 방법

올림픽이나 세계선수권 대회 등에서는 스타트와 피니쉬 라인이 스타디움(Stadium)에 설치되어 있다. 수많은 사람이 동시에 참여할 수 있는 경기이다. 도로를 달리는 경기이기 때문에 더위, 공기 오염도, 오르막 및 내리막길의 정도에 따라 레이스 조건이 달라 이를 잘 극복해야 한다. 마라톤 주법(走法)은 단거리 선수와는 다르게 보폭을 좁게 하여 힘을 낭비(浪費)하지 않도록 한다. 또한, 불필요한 동작을 최소화하는 것도 필요하다. 페이스의 안배가 마라톤 경기의 승패를 좌우한다고 할 수 있다. 경기 전반에 체력(體力)을 아껴 둔 후 후반 레이스에서 선두권으로 치고 나가는 방법 및 처음부터 선두권에서 머물며 끝까지 레이스하는 방법 등이 있다. 최후까지 신체적, 정신적인 피로를 극복한 사람만이 완주(完走)하고 좋은 성적을 낼 수 있다.

@ 보통 구부린 무릎을 폄으로써 마룻바닥 위에서 들어 올릴 수 있는 최대의 중량을 나타낸다.

마라톤 참가자 현황(단위:명)

구분	20~40대	50세 이상
하프마라톤	68	22
10km	62	27
5km	34	41
건강달리기	65	30

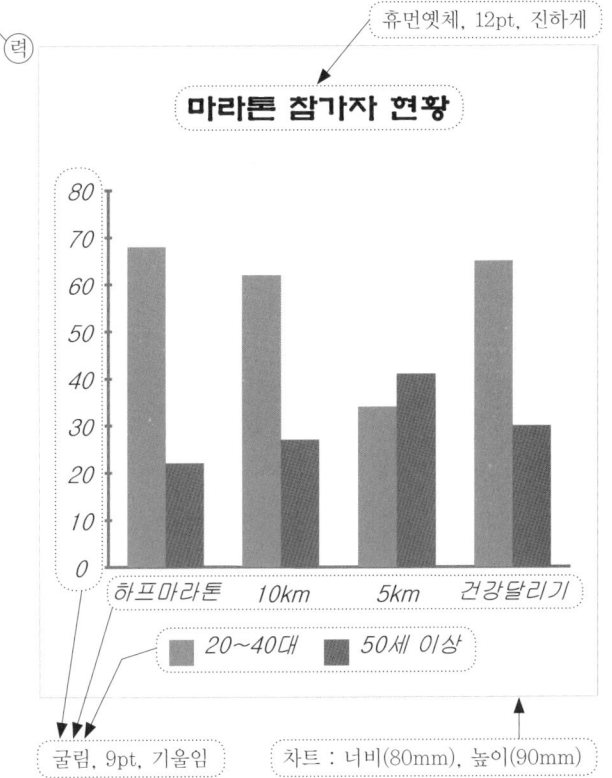

한글 NEO/2010 버전용   디지털정보활용능력

제 16 회 기출예상문제
(DIAT : Digital Information Ability Test)

- ⊙ 시험과목 : 워드프로세서(한글)
- ⊙ 시험일자 : 20XX. XX. XX(X)
- ⊙ 응시자 기재사항 및 감독위원 확인

수 검 번 호	DIW - XXXX -	감독위원 확인
성 명		

응시자 유의사항

1. 응시자는 반드시 신분증을 지참하여야 시험에 응시할 수 있으며, 시험이 종료될 때까지 신분증을 제시하지 못 할 경우 해당 시험은 0점 처리됩니다.
2. 시스템(PC작동여부, 네트워크 상태 등)의 이상여부를 반드시 확인하여야 하며, 시스템 이상이 있을시 감독위원에게 조치를 받으셔야 합니다.
3. 시험 중 부주의 또는 고의로 시스템을 파손한 경우는 응시자 부담으로 합니다.
4. 답안 전송 프로그램을 통해 다운로드 받은 파일을 이용하여 답안파일을 작성하시기 바랍니다.
5. 작성한 답안 파일은 답안 전송 프로그램을 통하여 전송됩니다. 감독위원의 지시에 따라 주시기 바랍니다.
6. 다음사항의 경우 실격(0점) 혹은 부정행위 처리됩니다.
    1) 답안파일을 저장하지 않았거나, 저장한 파일이 손상되었을 경우
    2) 답안파일을 지정된 폴더(바탕 화면 – "KAIT"폴더)에 저장하지 않았을 경우
        ※ 답안 전송 프로그램 로그인 시 바탕 화면에 자동 생성됨
    3) 답안파일을 다른 보조 기억장치(USB) 혹은 네트워크(메신저, 게시판 등)로 전송할 경우
    4) 휴대용 전화기 등 통신기기를 사용할 경우
7. 시험지에 제시된 글꼴이 응시 프로그램에 없는 경우, 반드시 감독위원에게 해당 내용을 통보한 뒤 조치를 받아야 합니다.
8. 시험의 완료는 작성이 완료된 답안을 저장하고, 답안 전송이 완료된 상태를 확인한 것으로 합니다. 답안 전송 확인 후 문제지는 감독위원에게 제출한 후 퇴실하여야 합니다.
9. 답안전송이 완료된 경우에는 수정 또는 정정이 불가능합니다.
10. 【 】안의 지시사항은 한글 2010 버전용입니다.
11. 시험시행 후 합격자 발표는 홈페이지(www.ihd.or.kr)에서 확인하시기 바랍니다.
    1) 문제 및 정답 공개 : 20XX. XX. XX(X)
    2) 성적 공개 : 20XX. XX. XX(X)

디지털정보활용능력 - 한글 [시험시간 : 40분]

【문제】 첨부된 문제를 다음의 조건을 적용하여 문서를 작성하시오.

① 문서는 A4(210mm×297mm) 크기, 세로 용지방향으로 작성한다.

② 페이지 여백은 아래와 같이 설정한다.

왼쪽	오른쪽	위쪽	아래쪽	머리말	꼬리말	제본
20mm	20mm	20mm	20mm	10mm	10mm	0mm

③ 한글 2016버전은 아래와 같이 "자동 글머리 기호 넣기"와 "자동 번호 매기기" 기능을 해제한다.

도구 → 빠른 교정 → 빠른 교정 내용 → 입력 자동 서식 ⇒ 자동 글머리 기호 넣기(해제) / 자동 번호 매기기(해제)

※ 만약 입력자동서식 메뉴가 없는 경우에는, "자동 글머리 기호 넣기"와 "자동 번호 매기기" 기능이 설정되지 있지 않은 것이므로 별도의 기능 해제 없이 그대로 시험에 응시하시면 됩니다.

④ 글자는 별도의 지시사항이 없는 한 바탕, 10pt, 양쪽정렬, 줄간격 160%로 작성한다.

⑤ 영문, 숫자 등은 별도의 지시가 없는 한 반각(1byte) 문자를 사용한다.

⑥ 특수문자는 문자표(전각 기호)를 이용하여 작성한다.

⑦ 교정부호 및 화살표로 기재된 지시사항대로 처리하되, ⟶ 은 지시사항이므로 작성하지 않는다.

⑧ 1페이지에 [문제1]을 작성하고, 구역을 나누어 2페이지에 [문제2]를 작성한다.

※ 해당 페이지에 작성하지 않거나 의도적으로 텍스트 작성을 하지 않은 경우 0점 처리

⑨ [문제2]는 문제지와 같이 글상자 아랫줄부터 2단으로 다단을 나누어 작성한다.

⑩ '그림 삽입'시에는 반드시 "KAIT 수검프로그램"을 통해 다운로드 한 그림 파일을 사용한다.

⑪ 차트 범례는 기본값으로 작성한다.(선 모양 없음)

⑫ 총점 : 200점

　[공통사항1(기본설정, 용지설정)] : 8점, [공통사항2(오탈자)] : 40점

　[문제1] : 46점, [문제2] : 106점

⑬ 기타 특별히 지시되어 있지 않은 사항은 문제지에 준하여 작성한다.

과학한국특별전시회안내

우리나라가 전쟁의 폐허 속, 천연자원이 부족함에도 *반세기 만에 고속성장을 이룰 수 있었던 저력은 바로 과학기술*이었습니다. 1960년부터 1970년대에는 과학기술은 배고픔을 해결하고 풍요로운 삶을 일궈나갔고, 1980년부터 1990년대까지는 기술자립과 고도성장을 이루는 동력을 축적해 왔습니다. 2000년부터는 첨단 기술 분야에 박차를 가하여 마침내 조선 산업, 철강 산업, 플랜트 산업뿐 아니라 통신 및 반도체, 디스플레이 등 첨단산업에서도 세계의 선도자가 되었습니다. 이에 미래 과학한국에 대한 비전을 심어주기 위해 특별전을 다음과 같이 개최하오니 학생들에게 안내하여 주시기 바랍니다.

● 전시안내 ●

1. 전시명 : 과학한국, 끝없는 도전
2. 기   간 : 8월 1주부터 8주간(단, 매주 월요일과 추석은 휴관)
3. 장   소 : *국립중앙과학관 미래기술관 3층 특별전시실*
4. 주   최 : 과학기술정보통신부
5. 주   관 : 국립중앙과학관

※ 기타사항
- 과학 한국, 끝없는 도전 특별전에서는 선배 과학자들이 직면했던 도전 과제, 이를 극복해냈던 응전의 발자취, 무에서 유를 창조해 낸 성공의 기록을 보여주고 있습니다.
- 제3전시장에는 '한국에서 가장 정확한 시계 KRISS-1을 찾아 봐요'라는 미션이 있습니다.
- 제5전시장에는 '삶을 혁신하다'라는 주제로 알파엔진부터 자율주행차까지 전시되어 있습니다.

2023. 07. 26.

국립중앙과학관장

조선 산업과 플랜트 산업

1. 조선 산업

조선 산업은 쉽게 말하여 배를 만드는 산업으로 해운업, 수산업, 군수산업 등에 사용되는 각종 선박을 건조하는 종합 조립 산업으로 철강(鐵鋼), 기계, 전기, 전자, 화학(化學) 등 관련 산업에 대한 파급효과가 크다. 또한 선박의 건조 공정이 매우 복잡하고 자동화에도 한계가 있기 때문에 적정한 규모의 기능 인력의 확보가 불가피한 노동집약적 산업이면서 고도의 생산기술을 필요로 하는 기술집약적 산업이다. 그리고 드라이독(Dry Dock)Ⓐ, 크레인(Crane) 등의 대형 설비가 필수적이므로 막대한 시설자금과 장기간의 선박건조에 소요되는 운영자금이 있어야하는 자본집약적 산업이기도 하다. 특히, 조선 산업은 세계가 단일시장이기 때문에 생산성과 국제 기술경쟁력만 확보된다면 우리나라와 같이 자원이 부족한 나라에서는 수출전략산업으로 적합한 산업이다.

2. 플랜트 산업

물질의 에너지를 얻기 위해 원료나 에너지를 공급하여 물리적이고 화학적 작용을 하는 장치나 공장, 혹은 생산시설(生産施設)을 일컬어 플랜트(Plant)라고 한다. 플랜트는 인류가 현대(現代) 사회를 살아가는 데 필요한 대부분의 에너지를 만들어 내는 기반산업으로 공업화와 세계적인 자원개발에 맞물려 급속히 발전해 왔다. 플랜트 산업은 고도의 제작기술뿐만 아니라 엔지니어링, 컨설팅(Consulting), 파이낸싱(Financing) 등 지식 서비스를 필요로 하는 기술집약적 산업으로서 제품을 제조하기 위한 기계(機械), 장비 등의 하드웨어와 하드웨어의 설치에 필요한 설계 및 엔지니어링 등의 소프트웨어(Software) 그리고 건설시공, 유지보수가 포함된 종합산업이다. 따라서 플랜트 산업은 종합적인 시스템 산업으로 산업연관 효과가 매우 높은 차세대 성장 주력산업이다.

주요 수출산업 비교

구분	2021년(억$)	2022년(억$)
자동차	489	352
반도체	328	314
철강	289	231
플랜트	362	463

주요 수출산업 비교

Ⓐ 배를 건조 또는 수리하기 위해 조선소 등에 건설한 설비

- 을 -